中國文獻學研究

华中师范大学历史文献学研究所 主办

第三辑

上海古籍出版社

目　　录

【版本学】

CONTENTS

今古文《书序》编次分组问题研覈

马　楠

摘　要：今文、古文《尚书》皆有《书序》。郑玄《书赞》曰："三科之条，五家之教"，谓古文分为《虞夏书》二十、《商书》四十、《周书》四十，凡三科；今文分作唐、虞、夏、商、周五家。孔传本《书序》对于今文《书序》多有误解，对于古文《书序》及郑玄注也多有改造，最终消弭了今、古文《书序》的诸多特征，篇第呈现出较为单一的时序特点。

关键词：《尚书》　《书序》　孔传

今文、古文《尚书》有书序。《汉书·艺文志》六艺略书类所载有：

> 古文经四十六卷。为五十七篇。
> 经二十九卷。大、小夏侯二家。欧阳经三十二卷。
> 传四十一篇。
> 欧阳章句三十一卷。大、小夏侯章句各二十九卷。大、小夏侯解故二十九篇。欧阳说义二篇。

《尚书正义》曰"伏生二十九篇，而《序》在外"，是二十九篇不数序。汉时言《尚书》皆称二十九，江声、皮锡瑞说，伏生、司马迁所谓二十九，《顾命》《康王之诰》分篇，而无《大誓》①；宣帝所立大小夏侯二家，及班固、王充所谓二十九，并《康王之诰》于《顾命》，又有

---

① 《史记》卷4《周本纪》曰："成王将崩，惧太子钊之不任，乃命召公、毕公率诸侯以相太子而立之。成王既崩，二公率诸侯以太子钊见于先王庙，申告以文王、武王之所以为王业之不易，务在节俭，毋多欲，以笃信临之，作《顾命》。"又曰"太子钊遂立，是为康王。康王即位，遍告诸侯，宣告以文武之业以申之，作《康诰》。"（北京：中华书局，1982年，第134页）是《史记》所见《尚书》尚分《顾命》《康王之诰》为二，马、郑等称"康王之诰"，以别于封卫之"康诰"。《尚书正义》云"马、郑、王本此篇自'高祖寡命'已上内于《顾命》之篇，'王若曰'已下始为《康王之诰》"（《尚书正义》卷19《康王之诰》，（转下页）

后得之《大誓》,最得其实①。熹平石经残石有"酒诰第十六",之前当有"大誓第十",可证皮锡瑞之说不误。《汉志》载大小夏侯皆二十九。欧阳则分《盘庚》为三,并数《书序》,故欧阳经三十二;西汉经师都不注释序文,如毛亨就不为《毛诗》小序作传,故而欧阳章句为三十一②。

段玉裁说《书序》亦有古文、今文之殊。《汉志》"古文经四十六卷",当如段玉裁、皮锡瑞所说,同于今文者二十九,逸篇十六,并数《书序》而得四十六③,可见壁中古文有《书序》。而今文《书序》则见于《史记》。《史记·三代世表序》:"孔子因史文次《春秋》,纪元年,正时日月,盖其详哉。至于序《尚书》则略,无年月,或颇有,然多阙,不可录,故疑则传疑,盖其慎也。"《孔子世家》:"序《书传》,上纪唐虞之际,下至秦缪,编次其事。"段玉裁、陈乔枞、皮锡瑞以为,《史记》胪举《书序》,十取其八九,字时有同异,如"女房—女方","登鼎耳—升鼎耳","飢—饕","纣—受","牧—坶","行狩—归兽","异母—异亩","馈禾—归禾","鲁天子命—旅天子命","毋逸—无逸","息慎—肃慎","伯繄—伯冏","肸誓—獮誓—柴誓","甫刑—吕刑"之类,为今古文《书序》之异④。

上述清人论说建立在融通《史记》《汉书》及刘向、刘歆等汉代学者记述的基础之上,结论基本可信⑤。而本文要讨论的,则是今古文《书序》编次、分组的内在逻辑,以及孔传本对古文《书序》的延续与改造。

郑玄《书赞》曰"三科之条,五家之教"⑥,谓今文分作唐、虞、夏、商、周五家;古文分为《虞夏书》《商书》《周书》三科(详下)。《书序》编次无非时间、人物两种标准,大体而言,今文《书序》更倾向以"禅让""革命"为断限,《周书》之内存在"周公组""成王组""诸侯组"等以人物为标准的分组,各组内部形成时间序列,组与组之间时间线可重叠。古文《书序》则进行了《虞夏书》二十、《商书》四十、《周书》四十的规整划分,但依然是时间、人

(接上页)清嘉庆阮刻《十三经注疏》本,北京:中华书局,2009 年,第 518 页),未知《史记》所据《尚书》两篇分篇如何。

① 江声撰,曲文、徐阳校点:《尚书集注音疏·尚书集注音疏述》,《儒藏》精华编选刊,北京:北京大学出版社,2023 年,第 835 页。皮锡瑞撰,盛冬铃、陈抗点校:《今文尚书考证》卷 25《康王之诰》,北京:中华书局,1989 年,第 430 页。

② 王先谦撰,何晋点校:《尚书孔传参正·序例》,北京:中华书局,2011 年,第 3 页。

③ 《今文尚书考证》卷 30《书序》,第 479 页。又桓谭《新论》云古文《尚书》"旧有四十五卷,为五十八篇",是不数《书序》之数。(朱谦之校辑:《新辑本桓谭新论》卷 9《正经》,北京:中华书局,2009 年,第 38 页)

④ 《今文尚书考证》卷 30《书序》,第 479—480 页。

⑤ 近年高中正《重论〈书序〉的今古文问题与汉初〈尚书〉学》(《文献》2024 年第 4 期)一文,认为"这样解释看似颇为圆融,实际的论证则建立在太史公与刘向、歆父子的记载均属实情的基础之上",因而从《尚书正义》《隋书·经籍志》之说出发,讨论中古时期对《尚书》的认识。本文则着重讨论两汉今古文《书序》与孔传本书序的区别,因此不采用高文的结论。

⑥ 《尚书正义》卷 2《尧典》,第 247 页。

物两种标准共用。孔传本《书序》则导向了以时间为主的序列,对今古文《书序》均存在误解。

一、《周书》分组

《尚书正义》云:"孔以《蔡仲之命》次《君奭》后,第八十三;郑以为在《费誓》前,第九十六。孔以《周官》在《立政》后,第八十八;郑以为在《立政》前,第八十六。孔以《费誓》在《文侯之命》后,第九十九;郑以为在《吕刑》前,第九十七。不同者,孔依壁内篇次及序为文,郑依贾氏所奏别录为次,孔未入学官。以此不同,考论次第,孔义是也。"①

孔传本《周书》次第为:61—63《泰誓》三篇、64《牧誓》、65《武成》、66《洪范》、67《分器》、68《旅獒》、69《旅巢命》、70《金縢》、71《大诰》、72《微子之命》、73《归禾》、74《嘉禾》、75《康诰》、76《酒诰》、77《梓材》、78《召诰》、79《洛诰》、80《多士》、81《无逸》、82《君奭》、83《蔡仲之命》、84《成王政》、85《将蒲姑》、86《多方》、87《立政》、88《周官》、89《贿肃慎之命》、90《亳姑》、91《君陈》、92《顾命》、93《康王之诰》、94《毕命》、95《君牙》、96《囧命》、97《吕刑》、98《文侯之命》、99《费誓》、100《秦誓》。

孔传本《书序》70—100 的排序与分组逻辑可以归纳为:

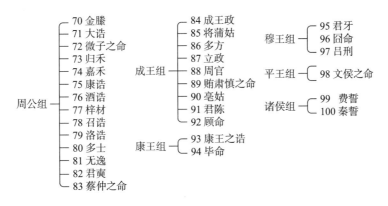

图 1

而据孔疏反推郑玄,也就是"依贾氏所奏别录为次",《君奭》以下次第为:83《成王政》、84《将蒲姑》、85《多方》、86《周官》、87《立政》、88《贿肃慎之命》、89《亳姑》、90《君陈》、91《顾命》、92《康王之诰》、93《毕命》、94《君牙》、95《囧命》、96《蔡仲之命》、97《费

---

① 《尚书正义》卷 2《尧典》,第 247 页,下同。

誓》、98《吕刑》、99《文侯之命》、100《秦誓》。同样构成了成王组、康王组、穆王组和诸侯组(96《蔡仲之命》、97《费誓》、98《吕刑》、99《文侯之命》、100《秦誓》)。比较大的区别是96—100形成了五篇的诸侯组,显然是对《蔡仲之命》《吕刑》《文侯之命》的认识不同。

孔传本《书序》延续了今、古文《书序》分组的特点,但孔传未能理解分组的内涵,导向了以时间为主的序列,下面分别进行讨论。

（一）成王组

80《多士》与86《多方》

"周公组"70—83,"成王组"84—92各成序列,二者**时间线有重叠**,司马迁、郑玄均理解无误,但孔传、孔疏未达此义,形成了淮夷再叛、成王再伐的解说。同理,84—92成王组中的86《多方》为践奄归在宗周所作,70—83周公组中的80《多士》为成周既营,迁殷遗民所作,实为86《多方》在前、80《多士》在后①,但由于周公组在前,成王组在后,也造成了诸多误解。

《史记·周本纪》并载周公组和成王组:

【周公组】成王少,周初定天下,周公恐诸侯畔周,公乃摄行政当国。管叔、蔡叔群弟疑周公,与武庚作乱,畔周。② 周公奉成王命,伐诛武庚、管叔,放蔡叔。(71《大诰》)。以微子开代殷后,国于宋(72《微子之命》)颇收殷余民,以封武王少弟封为卫康叔。(75《康诰》、76《酒诰》、77《梓材》③)。晋唐叔得嘉谷,献之成王,成王以归周公于兵所(73《归禾》,《鲁世家》作《馈禾》)。周公受禾东土,鲁天子之命。(74《嘉禾》)初,管、蔡畔周,周公讨之,三年而毕定,故初作《大诰》(71),次作《微子之命》(72),次《归禾》(73),次《嘉禾》(74),次《康诰》《酒诰》《梓材》(75—77),其事在周公之篇。周公行政七年,成王长,周公反政成王,北面就群臣之位。成王在丰,使召公复营洛邑,如武王之意。周公复卜申视,卒营筑,居九鼎焉。曰:"此天下之中,四方入贡道里均。"作《召诰》(78)《洛诰》(79)。成王既迁殷遗民,周公以王命告,作《多士》(80)《无佚》(81)。

---

① 宋人至清人多已指出,详见顾颉刚、刘起釪《尚书校释译论》,北京:中华书局,2010年,第1511—1512页、第1609页。

② 《史记》卷33《鲁周公世家》:"伯禽即位之后,有管、蔡等反也,淮夷、徐戎亦并兴反。于是伯禽率师伐之于肸,作《肸誓》。"北京:中华书局,1982年,第1516—1524页。下同。

③ 《鲁世家》:"收殷余民,以封康叔于卫,封微子于宋,以奉殷祀。"则以《微子之命》在《康诰》三篇之后。

【成王组】召公为保,周公为师,东伐淮夷,残奄(84《成王政》),迁其君薄姑(85《将薄姑》)。成王自奄归,在宗周,作《多方》(86)。既绌殷命,袭淮夷,归在丰,作《周官》(88)。兴正礼乐,度制于是改,而民和睦,颂声兴(87《立政》)①。成王既伐东夷,息慎来贺,王赐荣伯作《贿息慎之命》(89)。②

71《大诰》"三监及淮夷叛"、84《成王政》"成王东伐淮夷,遂践奄",以及99《费誓》"淮夷徐戎并兴"一时之事,并非周公七年还政成王、营建洛邑之后,淮夷再叛再伐。同理,《鲁世家》叙周公至卒后,乃叙伯禽事,伯禽即位,"淮夷、徐戎亦并兴反",当然也不是周公卒后乃兴反。因《史记·周本纪》列序84《成王政》、85《将薄姑》、86《多方》在营洛邑后,导致《尚书》注家多有误解。最典型的就是孔传本《书序》"成王东伐淮夷,遂践奄,作《成王政》",孔传:"成王即政,淮夷、奄国又叛,王亲征之,遂灭奄而徙之,以其数反覆";《正义》:"《洛诰》之篇言周公归政成王,《多士》已下皆是成王即政初事。"③可见孔传、孔疏都没能理解周公组、成王组的分组原则。

成王伐淮夷与周公三年践奄是一事,因此"袭淮夷,归在丰,作《周官》"就在三年践奄之后。《郑志》赵商问:"案成王《周官》:'立大师、大傅、大保,兹惟三公。'即三公之号,自有师保之名。成王《周官》,是周公摄政三年事"云云④,指其事在三年践奄以后。"践奄"为覇伐讨灭之义,当然不会有再叛再征。郑玄的理解更为合理。此外《史记·周本纪》《鲁世家》皆以《周官》在前,《立政》在后,大概两篇都是设官立长的文献,没有区分先后的必要⑤。

周公组70—83中的80《多士》,成王组84—92中的86《多方》因为列序在两组之中,时间先后也产生了许多误解。80《多士》"昔朕来自奄",就是86《多方》三年践奄,"王来自奄","成王归自奄,在宗周,诰庶邦";《多士》云"予惟时命有申",所申者亦《多方》"今尔奔走臣我监"之命。时序上是86《多方》在前,80《多士》在后,也并非《多方》首句孔传

---

① 《鲁世家》:"成王在丰,天下已安,周之官政未次序,于是周公作《周官》,官别其宜;作《立政》,以便百姓。百姓说。"同样以《周官》在前,《立政》在后。

② 《史记》卷4《周本纪》,北京:中华书局,1982年,第132—133页。下同。

③ 《尚书正义》卷17《成王政》序,第484页。

④ 《周礼注疏》卷9引,清嘉庆阮刻《十三经注疏》本,北京:中华书局,2009年,第1504页。

⑤ 又《鲁世家》在《周官》《立政》之后,接续了成王葬周公于毕(《亳姑》),周公卒后灾变示警,成王启金縢书(《金縢》)的文字,当是今文《尚书》以为《金縢》《亳姑》记事相续的缘故。参看马楠:《〈金縢〉篇末析疑》,《清华大学学报》(哲学社会科学版),2011年第2期。

所谓"周公归政之明年，淮夷、奄又叛。鲁征淮夷，作《费誓》，王亲征奄，灭其国"①。

特别值得注意的是，《周本纪》有"初，管、蔡畔周，周公讨之，三年而毕定，故初作《大诰》(71)，次作《微子之命》(72)，次《归禾》(73)，次《嘉禾》(74)，次《康诰》《酒诰》《梓材》(75—77)，其事在周公之篇"一句，"其事在周公之篇"可能正是今文《书序》分组的重要证据。②

82《君奭》

《史记·燕召公世家》：

> 其在成王时，召公为三公：自陕以西，召公主之；自陕以东，周公主之。成王既幼，周公摄政，当国践祚，召公疑之，作《君奭》。君奭不说周公。周公乃称："汤时有伊尹，假于皇天；在太戊时，则有若伊陟、臣扈，假于上帝，巫咸治王家；在祖乙时，则有若巫贤；在武丁时，则有若甘般，率维兹有陈，保乂有殷。"于是召公乃说。③

也就是《史记》以为周公作《君奭》在践祚之时。《汉书·王莽传》次《君奭》于逸书《嘉禾》与《洛诰》之前，引《君奭》并经师说"说曰：周公服天子之冕，南面而朝群臣，发号施令，常称王命。召公贤人，不知圣人之意，故不说也"④，同样认为《君奭》作于周公摄政之时。他如《后汉书·申屠刚传》、嵇康《管蔡论》说并同。⑤

而马融云"召公以周公既摄政，致太平，功配文武，不宜复列在臣位，故不说"⑥。大约是因为《书序》次《君奭》于《洛诰》《多士》《无逸》后，故马融以为在还政之后，与《史记》等说不同。两说当以今文说《君奭》之作在摄政之时近是。

---

① 《尚书正义》卷17《多方》，第485页。

② 此外《康诰》《酒诰》《梓材》三篇同序，《康诰》序"成王既伐管叔、蔡叔，以殷余民封康叔"(《尚书正义》卷14《康诰》，第430页)，《周本纪》曰"周公奉成王命"，《卫世家》曰"周公旦以成王命兴师伐殷"(《史记》卷37《卫康叔世家》，第1589页)，当然是本于《康诰》序。也就是《史记》既承认"成王既伐"，又指认为"周公以成王命"。同理《酒诰》篇首"王若曰"，"马、郑、王本以文涉三家而有'成'字。郑玄云：'成王所言成道之王'，三家云：'王年长骨节成立'，皆为妄也。"(《尚书正义》卷14《酒诰》，第437页)其实今文《尚书》三家与马、郑本《酒诰》篇首为"成王若曰"，因属于"周公组"，当然也是"周公以成王命"。同理，《微子之命》序云"成王既黜殷命，杀武庚"(《尚书正义》卷13《微子之命》，第425页)，同样属于"周公组"，自然可以指认为"周公以成王命"。

③ 《史记》卷34《燕召公世家》，第1549页。

④ 《汉书》卷99《王莽传》，北京：中华书局，1962年，第4080页。

⑤ 《后汉书》卷19《申屠刚传》申屠刚对策"近则召公不悦，远则四国流言。"(北京：中华书局，1965年，第1012页)案申屠刚明指周公摄政之时，章怀注却以为周公还政之后宜自退，而复为相，故召公不说，用晚出孔传注解东汉事，是不正确的，皮锡瑞已有辩驳。(《今文尚书考证》卷21《君奭》，第381页)又嵇康《管蔡论》"且周公居摄，邵公不悦"(戴明扬校注：《嵇康集校注》，北京：中华书局，2014年，第422页)。

⑥ 《史记》卷34《燕召公世家》，裴骃《集解》引，第1550页。

《史记·周本纪》"周公组"没有《君奭》，"其事在周公之篇"中自然也没有《君奭》；《鲁世家》也没有提及召公不说。推测《史记》所据今文《尚书》的分组思路可能以周公、召公二公并列，《君奭》列在《大诰》至《无逸》之后，也就是"召公组"与"周公组"并列；同理《史记》的《鲁周公世家》下一篇是《燕召公世家》，也是并列关系。上文已论，组与组之间时间线可重叠，则《君奭》当然可以在摄政时，未必要在还政后。

92《顾命》与93《康王之诰》

92《顾命》与93《康王之诰》关涉到成王组和康王组分界问题。孔传本《书序》曰："成王将崩，命召公、毕公，率诸侯相康王，作《顾命》。""康王既尸天子，遂诰诸侯，作《康王之诰》。"①有争议的段落是：

> 王出在应门之内。太保率西方诸侯，入应门左；毕公率东方诸侯，入应门右。皆布乘黄朱。宾称奉圭兼币，曰："一二臣卫，敢执壤奠。"皆再拜稽首。王义嗣，德答拜。太保暨芮伯咸进，相揖，皆再拜稽首。曰："敢敬告天子，皇天改大邦殷之命，惟周文武，诞受羑若，克恤西土。惟新陟王，毕协赏罚，戡定厥功，用敷遗后人休。今王敬之哉，张皇六师，无坏我高祖寡命。"

此节马、郑属上为《顾命》，以"王若曰：庶邦侯、甸、男、卫，惟予一人钊报诰"为《康王之诰》篇首。盖以太保、芮伯"敢敬告天子"，言"新陟王"云云，"今王"云云，合于《书序》成王"命召公、毕公，率诸侯相康王"。孔传则以为，"王出在应门之内"就是《书序》所谓"康王既尸天子"。

上述二说虽然理解有别，但都认为《顾命》与《康王之诰》应当拆分，分属"成王组"与"康王组"。

（二）诸侯组

《史记》叙召公不说在《燕召公世家》；叙蔡仲之封，在《管蔡世家》；叙甫侯"言于王"，乃作《甫刑》；叙周襄王命晋文公事，在《晋世家》。四篇在处理方式上具有一致性，马融、郑玄也多同此义，也就是在郑玄序列中《蔡仲之命》《吕刑》《文侯之命》都在"诸侯组"，而孔传本中的"诸侯组"只有《费誓》《秦誓》两篇。

---

① 《尚书正义》卷18《顾命》、卷19《康王之诰》，第505、518页。

83《蔡仲之命》

孔传本《书序》："蔡叔既没，王命蔡仲，践诸侯位，作《蔡仲之命》。"《史记》无"作《蔡仲之命》"等语，只在《管蔡世家》言"蔡叔度既迁而死，其子曰胡，胡乃改行，率德驯善。周公闻之，而举胡以为鲁卿士，鲁国治。于是周公言于成王，复封胡于蔡，以奉蔡叔之祀，是为蔡仲。"①《左传》定公四年祝佗言"其子蔡仲改行帅德，周公举之，以为己卿士，见诸王，而命之以蔡。其命书云：'王曰：胡。无若尔考之违王命也。'"②也就是《左传》"以为己卿士"，《史记》易之曰"以为鲁卿士"，晚书《蔡仲之命》"周公以为卿士"，则似以为王朝卿士。杜注"以为己卿士"云"为周公臣"，得《左传》义。《史记》不以蔡仲事入《周本纪》《鲁世家》，也就是认为不属于成王组和周公组，则只能属之诸侯组。这一点郑玄与《史记》相一致。

97《吕刑》

孔传本《书序》："吕命穆王训夏赎刑，作《吕刑》。"今文多作"甫刑"，如《史记·周本纪》："甫侯言于王，作修刑辟，命曰《甫刑》。"③此篇马、郑列《费誓》后；据熹平石经第一石阴面复原，欧阳《尚书》之《费誓》同样在《甫刑》之前，说明今文《尚书》以此篇甫侯所作，属"诸侯组"，故列伯禽誓命之后。

孔传本列在穆王组，大约是本篇皆言"王曰"，首句"惟吕命王享国百年"，孔传"言吕侯见命为卿，时穆王以享国百年"云云，也是以穆王为主。而《史记》言"甫侯言于王"，下云"王曰"，则是甫侯代王作命。《汉书·刑法志》"周道既衰，穆王眊荒，命甫侯度时作刑，以诘四方"④，同样是解"惟吕命王"为"甫侯命于王"。

98《文侯之命》

孔传本《书序》："平王锡晋文侯秬鬯圭瓒，作《文侯之命》。"《史记·晋世家》晋文公五年"五月丁未，献楚俘于周，驷介百乘，徒兵千。天子使王子虎命晋侯为伯，赐大辂，彤弓矢百，旅弓矢千，秬鬯一卣，珪瓒，虎贲三百人。晋侯三辞，然后稽首受之。周作《晋文侯命》。"又《自序》曰："嘉文公锡珪鬯，作《晋世家》第九。"《新序·善谋》曰"晋文公时周襄王有弟太叔之难，出亡居郑"，晋侯以师逆王入于王城，"戊午，晋侯朝王，王享醴，命之

---

① 《尚书正义》卷17《蔡仲之命》，第483页。《史记》卷35《管蔡世家》，第1565页。
② 《春秋左传正义》卷54，清嘉庆阮刻《十三经注疏》本，北京：中华书局，2009年，第4637页。
③ 《尚书正义》卷19《吕刑》，北京：中华书局，2009年，第525页。《史记》卷4《周本纪》，第138页。
④ 《汉书》卷23《刑法志》，第1092页。

侑……其后三年,文公再会诸侯,以朝天子。天子锡之弓矢秬鬯,以为方伯。《晋文公之命》是也"。《书序》云"平王锡晋文侯",《释文》"马无'平'字",是马融同史迁、刘向,并以为襄王赐晋文公[①]。郑玄则以"义"为晋文侯仇字,说此篇系平王命晋文侯。僖二十八年《左传》晋有城濮之捷,献俘于王,"用平礼也",杜注云"以周平王享晋文侯仇之礼享晋侯"[②],当然解作晋文侯优于晋文公。

　　但更值得注意的是,《史记》叙献俘、作命在《晋世家》,郑玄将《蔡仲之命》与《文侯之命》归入"诸侯组",处理方式相对一致。而孔传本列在《费誓》之前,归入周天子序列中的"平王组",也就是更强调时间序列。因而孔传本中的"诸侯组"就只有《费誓》《秦誓》两篇了。

二、《商书》分组

　　《尚书正义》云:"孔以《汤誓》在《夏社》前,于百篇为第二十六;郑以为在《臣扈》后,第二十九。孔以《咸有一德》次《太甲》后,第四十;郑以为在《汤诰》后,第三十二。"又云郑注《书序》逸二十四篇之目(逸十六篇,其中《九共》九篇)"《咸有一德》十七,《典宝》十八,《伊训》十九,《肆命》二十,《原命》二十一"。

　　也就是孔传本《商书》次第为:21《帝告》、22《厘沃》、23《汤征》、24《汝鸠》、25《汝方》、26《汤誓》、27《夏社》、28《疑至》、29《臣扈》、30《典宝》、31《仲虺之诰》、32《汤诰》、33《明居》、34《伊训》、35《肆命》、36《徂后》、37—39《太甲》三篇、40《咸有一德》、41《沃丁》、42—45《咸义》四篇、46《伊陟》、47《原命》、48《仲丁》、49《河亶甲》、50《祖乙》、51—53《盘庚》三篇、54—56《说命》三篇、57《高宗肜日》、58《高宗之训》、59《西伯戡黎》、60《微子》,凡四十篇。

　　郑本《商书》之次第为:21《帝告》、22《厘沃》、23《汤征》、24《汝鸠》、25《汝方》、26《夏社》、27《疑至》、28《臣扈》、29《汤誓》、30《仲虺之诰》、31《汤诰》、32《咸有一德》、33《典宝》、34《明居》、35《伊训》、36《肆命》、37《徂后》、38—40《太甲》三篇。41《沃丁》以下同。

　　其中主要不同包括:

　　①　《尚书正义》卷20《文侯之命》,第539页。《史记》卷39《晋世家》、卷130《太史公自序》,第1666—1667页,第3309页。刘向著,石光瑛校释,陈新整理:《新序校释》卷9《善谋》,北京:中华书局,2009年,第1081—1095页。

　　②　《春秋左传正义》卷16,第3962页。

27《夏社》与 30《典宝》

与《周本纪》存在周公组、成王组不同,《史记·殷本纪》并没有明确的成汤组和伊尹组,汤与伊尹事件呈现出按时间线索排列的面貌。《殷本纪》载《商书》诸篇及次第:

> 汤始居亳,从先王居,作《帝诰》(21,无 22《厘沃》)。
>
> 汤征诸侯。葛伯不祀,汤始伐之。……作《汤征》(23)。
>
> 伊尹去汤适夏。既丑有夏,复归于亳。入自北门,遇女鸠、女房,作《女鸠》(24)《女房》(25)。
>
> 汤乃兴师率诸侯,伊尹从汤,汤自把钺以伐昆吾,遂伐桀。……作《汤誓》(26)。
>
> 桀犇于鸣条,夏师败绩,汤遂伐三嵏,俘厥宝玉。义伯、仲伯作《典宝》(30)。
>
> 汤既胜夏,欲迁其社,不可,作《夏社》(27,无 28《疑至》、29《臣扈》)。
>
> 汤归至于泰卷陶,中壘作诰。(31《仲虺之诰》)
>
> 既绌夏命,还亳,作《汤诰》(32)……伊尹作《咸有一德》(40)。咎单作《明居》(33)。①

孔传本 30《典宝》在 27《夏社》、28《疑至》、29《臣扈》三篇之后。也就是《殷本纪》的叙事是汤伐桀(《汤誓》),夏师败绩,桀奔,汤遂伐三嵏(《典宝》),既胜夏,欲迁夏社(《夏社》);而孔传本以汤伐桀(26《汤誓》)胜夏,欲迁夏社(27《夏社》)为主线,桀奔、遂伐三嵏,桀奔南巢(30《典宝》)别为一事。

郑玄则调整《书序》,创造了君、臣序列:《帝告》《厘沃》《汤征》《汝鸠》《汝方》五篇由《夏书》移入《商书》,以足《商书》四十之数(详下);《夏社》《疑至》《臣扈》三篇,次伐桀之《汤誓》、归至于大坰(泰卷)之《仲虺之诰》、还亳之《汤诰》。此后才是伊尹作《咸有一德》,义伯、仲伯作《典宝》,咎单作《明居》,太甲元年伊尹作《伊训》《肆命》《徂后》,授政太甲之《太甲》三篇。

郑玄《书序》除君、臣各自为序之外,最大的不同是《夏社》《疑至》《臣扈》三篇在《汤誓》之前。《史记·封禅书》曰:“汤伐桀,欲迁夏社,不可,作《夏社》。”《汉书·郊祀志》同,下多出“遒罢烈山子柱,而以周弃代为稷祠”一句②,疑《封禅书》“作《夏社》”下有脱

---

① 《史记》卷 3《殷本纪》,第 93—109 页,下同。“泰卷陶”,司马贞《索隐》以为“陶”为衍文,是。

② 《史记》卷 28《封禅书》,第 1356 页。《汉书》卷 25《郊祀志》,第 1192 页。

文。《周礼疏》曰:"《左传》云有烈山氏之子曰柱为稷。案《祭法》云:'厉山氏之有天下也,其子曰农,能殖百谷。夏之衰也,周弃继之,故祀以为稷。'若然,稷祀弃实在汤时。云夏之衰者,迁柱山旱欲见旱从夏起,故据夏而言也。是以《书序》云'汤既胜夏,欲迁其社,不可,作《夏社》'。注云:'牺牲既成,粢盛既洁,祭以其时,而旱暵水溢,则变置社稷,当汤代桀之时。旱致灾,明法以荐,而犹旱至七年,故汤迁柱而以周弃代之,欲迁句龙,以无可继之者,于是故止。其旱在夏之时验也。'"①郑玄认为汤遭七年大旱在夏衰之时②,旱从夏起,因此在《汤誓》前;而孔传认为是汤革夏命乃迁社,因此在《汤誓》后,两义不同。

40《咸有一德》

《殷本纪》记《咸有一德》在《汤诰》之后;郑玄《咸有一德》也与《典宝》《明居》为次。而孔传本 32《汤诰》之后次 33《明居》,40《咸有一德》在 37—39《太甲》三篇之后。据《史记·殷本纪》:

> 伊尹迺立太丁之子太甲。太甲,成汤适长孙也,是为帝太甲。帝太甲元年,伊尹作《伊训》(34),作《肆命》(35),作《徂后》(36)。
>
> 帝太甲既立三年,不明,暴虐,不遵汤法,乱德,于是伊尹放之于桐宫。三年,伊尹摄行政当国,以朝诸侯。帝太甲居桐宫三年,悔过自责,反善,于是伊尹迺迎帝太甲而授之政。帝太甲修德,诸侯咸归殷,百姓以宁。伊尹嘉之,迺作《太甲训》三篇(37—39),褒帝太甲,称太宗。
>
> 太宗崩,子沃丁立。帝沃丁之时,伊尹卒。既葬伊尹于亳,咎单遂训伊尹事,作

---

① 《周礼注疏》卷 18,第 1635 页。
② 汤遭七年大旱,文献或作五年。《墨子·七患》曰:"《夏书》曰'禹七年水',《殷书》曰'汤五年旱'。"《吕氏春秋·顺民》:"昔者汤克夏而正天下。天大旱,五年不收,汤乃以身祷于桑林,曰:'余一人有罪,无及万夫。万夫有罪,在余一人。无以一人之不敏,使上帝鬼神伤民之命。'于是翦其发,䥤其手,以身为牺牲,用祈福于上帝。民乃甚说,雨乃大至。则汤达乎鬼神之化、人事之传也。"(许维遹集释:《吕氏春秋集释》卷 9,北京:中华书局,2009 年,第 200—201 页。)"万夫有罪,在余一人"又见于《墨子·兼爱下》:"且不唯《禹誓》为然,虽《汤说》即亦犹是也。汤曰:惟予小子履,敢用玄牡,告于上天后曰:今天大旱,即当朕身履,未知得罪于上下,有善不敢蔽,有罪不敢赦,简在帝心。万方有罪,即当朕身,朕身有罪,无及万方。"(孙诒让撰、孙启治点校:《墨子间诂》卷 4《兼爱下》,北京:中华书局,2001 年,第 121 页)《论语·尧曰》:"予小子履,敢用玄牡,敢昭告于皇皇后帝:有罪不敢赦,帝臣不蔽,简在帝心。朕躬有罪,无以万方;万方有罪,罪在朕躬。"(《论语注疏》卷 20,清嘉庆阮刻《十三经注疏》本,北京:中华书局,2009 年,第 5508 页)《国语·周语上》内史过引"《汤誓》:'余一人有罪,无以万夫,万夫有罪,在余一人。'"(徐元诰集解,王树民、沈长云点校:《国语集解·周语上》,北京:中华书局,2002 年,第 32 页)又《墨子·尚贤中》《汤誓》曰:'聿求元圣,与之戮力同心,以治天下。'"(《墨子间诂》卷 2《尚贤中》,第 57 页)似亦《夏社》文。

《沃丁》(41)。

孔传本 40《咸有一德》在 37—39《太甲》三篇之后。晚书《咸有一德》篇首是"伊尹既复政厥辟,将告归,乃陈戒于德"①,当然和清华简《尹诰》不同②。

66《洪范》

《史记·宋世家》:

微子开者,殷帝乙之首子而帝纣之庶兄也。纣既立,不明,淫乱于政,微子数谏,纣不听。及祖伊以周西伯昌之修德,灭阞国,惧祸至,以告纣。纣曰:"我生不有命在天乎?是何能为。"(59《西伯戡黎》)于是微子度纣终不可谏,欲死之,及去,未能自决,乃问于太师、少师曰……(60《微子》)遂亡。

箕子者,纣亲戚也。……武王既克殷,访问箕子(66《洪范》)……于是武王乃封箕子于朝鲜而不臣也。③

武王崩,成王少,周公旦代行政当国。管、蔡疑之,乃与武庚作乱,欲袭成王、周公。周公既承成王命诛武庚,杀管叔,放蔡叔,乃命微子开代殷后,奉其先祀,作《微子之命》以申之,国于宋。(72《微子之命》)微子故能仁贤,乃代武庚,故殷之余民甚戴爱之。④

《殷本纪》篇末是以"周武王崩,武庚与管叔、蔡叔作乱,成王命周公诛之,而立微子于宋,以续殷后焉"收束⑤。《宋世家》载《洪范》全篇,班固称"迁书载《尧典》《禹贡》《洪范》《微子》《金縢》诸篇,多古文说"⑥,《洪范》在《微子》之前,也就是今文《尚书》之中,《洪范》属于《商书》。

---

① 《尚书正义》卷 8《咸有一德》,第 349 页。

② 图版见《清华大学藏战国竹简》(壹),上海:中西书局,2010 年,第 4 页。该篇"说明"已指出:"简文与孔传本《咸有一德》全然不同","《殷本纪》云:'伊尹作《咸有一德》',事在汤践天子位后,介于《汤诰》、《明居》之间,而《孔传》本及《书序》则以为太甲时,列于《太甲》三篇之下,与《殷本纪》不合。"第 132 页。

③ 皮锡瑞撰、吴仰湘编:《尚书大传疏证》卷 4《周传》洪范:"箕子既受周之封,不得无臣礼,故于十三祀来朝。"北京:中华书局,2015 年,第 163 页。《尚书大传》"不得无臣礼"与《史记》"不臣"并不矛盾,唯史公以为陈《鸿范》后乃封朝鲜","伏生以为封朝鲜来朝"有别。(参看《今文尚书考证》卷 11《鸿范》,第 240 页)

④ 《史记》卷 38《宋微子世家》,第 1607—1621 页。

⑤ 《史记》卷 3《殷本纪》,第 109 页。

⑥ 《汉书》卷 88《儒林传》,第 3607 页。

《洪范》全录于《宋世家》、属《商书》,自然带有"通三统"的意味,且此说渊源甚早:《左传》三引《洪范》,《说文》五引《洪范》,皆称"商书";而《洪范》篇首云"惟十有三祀",也对应了《尔雅·释天》"商曰祀,周曰年,唐虞曰载"①。《洪范》属《商书》应当属于战国至西汉时期相对统一的认识。就今文《尚书》看来,属《商书》与武王访箕子在克殷之后也并不冲突。

三、三科之条,五家之教

郑玄《书赞》曰:"三科之条,五家之教",谓古文《尚书》虞夏一科、商一科、周一科;今文《尚书》唐一家、虞一家、夏一家、商一家、周一家。科、家分界当然是探究今古文《尚书》必须说明的问题。

今文五家

段玉裁、皮锡瑞论证五家的主要依据是,王充《论衡·正说》:

> 唐、虞、夏、殷、周者,土地之名,尧以唐侯嗣位,舜从虞地得达,禹由夏而起,汤因殷而兴,武王阶周而伐,皆本所兴昌之地,重本不忘始,故以为号,若人之有姓矣。说《尚书》谓之有天下之代号,唐、虞、夏、殷、周者,功德之名,盛隆之意也。故唐之为言荡荡也;虞者,乐也;夏者,大也;殷者,中也;周者,至也。尧则荡荡,民无能名;舜则天下虞乐;禹承二帝之业,使道尚荡荡,民无能名;殷则道得中;周则功德无不至。其立义美也,其褒五家大矣,然而违其正实,失其初意。唐、虞、夏、殷、周,犹秦之为秦,汉之为汉,秦起于秦,汉兴于汉中,故曰犹秦、汉。犹王莽从新都侯起,故曰亡新。使秦、汉在经传之上,说者将复为秦、汉作道德之说矣。②

"说《尚书》谓之"当然是欧阳、夏侯《尚书》。《白虎通·号篇》解唐、虞、夏、殷、周之名正与"说《尚书》谓之"同③。王充驳之,以为五者土地之名,因而为号;虽驳当时《尚书》之说,分《尚书》为五则同。段玉裁、皮锡瑞又根据《尚书大传》有"唐传""虞传""夏传"之

---

① 段玉裁:《古文尚书撰异》卷32《书序》,《续修四库全书》第46册,上海:上海古籍出版社,2002年,第303页。
② 黄晖撰:《论衡校释》卷28《正说》,北京:中华书局,1990年,第1141—1145页。
③ 陈立疏证:《白虎通疏证》卷2《号》,北京:中华书局,1994年,第57—59页。

目,说今文《尚书》分《唐书》《虞书》《夏书》《商书》《周书》,结论是正确的①。

今文《尚书》唐、虞、夏、殷、周五家的划分,以《尧典》为《唐书》;《皋陶谟》为《虞书》;《禹贡》以下为《夏书》;《汤誓》以下为《商书》(详下);《牧誓》以下为《周书》,是**以"禅让""革命"为界限**。据段玉裁、皮锡瑞等举例,如崔骃章帝谥议"《唐书》数尧之德曰'平章百姓'";《三国志·陆抗传》"靖譖庸回,《唐书》攸戒",指《尧典》文②;《史记·乐书》"余每读《虞书》,至于君臣相敕,维是几安,而股肱不良,万事堕坏,未尝不流涕也";蔡邕"《虞书》所谓'琴瑟以咏,祖考来假'";《三国志》先主上言汉帝"今臣群寮以为,在昔《虞书》,敦叙九族,庶明励翼",指《皋陶谟》③。段、皮说是④。

古文三科

据郑玄所述,古文《尚书》虞夏一科、商一科、周一科,则是《虞夏书》二十、《商书》四十、《周书》四十,相对规整;而孔传似乎只是逐一注解《书序》,没有对虞夏商周的明确科判,因而《尚书正义》也只是作推论、疑似之辞⑤。

今文《书序》以"禅让""革命"为唐虞夏商周五家的界限;古文《书序》中,规整的二十、四十、四十分科则模糊了"禅让"的界限。《经典释文》:"此五亡篇(《帝告》《厘沃》《汤征》《汝鸠》《汝方》),旧解是《夏书》,马、郑之徒以为《商书》,两义并通。"《尚书正义》:"郑序以为《虞夏书》二十篇,《商书》四十篇,《周书》四十篇,《帝告》《厘沃》《汤征》《女鸠》《女方》于郑玄为《商书》。"⑥也就是《帝告》以下五篇,"旧解"(今文《尚书》说)属《夏书》,则今

---

① 《古文尚书撰异》卷1下《尧典》,第51—52页。《今文尚书考证》卷1《尧典》,第1—2页。下同。

② 《太平御览》卷562,北京:中华书局,1995年,第2541页。《三国志》卷58《吴书·陆逊传》陆抗,北京:中华书局,1982年,第1355页。

③ 《史记》卷24《乐书》,北京:中华书局,1982年,第1175页。《续汉书·礼仪志》刘注引,第3131页。《三国志》卷32《蜀书·先主传》,第886页。

④ 又《尧典》一篇,虽在《唐书》之目,因涉舜事,经传引及亦多称《虞书》。文十八年《左传》鲁大史克曰:"《虞书》数舜之功,曰'慎徽五典,五典克从',无违教也。曰'纳于百揆,百揆时序',无废事也。曰'宾于四门,四门穆穆',无凶人也。"(《春秋左传正义》卷20,第4044页)又《说文》引《尧典》多云《虞书》,惟"稘"下引"稘三百有六旬"(小徐本)、"愻"下引"五品不愻"曰《唐书》,段玉裁据此以为《说文》引《尧典》而称《虞书》者皆《唐书》之讹。(《古文尚书撰异》卷1下《尧典》,第51—52页。)又《皋陶谟》一篇,虽在《虞书》,因涉禹事,经传引及又多称《夏书》。僖二十七年《左传》赵衰引"《夏书》曰:'赋纳以言,明试以功,车服以庸。'君其试之。"(《春秋左传正义》卷16,第3956页)正指《皋陶谟》。

⑤ 《尚书正义》卷2《尧典》"虞书"下孔疏:"其孔于《禹贡》注云:'禹之王以是功,故为《夏书》之首。'则虞、夏别题也。以上为《虞书》则十六篇。"应当是推拟之辞,而《禹贡》及下《甘誓》《五子之歌》《胤征》为四篇,也合于《虞夏书》二十之说。孔疏又云《帝告》等五篇,郑玄归入《商书》,但孔传附于《胤征》之后,可能以为《夏书》,也可能因为《帝告》等五篇亡佚所以附于《胤征》之后,实际依然是《商书》(卷2,第247页)。《帝告》序孔疏则云:"自此已下皆《商书》也。"(卷七,第334页)

⑥ 《尚书正义》卷7《帝告》《厘沃》序、卷2《尧典》,第334、247页。又《困学纪闻》称《尚书大传》"《殷传》有《帝告》篇"(皮锡瑞撰、吴仰湘编:《尚书大传疏证》卷3《殷传》帝告,北京:中华书局,2015年,第124页),则《大传》与欧阳、夏侯说亦有别。

文《尚书》说《商书》以《汤誓》居首；马郑以五篇移入《商书》，以足《商书》四十之数；《夏社》《疑至》《臣扈》三篇，在伐桀之《汤誓》之前，郑玄以为旱从夏起，也模糊了"革命"的界限。

郑玄创造了《商书》中的君臣分组，《周书》中"周公组"与"成王组"的分别，郑玄也理解不误；但孔传本都未达其义，甚至会将两组重叠的时间线处理为先后关系。孔传本更为强调时间序列，将"诸侯组"中的《蔡仲之命》《吕刑》《文侯之命》向前面周天子的序列进行调整，是其相对明显的特点。在这种较为单一的时间序列中，《洪范》列于《商书》这种带有"通三统"意味的学说特点也消失了。

余　论

孔传本《书序》及孔传说解更倾向于时间序列的阐述，消弭了《周书》中"周公组"与"成王组"的分别，也一定程度上消弭了"诸侯组"；模糊了"禅让""革命"的界限，也淡化了"通三统"的意味。时序论述看似最无争议，却也将《书序》中的一些经学特征消解了。

同样，《诗经》编次存在以类相从的基本规律，《鲁诗》较《毛诗》更符合美刺相连、同类相次的规律。而《毛诗》小序的特点则是在既定篇次的基础上，牵合具体的历史人物、历史事件，区分对应王公的时段，决定诗篇的美刺。至于文句美刺与对应天子诸侯善恶之间的抵牾不合，小序每每采用"追念""追刺"来进行弥缝①。孔传本《书序》和《毛诗》小序都采取了相对单一的时间叙事策略，可能是更值得分析的现象。

本文初稿完成后得到山东大学高中正、中国人民大学侯金满两位老师批评指正，在此表示衷心感谢。

（作者马楠，北京大学中文系副教授，北京 100871）

---

① 参看马楠：《〈诗经〉编次规律及篇第对经义论说的影响》（待刊稿）。

试论取象说、爻位说二元易学阐释体系

种　方

摘　要：易学是一门高度理论化、抽象化的学科,因此易学研究往往需要抛弃对具体易说的钻研,从易学理论出发来把握其本质。易学阐释是由取象说、爻位说二元构成的体系。二者一同产生于汉代,取象说始自《说卦传》,荀爽、九家易以及虞翻等人又将其发扬光大,爻位说同样能在十翼中找到根据,荀爽使用了大量爻位说理论。在王弼和宋明理学的推动下,二者发展为不断博弈、非此即彼的选择,又有清代汉易学派延续了这种对立。其实取象说关注对卦爻辞意象的成因,爻位说关注卦爻吉凶判断的成因,不但并不矛盾,而且可以互补,因此也有一些学者,如朱震和李塨都做出了调和二派的积极努力。

关键词：取象说　爻位说　程颐　惠栋　朱震

易学与其他各门经学最根本的不同之处,在于它有高度凝练的理论化阐释体系,而且学派之争在易学中最明显的体现,就在于对不同阐释理论的选择。因此研究易学也与其他经学不同,应该更多地着眼于理论体系方面的问题。以下即对易学史上取象-爻位的二元阐释体系的建立与发展进行简要梳理。

一、源自汉代的取象说与爻位说

易学阐释体系由取象说与爻位说两派组成,整个易学史无出其外。简单地说,象数派学者选择取象说,义理派则选择爻位说。但其实上溯其源,取象说与爻位说都产生于汉代,且在“十翼”中能够找到根据,源头也一致,它们的开始并不是如后世所看待的那样非黑即白。

取象说主要为了解释象辞、爻辞中所出现的意象而设计。它始自《说卦传》,其中记载了八卦与很多自然意象对应的情况,如"乾为天、为圜、为君、为父、为玉、为金"之类,后来荀爽、九家易以及虞翻等人,又补充了大量的逸象,使每卦对应范围更广,因此后人即使仅用取象说,也能基本上解释《周易》经文中意象的来历。而取象说走入极端,也不免牵强无理,试图给《周易》经文中出现的所有意象均对应八卦之一。

如姤卦九五爻辞"以杞包瓜,含章,有陨自天",虞翻解作"巽为杞、为苞,乾圜为瓜"①,找到三个意象所分别对应的三画卦,就算是完成了解释。清代的汉学家惠栋则干脆将虞翻说照录。但"杞""苞""瓜"这三个意象,都是尤其不常见的,更不可能在《周易》经传中有所记载,虞翻却硬是为它们找到对应之卦。如果说巽为木,因此与植物有关的"杞""苞"都与木有关,还可以算是有道理,但仅仅因为乾为圜,瓜为圆形,就说乾为瓜,未免牵强。然而如果不像虞翻这样做,彖、爻辞中就会有很多意象无法解释,只好干脆略过,这也并非好办法。

利用取象说解释六十四卦彖辞、爻辞时,往往辅助以该卦上下体、互体、大体等卦的取象,扩大藉以取向的三画卦范围,组合出彖辞、爻辞的意象及其意思,因此互体与卦变均可归于取象说的附属理论。

爻位说则不关注爻辞的意象,而更重视其中蕴含的吉凶悔吝及其判断依据,与爻辞态度的解释。爻位说同样能在十翼中找到根据,《彖传》中多有根据刚柔、当位与否所下的判断,如屯卦《彖传》第一句就是"屯,刚柔始交而难生",噬嗑卦《彖传》则在最后有"柔得中而上行,虽不当位,利用狱也",《系辞》"二与四同功而异位"一段等等。

爻位说解易的大致方法是,通过该爻位的特性,如六爻分别具有的特殊地位、该爻当位与否、是否主位,以及它与其他爻位的关系等等,如是否有承乘敌应之爻,再结合爻辞内容,找到爻辞给出判断的理由。当位说、二五君臣说、乘承比应说、动爻说等,都是爻位说的理论。汉易学者使用爻位说的例子,如荀爽论困卦九五《象传》之"利用祭祀受福也"时说"谓五爻合同,据国当位而主祭祀,故受福也"②。即使用了当位说。

在王弼以前,取象说与爻位说最初并非截然对立的理论,如虞翻,就往往在二者中择善而从,试举一例:

困卦上六"困于葛藟,于臲卼。曰动悔有悔,征吉",解释上半句时虞翻说"巽为草莽,称葛藟,谓三也。兑为刑人,故困于葛藟,于臲卼也"③。采用取象说,但也夹杂着乘

---

① 李道平撰,潘雨廷点校:《周易集解纂疏》,北京:中华书局,1994 年,第 406 页。
② 李道平撰,潘雨廷点校:《周易集解纂疏》,第 417 页。
③ 李道平撰,潘雨廷点校:《周易集解纂疏》,第 417 页。

承比应说的前提,之所以就六三论上六,是因为二爻属应爻关系,互相影响。解释下半句时虞翻则完全改变了解易理论:"乘阳故动悔,变而失正,故有悔。三已变正,已得应之,故征吉也。"①上六爻辞本来较难解释,因为前一句是困难,后一句却先是"有悔",后来又成了"征吉",三种断辞同时出现。虞翻解释后半句的理论,均为爻位说的相关说法:一是困卦上六与六三的"应爻"关系;二是六三、上六的"动爻"变化。上六阴爻阴位,是当位的好爻,如果动而成为阳爻,就不当位了,因此有悔,"动悔有悔",虞翻理解为假设之辞。至于"征吉",则是因为上六的应爻六三先已动而成为阳爻,二爻转变为正应关系。

虞翻的这段解释,毫无芥蒂地将取象说与爻位说共同用在同一段爻辞的解释上,全无后世所熟习的对立格局,在虞翻及他以前的时代,这种情况非常普遍。

二、王弼首创二元对立体系

虞翻是三国早期的人物,尚能毫无芥蒂地在同一段话的解释中同时使用取象说与爻位说,而三国晚期的王弼,已经开启了取象说、爻位说对立的格局。他开始有意识地将取象说弃之不用,更加侧重爻位说,被后人称作"扫象",即皮锡瑞所谓的"王弼尽扫象数。而独标卦爻承应之义"②。

《周易略例·原象》中说:

> 义苟在健,何必马乎?类苟在顺,何必牛乎?爻苟合顺,何必坤乃为牛?义苟应健,何必乾乃为马?而或者定马于乾,案文责卦,有马无乾,则伪说滋漫,难可纪矣。互体不足,遂及卦变;变又不足,推致五行。一失其原,巧愈弥甚。从复或值,而义无所取。盖存象忘意之由也。忘象以求其意,义斯见矣。③

他认为健、顺才是乾、坤的本义,马、牛之类具体意象则毫无意义,因此取象说也毫无意义,甚至于辅助取象说的互体、卦变、五行等等理论,都是"伪说"。将原本相辅相成的二元体系改造成为互相对立的二元体系,即始于此。

---

① 李道平撰,潘雨廷点校:《周易集解纂疏》,第417页。
② 皮锡瑞:《经学通论》,北京:中华书局,1954年,第23页。
③ 王弼、韩康伯注:《宋本周易》,北京:国家图书馆出版社,2017年,第203—204页。

举夬卦九四为例,爻辞"臀无肤,其行次且,牵羊悔亡,闻言不信",虞翻主要以取象说进行解释:

> 二、四已变,坎为臀,剥艮为肤,毁灭不见,故臀无肤。大壮震为行。坎为破,为曳,故其行次且也。兑为羊,二变巽为绳,剥艮手持绳,故牵羊。谓四之正,得位承五,故悔亡。震为言,坎为耳,震坎象不正,故闻言不信也。①

其中也以四爻与五爻的位置关系作辅助,而王弼则完全不在意爻辞中为何会出现"臀""肤""羊"等事物,直接使用爻位作为解释的依据:

> 下刚而进,非己所据,必见侵伤,失其所安,故臀无肤,其行次且也。羊者,抵很难移之物,谓五也。五为夬主,非下所侵,若牵于五,则可得悔亡而已。刚亢不能纳言,自任所处,闻言不信,以斯而行,凶可知矣。②

夬卦下三爻刚进,九四无法统领它们,因此有行进不稳的爻象。但九五是夬卦的主人,如果九四能够追随九五,悔就没有了。但刚已经过于强势,不能听取别人的意见,这样走下去肯定会有凶相。与择善而从的虞翻说相对比,王弼立爻位说、反取象说的坚定立场表露无余。

王弼此举,完全绕开解释卦爻辞必须从物象出发的定式,重建了新的逻辑链条,其价值不言而喻。至于爻位说理论形成的前期积累与发展,谷继明在论文《卦象、爻义与体类:观察易学变古的一个视角》中有精到的梳理③。

王弼还因此扩大了与爻位相关理论的使用范围与频率,如乘承比应之说,在他之前也多有使用,但频率并不高,虞翻就只讲承、乘、应而不讲比,而王弼不仅乘承比应都会使用,而且频率很高。如注屯卦六四说"二虽比初,执贞不从,不害己志者也。求与合好,往必见纳矣。故曰往,吉。无不利"、注大有九四"既失其位,而上近至尊之威,下比分权之臣,其为惧也可谓危矣……"、注贲卦六二"得其位而无应,三亦无应,俱无应而比

---

① 李道平撰,潘雨廷点校:《周易集解纂疏》,第 398 页。
② 王弼、韩康伯注:《宋本周易》,第 96 页。
③ 详见谷继明:《卦象、爻义与体类:观察易学变古的一个视角》,《哲学动态》2024 年第 1 期,第 46—54 页。

焉……"①,等等。

三、宋代理学家对王弼的继承与发展

学术分汉宋,自然又是宋代以后的事。大体说来,汉易学多为小学与象数学,主要采用取象说;宋易学多为义理学,主要采用爻位说。因此后世说到汉学、宋学时,有时并非指二者的时代,而是指二者在象数、义理上的倾向。但汉学直到传至清代,取象说阐释范围仍然基本未超出《周易》文本,甚至于常常直接采用汉易成说,因此取象说在历史发展中基本保持着一致性。而宋学爻位说则不然,虽然后来宋代理学家们继承了王弼的解易理论,但王弼解易的落脚点尚在解释象、爻辞本身的吉凶,理学家们的解释范围则由《周易》文本更加向外扩展,借此分析不同等级、地位之人的行为准则与道德规范,把结论落在更大的"道理"上,如为君为臣之道、君子小人之道等等。

程颐是这种倾向最突出的代表,为了便于与上文虞翻、王弼的说法进行比较,这里同样举他对夬卦九四的解释为例,《周易程氏传》中说:

> 臀无肤,居不安也。行次且,进不前也;次且,进难之状。九四以阳居阴,刚决不足,欲止则众阳并进于下,势不得安,犹臀伤而居不能安也。欲行则居柔,失其刚壮,不能强进,故其行次且也。牵羊悔亡,羊者,群行之物;牵者,挽拽之义。言若能自强,而牵挽以从群行,则可以亡其悔。然既处柔,必不能也,虽使闻是言,亦必不能信用也。夫过而能改,闻善而能用,克己以从义,唯刚明者能之。在它卦九居四,其失未至如此之甚,在夬而居柔,其害大矣。②

前半部分还比较贴近文本,虽然选择当位说这一点与王弼不同,但总体思路和理解都一致。但是后半部分,尤其是所谓"过而能改,闻善而能用,克己以从义,唯刚明者能之",则完全是借题发挥,宣讲起理学的道德准则来。

再如谦卦上六"鸣谦,利用行师征邑国",虞翻解释说:"应在震,故曰鸣谦。体师象,震为行,坤为邑国。利五之正,己得从征,故利用行师征邑国。"③通过取象说解释了"鸣

---

① 王弼、韩康伯注:《宋本周易》,第17页、第54页、第122页。
② 程颐著,王孝鱼点校:《周易程氏传》,《二程集》,北京:中华书局,1981年,第922页。
③ 李道平撰,潘雨廷点校:《周易集解纂疏》,第199页。

谦""行师""邑国"的来历,通过爻位解释了为何"利用",同样是择善而从的姿态。而王弼则说:"最处于外,不与内政,故有名而已,志功未得也。处外而履谦顺,可以征邑国而已。"①目的在于解释为什么"鸣谦"并且利于"征邑国",而《周易程氏传》对这一爻则说:

> 六以柔处柔,顺之极,又处谦之极,极乎谦者也。以极谦而反居高,未得遂其谦之志,故至于发于声音。又柔处谦之极,亦必见于声色,故曰鸣谦。虽居无位之地,非任天下之事,然人之行己,必须刚柔相济。上,谦之极也,至于太甚,则反为过矣。故利在以刚武自治。邑国,己之私有。行师,谓用刚武。征邑国,谓自治其私。②

进行爻位与义理阐发之后,程颐把落脚点放在"自治其私"上,仍然是对道德准则和行为准则的说明。虞翻、王弼与程颐三人解易的方法、目的之不同,在对比之下表现得非常明显,但从流传过程来看,宋理学一派在解易方法上的二元对立倾向,又确实承袭自王弼,这是尤为独特的现象。

四、理学派中延续至清代的二元对立格局

朱熹在理学中的地位人人皆知,但他的易解,并不像程颐那样是典型的宋学义理学易解,讲义理的同时也夹杂着象数说。如《周易本义》解释井卦时说:"井者,穴地出水之处。以巽木入于坎水之下,而上出其水,故为井。改邑不改井,故无丧无得。而往者来者,皆井其井也。"③用上下体取象的理论来解释。同时在《周易本义》中,朱熹专门以探求《周易》之本义为目标,因此也很少进行引申阐释,根据文本进行发挥的内容多在其他文章及《语类》中,将"本义"与"引申义"区分得非常清楚。

不仅如此,为了解释自己对取象说的看法,朱熹作《易象说》一文。其中承认取象在《周易》中是有用的,不可如王弼一样尽扫易象,但汉儒试图利用取象说解释一切,不能阙疑,也过于顽固,不知变通:

> 易之有象,其取之有所从,其推之有所用,非苟为寓言也。然两汉诸儒必欲究其所

---

① 王弼、韩康伯注:《宋本周易》,第41页。
② 程颐著,王孝鱼点校:《周易程氏传》,《二程集》,第777页。
③ 朱熹撰,廖名春点校:《周易本义》,北京:中华书局,2009年,第174页。

从,则既滞泥而不通。王弼以来直欲推其所用,则又疏略而无据,二者皆失之一偏,而不能阙其所疑之过也。①

所以取象可用,但要适度,即所谓:

> 易之取象,固必有所自来,而其为说必已具于大卜之官。顾今不可复考,则姑阙之,而直据辞中之象以求象中之意,使足以为训戒而决吉凶。②

具体操作时,应该仅仅根据《周易》原文中曾经提到的卦象解卦,如果无法解释,就干脆空缺着,不能像荀爽、虞翻等人那样自行创造对应的取象,这观点基本上与他在《周易本义》中的处理方法一致。

接着《易象说》又说到其他辅助取象说的理论,如互体、卦变等等,这回朱熹所持的则主要是不赞同的态度:

> 汉儒求之(取象说)《说卦》而不得,则遂相与创为互体、变卦、五行、纳甲、飞伏之法,参互以求,而幸其偶合。其说虽详,然其不可通者,终不可通;其可通者,又皆傅会穿凿,而非有自然之势,唯其一二之适然而无待于巧说者为若可信。然上无所关于义理之本原,下无所资于人事之训戒,则又何必苦心极力以求于此,而欲必得之哉?③

朱熹在这里认为,互体、变卦、五行、纳甲、飞伏这些方法,穿凿附会,即使讲通了经文,也非自然,而且他们与义理本源、人事训诫毫无关系,更无必要苦心钻研。以"义理本源、人事训诫"作为解易的目的,可见朱熹归根究底,还是个理学家。

其中关于互体、变卦两点,朱熹的反对其实并不十分坚决,特别是晚年之后,颇有认同之感,这一点还在后世牵扯出了很多问题。

互体说,虽然《本义》中不用,但是朱熹也并不强硬地认为它完全不可取,《朱子语类》中有一条记载:

---

① 朱熹:《晦庵集》,《影印文渊阁四库全书》第 1145 册,台北:台湾商务印书馆,1986 年,第 307 页。
② 朱熹:《晦庵集》,《影印文渊阁四库全书》第 1145 册,第 308 页。
③ 朱熹:《晦庵集》,《影印文渊阁四库全书》第 1145 册,第 308 页。

　　问"杂物撰德,辨是与非,则非其中爻不备"。曰:这样处晓不得,某常疑有阙文。先儒解此多以为互体,如屯卦震下坎上,就中间四爻观之,自二至四则为坤,自三至五则为艮,故曰非其中爻不备。互体说,汉儒多用之。《左传》中一处说占得观卦处亦举得分明。看来此说亦不可废。①

朱熹答问时说:互体说在《左传》中有记载,汉儒多用之,而且《系辞》之中也有暗示的文字,再加上先儒解屯卦用互体,能够解释得比较圆满,因此互体说不可废。

　　对于卦变说,朱熹的态度也与互体说类似,《周易本义》在图目中收录了十辟卦的卦变图,并且注明:"《彖传》或以卦变为说,今作此图以明之。盖易中之一义,非画卦作易之本指也。"②这是承认了卦变为易中之一义,但强调其并非易学的根本,易学真正的根本,自然就是上文说过的所谓"义理本源"、"人事训戒"了。

　　朱熹在易学方面,身处义理学阵营,但又使用取象说的一些理论,并对未用的一些取象理论也表现出一定程度的肯定。即使朱熹对取象说只是很有保留地稍作肯定,这也对一部分尊敬朱熹却又顽固于爻位说的义理学家来说,是个不小的困扰。如清人全祖望,他对互体说的一段议论,可以鲜明地表现出一部分义理派学者对互体不信任,但又由于朱子曾经肯定过它,而不得不曲为回护的情形。

　　董秉纯问全祖望:"说易家有互体,其来远矣,南轩(张栻)教人且看王辅嗣、胡安定、王介甫三家,以其不言互体也。然则互体之说非与?而朱子晚年颇有取焉,何也?"③这问题教人很难回答,互体说由来已久,朱熹亦曾予以肯定,恐怕不能完全否定,但却不能违背义理解经的大原则肯定互体说。全祖望只好回答:

　　　　向来谓《大传》之杂物撰德、同功异位即指互体,愚未敢信其必然,盖观于多凶、多功、多誉、多惧之语,似于互体无涉。然互体在《春秋左氏传》已有之,乃周太史之古法,则自不可斥,不必攀援《大传》而后信也。汉晋诸儒无不言互体者,至王辅嗣、钟士季始力排之,然亦终不能绌也。④

---

① 黎靖德编,王星贤注解:《朱子语类》,北京:中华书局,1986年,第1957页。
② 朱熹撰,廖名春点校:《周易本义》,第18页。
③ 全祖望:《经史问答》,清乾隆三十年刻本,卷一。
④ 全祖望:《经史问答》,清乾隆三十年刻本,卷一。

首先他说,互体理论在《大传》中的所谓根据其实都与互体无关,这一点与《语类》中的朱熹不同,如果承认互体于经传有征,那么自然就要用互体;不承认,就动摇了互体的基础。但《左传》中所载解卦之例使用了互体,因此不能全废互体说。于是全祖望在下文勉强说"古人互体之法,但于六画中求两互是正例也",即只取二三四、三四五爻互体形成的两个三画卦这种最基本的互体理论,其他一切变化,如先反对再互体、两互体重卦形成六画卦等等,都应该废去不取。全祖望取互体的方式,恰好和朱熹在《朱子语类》中所举的例子一样,这正是为了回护朱熹一人所作最低限度的让步。如果不是朱熹曾经肯定过互体,提问的董秉纯不会如此迷惘,回答的全祖望也不至于稍显自相矛盾地对互体曲为回护。

但这也证明了,理学发展至清代,二元对立的观念已经深入人心,因此董秉纯才会对朱熹使用过互体产生疑问,全祖望才会两难于维护朱熹与维护爻位说之间。

五、二元对立体系影响下的清代汉易学

至于清代的汉学家们,以惠栋为首,颇为"佞汉",易说基本上照搬汉易成说,即使稍有改变,也只是调整一些细节,但是这种二元对立的格局,也对他们产生了影响。从理论上讲,不论取象说还是爻位说,都在王弼之前就有迹可循,且在汉代易学中并非对立关系,因此清代的汉易派完全可以毫无顾忌地随意使用,但事实并非如此,他们终究还是被汉宋对立的格局限制住了。

惠栋佞汉众所周知,解易时如果能够使用前人成说,都会放弃自作说解,处理引文时也往往非常审慎,引用汉易说即使只是细节相同也会注明出处。但复卦六二是一个很有趣的例子,表现出他对王弼易学有意无意的抵触。

复卦九二爻辞为"休复,吉",《象》曰"休复之吉,以下仁也"。《周易集解》引王弼说作解释:"王弼曰:居位得中,比初之上,二附顺之,下仁之谓也。"[1]既然《象传》有"下仁"之语,那么以比爻作为解释依据,六二比初九,确实是比较合理的解释,况且乘承比应并非王弼首创,汉代学者即已使用过,因此惠栋在《周易述》中也用比来解释这一爻,说"休,美也。乾为美,比初为休复,得中下仁,故吉"[2]。这段话的实际上和王弼说意思一

---

① 李道平撰,潘雨廷点校:《周易集解纂疏》,第 265 页。

② 惠栋撰,郑万耕点校:《周易述》,《周易述(附易汉学、易例)》,北京:中华书局,2007 年,第 72 页。

样,却并没有像往常那样直接采用成说,反而用自己的话来表述,而且并不注明出自王弼。鉴于王弼说亦被收录在《周易集解》中,惠栋不可能不知出处。而按照《周易述》一贯严谨的体例,此处应该直接引用王弼注作注,并在疏文中说"此王弼义也"。但惠栋不喜欢王弼,认为他是汉易晦而不明的罪魁祸首,说"王辅嗣以假像说易,根本黄老,而汉经师之义荡然无复有存者矣"①。于是他改变了往常的做法,使用其阐释却不注明出处。

这个例子很典型地体现出清代汉易学者对爻位说的复杂态度,已知其源为汉学,所以不肯自断一臂,仍要使用,又因其构架由王弼及之后的宋易学者建成,不肯认可他们的功劳,因此显得局促。

惠栋除全面整理集成汉易之外,还完成了《周易本义辨证》一书,题为反朱熹的《周易本义》,实则将攻击范围扩大到宋学与王弼,基本上都在指出他们的错误。但是态度平和,就事论事,只就他们的具体解释进行批评,而且不涉及义理内容,只就具体爻位与象数说,其中有一段内容颇耐人寻味。

朱熹《周易本义》解释中孚卦时说"以一卦言之为中虚,以二体言之为中实"②,因其下兑上巽,卦画中间二爻为阴爻,其余二爻为阳爻,所以整体看来中间为虚,但上下二卦的中爻为实。虽然仍然是在论爻位,但是以二体解卦,也确实是取象说的基本理论,因此认为这是取象说还是爻位说,其实在两可之间。况且前文已经说过,朱熹本来就会使用取象说,因此这里并没有什么值得讨论的地方。但是朱熹这段话恰恰又来自于程颐,这就值得大做文章了,毕竟程颐是坚定反对取象说的理学宗师,如果有蛛丝马迹证明程颐也使用了取象说,那对取象派学者来说意义重大。

惠栋就借此说:"说本《程传》。《传》又云:'中虚信之本,中实信之质。'朱氏震曰:中实之说与虞氏同,中虚之说与郭璞同,以此见伊川其于象盖讲之矣。"③这一段话又涉及另一位宋代易学家朱震,他象数爻位均讲,本就是两宋之间的异类,但若从思想倾向上来说,仍然是最终落脚在讲道理上的义理派易学家。

朱震在《程传》中特地找这么一条似是而非的根据,将程颐与取象说、且能与虞翻郭璞联系起来,其目的不难理解,无非是为自己的易学理论增加底气。而惠栋破天荒地引用朱震的话,间接对朱熹、程颐表示肯定,其目的也不难理解,正是借理学家也学习并使

---

① 惠栋撰,郑万耕点校:《易汉学》,《周易述(附易汉学、易例)》,第514页。
② 朱熹撰,廖名春点校:《周易本义》,第209—210页。
③ 惠栋:《周易本义辨证》,清惠氏红豆斋钞本,卷四。

用过汉学易说这一点,来暗示汉学的影响力与正确性。

可见这种二元对立的解易体系,不论是在清代的宋易还是在汉易派别中,都被当作一种前题经验接受下来,只是双方基于不同的历史背景,在应对态度和方式上有所不同。汉学家因为本派掌握着这两种体系的创始权,显得更加游刃有余。虽然了解宋学对于二说的态度,但针对人而不针对理论;解易时以取象说为主,也会在适当的时候采用爻位说,但会尽力抹杀宋易学者对爻位说的贡献。宋学派则大多将二者视为对立关系,立爻位说反取象说,坚持爻位说的正统地位。

六、朱震等人调和二元体系的尝试

但取象与爻位说,并非完全壁垒分明,有游走在两派之间的学者,同时借用两套理论。他们没有脱出取象、爻位二说的框架另立新说,大多持一种调和论。最典型的例子就是朱震,他在《汉上易传》自序中说"圣人观阴阳之变而立卦,效天下之动而生爻,变动之别,其传有五:曰动爻、曰卦变、曰互体、曰五行、曰纳甲"[①]。将取象、爻位的相关理论互相穿插,甚至在具体解释文本时也能穿插二者,甚至见缝插针,加入义理阐发,如在需卦九三"需于泥,致寇至"之下:

> 坎水坤土,水泽之际,为泥。九三刚健之极,进逼于险,已将陷矣,"需于泥"也。上六坎在外,为灾,故曰"需于泥,灾在外也"。九三守正可也,动则上六乘之。坎为盗,盗有戎兵,寇也。寇虽险,我动不正,而迫之已甚,则至,故曰"致寇至"。上乘三成坤,为舆,坎为车。多眚则败也,九三正而明,能抑其刚健,持之以敬慎而不动,谁能败哉?敬者,持其正也。三、四下有伏艮,艮,止也,慎之象,故曰"自我致寇,敬慎不败也"。[②]

坎水坤土为泥是典型的取象说,但下面紧跟着说九三刚健,马上转换为爻位说,下面也都是类似的情况,如先说九三动则上六乘之,下面就说坎为盗等等。不仅如此,所谓"多眚则败也,九三正而明,能抑其刚健,持之以敬慎而不动,谁能败哉?敬者,持其正也",又完全是义理阐发,强调敬慎持正,是最基本的宋理学派观点。这种程度的调和取象说、爻位说,即使是在二者并未形成对立的前王弼时代,也无人做到。

---

① 朱震:《汉上易传》,《影印文渊阁四库全书》第 111 册,台北:台湾商务印书馆,1986 年,第 3 页。
② 朱震:《汉上易传》,《影印文渊阁四库全书》第 111 册,第 29 页。

再如清代颜李学派的李塨，他是一位强调修身躬行而非追求大道理的理学家，因此他认为《周易》中的文字也多讲人的日常生活，在《周易传注》凡例中说：

> 圣教罕言性天，观《易》亦可见。乾坤四德，必归人事以下。以下屯建侯，蒙初筮，每卦皆言人事，至于《大传》，乾大始，坤成物，合以贤人德业，阴阳性道，归之仁知。君子鼓万物而不与圣人同忧，以明圣人之崇德广业，有忧患焉。其余专明人事，此《易》之大旨也。①

虽然思想上应属于爻位派，但他跟随取象派的毛奇龄学易，《周易传注》中的很多内容也直接继承了毛奇龄的说法，因此同样体现出一种取象、爻位掺杂的特点，如李塨解需卦九五"需于酒食，贞吉"时说：

> 君子以饮食宴乐，此爻当之。盖九五得中守正，故刚健而不陷，吉何加焉。荀爽曰：五互坎离，水在火上，酒食象也。需有二道，有需而后平险者，如周亚夫坚垒不动，待七国之敝而乘之是也。有需而其险已平者，如陆逊料昭烈有伏兵，不往应之，而其伏自出是也。②

前面还在讲九五中正刚健，后面就引用起荀爽的取象说，接着又讲起如何蛰伏不动，等待时机避险，即所谓的人事阐发，体现出非常调和圆融的特点。

朱震和李塨从根本上来说，仍然属于义理派易学家，因为他们解易的最终目的都在于从中提炼出可以指导人们修身与实践的道理，而非如象数派那样致力于解释象辞、爻辞的来历与意思。这更加证明了，取象、爻位两种理论，归根究底只是不同的手段而已，与最终的所要达成的目的之间，并没有人们想象中那么紧密的对应关系。分化对立结局的形成原因，更多在于派别对立下的主观选择。

易学阐释中的各派理论看似复杂难懂，其实不出取象说、爻位说两类范畴，他们都产生于汉代，但随着学派的发展，象数说成了"汉易"的代表，义理说经过王弼、程颐等人的，成了"宋易"借以立足的基础理论，致使这两种理论渐成水火不容。清代学者延续了这种汉宋对立的格局，宋易学者坚守爻位理论不变，一切否决象数说，汉易学者虽然已

---

① 李塨：《周易传注》，《影印文渊阁四库全书》第47册，台北：台湾商务印书馆，1986年，第5页。
② 李塨：《周易传注》，《影印文渊阁四库全书》第47册，第27页。

经意识到爻位说的汉易起源,并不排斥使用,但会尽力避免谈及宋学对爻位说理论发展的功劳,这束缚住了他们对爻位说的使用程度与范围。在整个易学史中,也不乏少数想要使象数、爻位调和共用的学者,其实二者阐释的根本出发点不同,本就不是互相矛盾的关系,这些人的尝试也证明了这一点。

（作者种方,天津师范大学文学院校聘副教授,天津 300387）

天子亲迎乎:考实与索义之间

赵 胤

摘 要:"亲迎"作为婚礼"六礼"最后也是最重要的一项,是婚礼"亲亲"意涵在仪式上的集中表达。但当这一承载着"亲亲"的礼仪要求诉诸强调"尊尊"的天子之上时,个中张力显而易见。一般认为,这一问题源于经书的抵牾,但十三经中并无直接陈述天子亲迎与否的语句。许慎《五经异义》将天子亲迎与不亲迎二说分属《公羊》《左传》,此后"天子亲迎"问题一定程度上被赋予了经今古文之争的内涵。自宋程颐提出"迎于所馆"说以来,从者甚众,至清儒仍在对相关经说进行"从宜"的整合。而在主张"天子不亲迎"的论说中,以上卿代天子迎后至馆,这其中又牵涉到"代摄王事"之臣的官职问题。"摄主"的引入增加了"天子亲迎"问题的复杂性。而"天子亲迎"的诠释史与礼制实践也存在着互动。天子亲迎在中古皇帝社会愈来愈无实践基础与意义,但也存在北周武帝亲迎阿史那皇后、南唐后主亲迎继国后周氏等特例,这些特殊的史实反映出经学阐释以外的现实考量。

关键词:天子亲迎 亲亲与尊尊 婚礼 经学文献学

"亲迎"作为《仪礼》中婚礼六礼中最后同时也是最重要的一项,是婚礼"亲亲"意涵在仪式上的集中表达。在黄昏之时"御车授绥"的过程中①,"夫妻敌体"与"阳下于阴"的观念得以申扬,而这指向了女性的重要意义。但当这一承载着"亲亲"的礼仪要求诉诸

---

① 亲迎之时,方苞谓:"亲迎者昏以为期,盖必已成夫妇而后可见于舅姑,若早至而不见所尊,则嫌于慢。故必近夜为宜。"其说可参。详胡培翚撰、段熙仲点校:《仪礼正义》,南京:江苏古籍出版社,1993 年,第 148 页。"御车授绥"即"亲迎"过程中婿的一种仪式。《白虎通疏证》云:"授绥者,《仪礼·昏礼》云'壻御、妇车授绥',注:'壻御者,亲而下之,绥所以引升车者。'《礼记·郊特牲》曰:'壻亲御授绥,亲之也。亲之也者,亲之也。'《昏礼》注引《曲礼》:'仆人之礼,必授人绥。'壻如仆人,故为阳下阴也。"详班固撰集,陈立疏证,吴则虞点校:《白虎通疏证》卷 10,北京:中华书局,1994 年,第 459 页。又崔骃《车左铭》:"正位授绥,车中内顾。"详中国科学院图书馆整理:《续修四库全书总目提要》经部,北京:中华书局,1993 年,第 859 页。刘宝楠言"授绥"即"自仆手受绥而执之也"。详刘宝楠撰,高流水点校:《论语正义》卷 13,北京:中华书局,1990 年,第 432 页。

强调"尊尊"的天子之上时,个中张力显而易见。许慎引《左传》说:"天子至尊无敌,故无亲迎之礼。"引《公羊》说则曰:"自天子至庶人皆亲迎。"①此引文虽不见于本经,但造成了较大的影响。两传文献性质的差异使得这一问题同今古文之争系联起来。而《诗经·大明》中文王"亲迎于渭"②、《礼记·哀公问》中孔子谏鲁哀公亲迎等儒家经传的记述进一步将这一问题模糊化、复杂化。故自两汉以降,关于这一问题的探研与争论层出不穷。而关于这一具体问题相异的意见,是基于不同义理的演绎。由此,对诸家学术逻辑的探赜正是考镜"天子亲迎"问题源流的题中应有之义。这一基于解释学视角的学术史梳理,正是对儒家经学建构方法原则的个案分析③。

而诚如吴荣桂所言,尽管礼在早期的儒家思想中被认为是维护社会秩序的关键,礼的社会功能存在着潜在的不确定性,换言之,礼并不一定能够创造并维护完美的社会秩序。礼制中潜在的功能性缺失并没有削弱早期儒家学者们对礼的信心。礼的功能性缺失实则作为一种有成效的焦虑,为儒家学者们创造了一个对礼制不断进行试验、改革与创新的空间④。由此观之,儒家学者的礼学观照,绝非仅仅停留在学理讨论之中,而有着强烈的现实意图。李觏的《周礼致太平论》正是这一倾向的集中体现。对"天子亲迎"问题的阐论亦然。观诸两汉以降的历史,载诸史册的"帝亲迎后"的实践虽屈指可数,但这并不意味着"天子亲迎"只是一纯粹的经学问题而无现实意义。主流学术的意见势必对官方理念乃至现实制度造成影响,《白虎通》有关"天子亲迎"问题的论述及晋礼中天子纳后六礼的成文规定即是斯证,而天和三年(568)北周武帝亲迎阿史那皇后及宋哲宗元

---

① 阮元校刻:《十三经注疏(附校勘记)》,《礼记正义》卷 50,北京:中华书局,2009 年,第 3498 页。

② 阮元校刻:《十三经注疏(附校勘记)》,《毛诗正义》卷 16,第 1091 页。

③ 近年以来的学者对先秦亲迎问题有一部分讨论,如勾承益、王光辉、孔德凌等。其中王光辉以亲亲、尊尊、文质损益角度考察亲迎问题,得出"婚礼从宜"的观点,颇有创见。此外,王长丰的《甲骨文所见殷商社会婚媾礼俗考》一文则从武丁时期卜辞出发,研究殷商时期的亲迎礼,为这一问题开拓出新的方向。详勾承益:《论春秋时代亲迎之礼的"正时"》,《中华文化论坛》2007 年第 3 期,第 36—41 页;王光辉:《略论春秋时期的亲迎礼》,《湖北民族学院学报(哲学社会科学版)》2015 第 4 期,第 24—28 页;王光辉:《春秋时期齐鲁两国婚礼风俗考辨——以"亲迎""媵妾""庙见"为中心》,《管子学刊》2020 年第 1 期,第 118—124 页;孔德凌:《〈诗经·齐风·著〉与周代亲迎之礼考论》,《山西师大学报(社会科学版)》2012 年第 4 期,第 76—79 页;王长丰:《甲骨文所见殷商社会婚媾礼俗考》,《中国文化研究》2009 年第 4 期,第 121—138 页。但关于"天子亲迎"问题的研究相对较少,尚有较大学术空白。此外,关于"亲迎"的社会学研究一直是热门,费孝通先生的学士论文《亲迎婚俗之研究》提出的"三区论"即其中代表,详费通选:《费孝通文集》第 1 卷,北京:群言出版社,1999 年,第 162 页;赵旭东、齐钊:《亲迎"三区论"的知识社会学分析——对费孝通研究的一个补充》,《西北民族研究》2011 年第 2 期,第 145—158 页。但其多就民俗而言亲迎,与经典文献的结合较少,尚有讨论阐释的空间。

④ Michael Ing, *The Dysfunction of Ritual in Early Confucianism*. Oxford: Oxford University Press, 2012.

祐五年(1090)范祖禹的上疏更是直接体现出学术与现实的影响与互动①。当然,礼书不等于礼制,学术逻辑与现实逻辑间有着较大差距,礼本身的功能性缺失导向了实践中"从宜""从时"的调适。而这反过来又促进着学术的更新。故"经传注疏在其本身思想学术价值之外,还有迎合时代潮流的内容意向值得探究"②。而在这些问题的背后,实际上与周代早期官制的模糊性相关。本文亦将于此着眼,对文本与现实间的互动与张力作一观照,以获得超越文献研究本身的意义。

一、矛盾与初释:经论的抵牾

1. 经传异说乎:一点商榷

一般来说,"天子亲迎"问题源于经学文献的抵牾。《诗经·大明》:"文定厥祥,亲迎于渭。"③《春秋》桓八年:"祭公来,遂逆王后于纪。"《左传》曰:"礼也。"④据许慎《五经异义》,《左传》说:"天子至尊无敌,故无亲迎之礼。诸侯有故若疾病,则使上大夫迎,上卿临之。"《公羊》说:"自天子至庶人皆亲迎。"⑤又《礼记·哀公问》:"哀公问曰'寡人愿有言,然冕而亲迎,不已重乎?'孔子愀然作色而对曰:'合二姓之好,以继先圣之后,以为天地宗庙社稷之主,君何谓已重乎?'"⑥上引材料乃经书⑦中与"天子亲迎"问题直接相关的记述。此外,《仪礼·士昏礼》中有对"亲迎"仪节的细节描述,但其所针对的对象主要是"士"这一阶层,而与天子关系不太紧密。

由上可知,《左传》以王派祭公至鲁迎后为合礼,其反对天子亲迎之态度较为明确。但上引《左传》《公羊》说来源于许慎的《五经异义》,而今传二传不见此句。按今《公羊传》确有"讥不亲迎"之语,如《春秋》隐二年:"九月,纪裂繻来逆女。"《公羊》谓:"外逆女不书,此何以书?讥。何讥尔?讥始不亲迎也。"但这里"讥不亲迎"的对象是诸侯,而《春秋》经中与"天子纳后"相关的两处,《公羊》似未明确表示其关于"天子亲迎"的态度。

---

① 关于这两个问题,过去学者关注较少。吴丽娱老师《从〈宋书·礼志〉"迎"字校勘看中古帝王婚仪的变更》(彭林主编:《中国经学》(第十五辑),桂林:广西师范大学出版社,2015年)一文对亲迎理论在中古时期的投射作了考镜源流式的辨析,但其似未留意到北周武帝之事。而从相关史料看,北周武帝斯事似难以纳入其归纳的演进逻辑中。详下文。

② 吴丽娱:《从〈宋书·礼志〉"迎"字校勘看中古帝王婚仪的变更》,第109—128页。

③ 阮元校刻:《十三经注疏(附校勘记)》,《毛诗正义》卷16,第1091页。

④ 阮元校刻:《十三经注疏(附校勘记)》,《春秋左传正义》卷7,第3807页。

⑤ 阮元校刻:《十三经注疏(附校勘记)》,《礼记正义》卷50,第3498页。

⑥ 阮元校刻:《十三经注疏(附校勘记)》,《礼记正义》卷50,第3499页。

⑦ 此就十三经以论,故《春秋》三传及《礼记》亦在其中。

桓八年经曰:"祭公来,遂逆王后于纪。"《传》曰:"祭公者何? 天子之三公也。何以不称使? 婚礼不称主人。遂者何? 生事也。大夫无遂事,此其言遂何? 成使乎我也。其成使乎我奈何? 使我为媒,可则因用是往逆矣。女在其国称女,此其称王后何? 王者无外,其辞成矣。"此处《公羊》似并不以祭公来迎为非礼。襄十五年"刘夏逆王后于齐",传云:"刘夏者何? 天子之大夫也。刘者何? 邑也。其称刘何? 以邑氏也。外逆女不书,此何以书? 过我也。"此处《公羊》亦未批评周王之意,反而是"过我"之不送迎。且此句与前隐二年传文句式相似,而所讥一为"不亲迎"之纪侯,一为"不送迎"之鲁国,愈难以认定《公羊》对"天子亲迎"的肯定。从这个角度上看,许慎所谓《左传》《公羊》说或为习二传之经师的师说,并不能认为是二传本义。换言之,二传就原始文本而言在"天子亲迎"问题上似并无多大差异。而《大明》中亲迎太姒之文王当时并未就天子之位①,《哀公问》中孔子"继先圣之后""天地宗庙社稷之主"之辞虽有称说天子之礼的可能,但其言说的对象毕竟是鲁哀公,故亦难遽以此为支持"天子亲迎"之据。《仪礼》关于"亲迎"的叙说又在《士昏礼》中,与天子之礼有出入。由此观之,今所见诸经传中实际找不到支持"天子亲迎"的直接依据,先儒所谓经传异说、"天子亲迎"问题肇端于二传之异者②,实值得商榷。

但可以肯定的是,两汉以降的学者大多认定"天子亲迎"问题源于经传抵牾。支持天子亲迎的观点被称为"《公羊》《礼戴》说",以天子不亲迎者则为"《左氏》之说"③。且许慎所引二传之说并未在文献上遭到郑玄的驳难,其言必有所据,则知在当时人的印象中,《左传》与《公羊传》在"天子亲迎"问题上确为对立态度。而由于二传向来被视为古文经与今文经,故在此后的讨论中,"天子亲迎"问题一定程度上被赋予了经今古文之争的内涵。

2."今古文"与"驳未定":两汉诸说的分野

在经传论说流行的一段时间内,关于"天子亲迎"问题的辨析依然较为模糊。《史记·外戚列传》谓:"《春秋》讥不亲迎。"④后世学者多以司马迁从《公羊》说,盖其前文所论者为纣、文王、幽王之属,皆为天子。加之此篇为《外戚列传》,故将其视为支持"天子

---

①　但这并不意味着其在当时未受命。详下文。

②　如顾栋高即谓:"自《公羊》为此说,而史迁祖之,后世遂成铁案之不可易。"详顾栋高辑,吴树平、李解民点校:《春秋大事表》春秋嘉礼表卷十九,北京:中华书局,1993 年,第 1650—1651 页。

③　如《礼记正义》孔疏即分别称此二说为"《公羊》"义"《左氏》"义。详阮元校刻:《十三经注疏(附校勘记)》,《礼记正义》卷 50,第 3498 页。

④　司马迁撰,裴骃集解,司马贞索隐,张守节正义:《史记》卷 49,北京:中华书局,1982 年,第 1967 页。

亲迎"之证。但通观上下文,司马迁此段论证的核心在于夫妻之伦的重要性,所谓"夫妇之际,人道之大伦也",并未明指天子后妃。而真正明确提出天子应亲迎的当为《白虎通义》,其谓:"天子下至士,必亲迎授绥者何? 以阳下阴也。欲得其欢心,示亲之心也。"①在指出天子必亲迎的同时,《白虎通》还道出了个中意旨——"以阳下阴"及"示亲之心"。

作为堪比"国宪"的文本,《白虎通》从某种意义上讲代表了当时主流的学术意见②。但又如洪业先生所言,今本《白虎通》是否为汉代文献存在相当巨大的疑问③,故不能迳视今本《白虎通》为当时学术情形之反映。而如前所述,汉儒对"天子亲迎"问题的讨论蕴含着经今古文之争的内容,故传统的古文经学家许慎、杜预等人皆采《左传》之说,以为天子不亲迎。许慎引叔孙通制礼之实以证"天子不亲迎,使上卿迎之"④,杜预亦谓:"天子不亲昏,使上卿逆而公监之。"⑤其说相近。而郑玄与许慎等古文经学家相对立。氏著《驳五经异义》谓:

> 太姒之家在洽之阳,在渭之涘,文王亲迎于渭,即天子亲迎明文矣。天子虽至尊,其于后犹夫妇也。夫妇判合,礼同一体,所谓无敌,岂施于此哉?《礼记·哀公问》曰:"寡人愿有言,然冕而亲迎,不已重乎?"孔子愀然作色而对曰:"合二姓之好,以继先圣之后,以为天地宗庙社稷之主,君何谓已重乎?"此言亲迎继先圣之后,为天地宗庙主,非天子则谁乎?⑥

郑玄的这一观点引《礼记》为证。而其在注《杂记》"士弁而亲迎"条云:"缘类欲许之也。亲迎虽亦己之事,摄盛服尔,非常也。"俞樾谓:"按士昏礼主人爵弁,特牲馈食礼主人冠

---

①　班固撰,吴人整理,朱维铮审阅:《白虎通义》卷9,上海:上海书店出版社,2012年,第325页。

②　关于《白虎通》的性质,侯外庐等人认为,此书"规定了国家制度和社会制度的基本原则,确立了各种行为准则",并进一步认为《汉书·曹褒传》中的"国宪"即《白虎通》。章权才则认为此"国宪"兼指《白虎通》与《汉礼》。夏长朴、李申通过此书囊括内容之丰富推断此书"是一部初具规模的组织法",黄复山通过《白虎通》引述谶纬以明"帝王之经学世俗化用心"。周德良先生进一步推论,认为《白虎通》文本即是曹褒集之《汉礼》,而后人张冠李戴,将《汉礼》文本误植冠以"白虎通"之名,而此文本实与白虎观会议无关。诸说虽小异,但《白虎通》的"国宪"性质基本受到肯定。详参侯外庐、赵纪彬、杜国庠、邱汉生:《中国思想通史》,北京:人民出版社,1992年,第224—225页;章权才:《两汉经学史》,台北:万卷楼图书公司,1995年,第246—247页;李申:《中国儒教史》上卷,上海:上海人民出版社,1999年,第506页;黄复山:《东汉谶纬学新探》,台北:台湾学生书局,2000年,第17页;周德良:《白虎通暨汉礼研究》,台北:台湾学生书局,2007年,第405页。

③　可参看周德良:《环绕〈白虎通〉文本之诸问题》,《孔孟学报》第81期(2003年),第243—275页。

④　阮元校刻:《十三经注疏(附校勘记)》,《礼记正义》卷5,第2750—2751页。关于叔孙通制礼从《左传》说云云,详下文。

⑤　阮元校刻:《十三经注疏(附校勘记)》(清嘉庆刊本),《春秋左传正义》卷32,第4253页。

⑥　皮锡瑞撰,王丰先整理:《驳五经异义疏证》卷6,北京:中华书局,2014年,第395页。

端玄,两者不同,记者缘类欲许之,非是,宜郑君纠之也。"在士亲迎问题上,郑氏采《仪礼》而斥《礼记》,而到天子亲迎问题上,郑玄则以《礼记》为其申论之据。这主要是由于《仪礼》为士礼之性质,故不能妄推至天子。盖郑氏诸经以三礼为本,而关于"天子亲迎"问题,《仪礼》《周礼》皆无明文,故采《礼记》以证。而《诗经》为五经之一,较《左传》意义更重,故郑氏舍左氏而采《诗》说。《诗经》《礼记》并举,亦是其"诸经互证"解释理路的体现。

而值得注意的是,郑玄此说乃是建立在对夫妻伦理的高度重视上的,其所谓"夫妇判合,礼同一体,所谓无敌,岂施于此哉",正是以"亲亲"代"尊尊"思想的体现。下将详述之,此不赘述。

但在《礼记正义》中,孔颖达先引上《驳五经异义》云:"如郑此言从《公羊》义也。"引《诗说》云:"文王亲迎于渭,纣尚南面,文王犹为西伯耳。以左氏义为长,郑《驳》未定。"① 由此可知,郑玄并未为"天子亲迎"问题提供一个确定答案,而这更加重了"天子亲迎"问题的模糊性与复杂性。

给人留下较为模糊的印象的还有与郑玄大致同时、为《公羊传》作解诂的今文经学家何休。桓八年《公羊传》文"祭公者何? 天子之三公也""王者无外"云云。何诂:"婚礼成于五,先纳采、问名、纳吉、纳征、请期,然后亲迎。时王者遣祭公来,使鲁为媒,可则因用鲁往迎之,不复成礼。疾王者不重妃匹,逆天下之母若逆婢妾,将谓海内何哉? 故讥之。"如前所述,传文中"王者无外"云云,并未对此事做出明确评价,而观何休注,其以传文此处为讥,则何氏当以天子亲迎。然襄十五年"刘夏逆王后于齐",《公羊传》谓"刘夏者何? 天子之大夫也。刘者何? 邑也。其称刘何? 以邑氏也。"何诂:"不称刘子而名者,礼,逆王后当使三公,故贬去大夫,明非礼也。"这里何氏又反对天子亲迎,前后矛盾。徐彦于此尽力调和,以为何氏前无明文,而许慎《五经异义》中所肯定"天子亲迎"的《公羊》说"是章句家说,非何氏之意也"②。这一强行弥合难以使人信服③。据马清源老师

---

① 阮元校刻:《十三经注疏(附校勘记)》,《礼记正义》卷50,第3498页。关于文王是否为纣臣一事,后世正统儒家当然持肯定态度,盖出于大一统的观念。但这一问题若从历史学等角度审视,则存疑义。顾颉刚在《讨论古史答刘胡二先生》一文中即专辟一节讨论此问题,以文王并非纣臣。详顾颉刚编著:《古史辨》第一册,北京:朴社,1926年,第142—143页。

② 阮元校刻:《十三经注疏(附校勘记)》,《春秋公羊传注疏》卷20,第5010页。

③ 关于何休说之矛盾,章太炎、宋鼎宗等人均有论述。章氏以何休之说则不合于《公羊》师说而合于《左传》,以此驳郑玄之说。宋氏则指出何休前后说之抵牾,并否定徐彦之调停。详参章太炎撰,庞俊、郭诚永疏证:《国故论衡疏证》,北京:中华书局,2008年,第368页;宋鼎宗:《〈春秋左氏传〉宾礼嘉礼考》,台北:花木兰文化出版社,2009年,第167—171页。

的"礼制调整说",何氏的歧解源于现实礼制与经学理想间的矛盾,其说可参①。

由此观之,何休、郑玄分别作为今、古文经学的集大成者,在"天子亲迎"问题上却并未依从各自传统的师说。个中原因由于文献不足之故,今已难知,只能约略推测两家对此问题或较以往的经师有更深层次的考量。而其"未定"的论说,在加重此问题模糊性与复杂性的同时,也为此问题的讨论解决预留了相当的空间。

二、调和与从宜:解释的张力

诚如保罗·利科所言,任何解释都企图克服存在于文本所属的过去文化时代与解释者本身之间的疏远和间距②。在这一无止境的追溯过程中,对不同文本矛盾的"调和"与基于现实情形或情理的"从时""从宜"是古典解释学者最常采用的方法。对"天子亲迎"的解释亦不例外。

1."非说天子礼":孔颖达、杜佑的诠释

魏晋以降,《左传》逐渐压倒《公》《穀》成为《春秋》正传。逮至唐初,孔颖达为《左传》正义,《左传》正式超传升经。《春秋左传正义》中,孔氏在"天子亲迎问题"上反郑而从杜。其认为以往学者将"亲迎于渭"作为天子亲迎之礼有误,"文王之迎大姒,身为公子,迎在殷世,未可据此以为天子礼也"③。这一结论启发性很强,直指郑玄《驳五经异义》引《诗》之破绽,故秦蕙田即谓"天子不亲迎,此论最直接"④。但同时,孔氏《礼记正义》疏"纳女于天子曰备百姓,于国君曰备酒浆,于大夫曰备埽洒"条则谓:"纳犹致也。致者,壻不亲迎,则女之家三月庙见,使人致之,而为此辞……天子诸侯有亲迎也。若不亲迎,则宜致女云备百姓也。"⑤此处观点似又与《左传正义》相反。由此我们不免对孔颖达正义"礼是郑学"及"疏不破注"的原则进行反思。过去我们常将孔氏正义当作工具书,用以认识、辑佚中引诸家之说,而对于孔氏作疏本身的关注较少,很大程度上即由于对其所谓"礼是郑学"及"疏不破注"原则的成见,认为其"辞近曲阿"⑥,无足以观。但由上例可知,这两个原则在部分情况下无法兼顾。如在"天子亲迎"问题的认识上,郑玄与杜预

①　马清源:《何休〈春秋公羊经传解诂〉礼制调整说》,《泰山学院学报》2019年第4期,第79—80页。
②　[法]保罗·利科著,莫伟民译:《解释的冲突》,北京:商务印书馆,2008年,第18页。
③　阮元校刻:《十三经注疏(附校勘记)》,《春秋左传正义》卷7,第3808页。
④　秦蕙田撰,方向东、王锷点校:《五礼通考》,第11册,北京:中华书局,2020年,第7080页。
⑤　阮元校刻:《十三经注疏(附校勘记)》,《礼记正义》卷5,第2750页。
⑥　李云光:《三礼郑氏学发凡》,上海:华东师范大学出版社,2012年,第1页。

出现了分歧,孔氏若于二疏兼采郑说,则于《左传》破注;若分采一说,则违背了"礼是郑学"的原则。孔氏在实践中选择了后一种办法,由此推论,在孔氏正义过程中,"疏不破注"或高于"礼是郑学"的原则。而"郑驳未定"在一定程度上销隐了这一冲突,使得孔氏获得了"择善而从"的空间。而孔氏的厘正独具只眼,跳出"天子亲迎"的义理辨析之外,将矛头指向《大明》主人公的身份。这一驳正极其有力,不但成为后来否定"天子亲迎"的学者最常援引的论说之一,还为后世对"天子亲迎"的质疑开辟了一种新的理路。

循着这一"考实"的理路,杜佑的《通典》进一步推广至对《哀公问》的解释中。其以"孔子之对哀公,自论鲁国之法,鲁以周公之后,得郊祀上帝,故以先圣天地为言耳,非说天子之礼"①。杜氏此解十分巧妙。以往以此段为天子亲迎之证者,忽视了一个问题,即孔子何以对鲁哀公讲称天子之礼,这反而有僭越的嫌疑。而杜氏在"破"此论之弊后,还指出了一条新的出路,即强调鲁国的特殊性以说明孔子"先圣天地"言之所由。这一巧妙的弥合折衷顾全了经义,故成为后世主张天子不亲迎的学者最重要的依据之一。

唐中后期是学术变化的重要时期。以啖助、赵匡、陆淳为代表的《春秋》学派兴起,主张弃传而求《春秋》本义。啖助谓:"古儒者或言天子当亲迎,或言不当亲迎,二说不同,未敢定也。然《春秋》所载,皆讥也。""未敢定"近于郑说,亦是其审慎态度之体现,而末句则透露出其偏向于肯定"天子亲迎"的意味②。赵匡则发挥《左传》"至尊无敌"之主张,认为天子不应"屈万乘之尊"而亲迎,同时援引杜佑之说以证其说③。由此观之,即便是学派内部,关于"天子亲迎"的意见亦不一致,但随着孔、杜等人论说的流行,主天子不亲迎的学者明显增加,逐渐占据主流。

2. "迎于所馆":程颐的调和

宋初,关于天子亲迎的争论仍在持续。其中值得注意的是王安石的见解。其谓:"'造舟为梁',天子之礼也。方是时,文王未受命也,其曰'造舟为梁,不显其光',则以言文王之德,用天子之礼以显之,然后为宜也。"④王氏以文王虽未受命然得以用天子之礼,则依此逻辑,"亲迎于渭"亦是天子之礼的呈现。不过王氏在作注时是否考虑到这一点,亦无从得知。

而真正的转折来自于程颐。其谓:

① 杜佑撰,王文锦、王永兴、刘俊文、徐庭云、谢方点校:《通典》卷58,北京:中华书局,1988年,第1634页。
② 若如其言,则祭公、刘夏之迎皆不合礼,是知其以天子亲迎说为长也。
③ 陆淳撰,吴人整理,朱维铮审阅:《春秋集传纂例》卷2,上海:上海书店出版社,2012年,第179页。
④ 王安石著,邱汉生辑校:《诗义钩沉》卷16,北京:中华书局,1982年,第226页。

先儒皆谓诸侯当亲迎。亲迎者，迎于所馆，故有亲御授绥之礼，岂有委宗庙社稷，远适他国以逆妇者乎？非惟诸侯，卿大夫而下皆然。《诗》称文王亲迎于渭，未尝出疆也。①

程氏此论的关键，在于"迎于所馆"。这一情理与经义兼备的论断，虽无多少史实的依据，但巧妙地调和了诸经的矛盾，具有相当的启发性。程氏此论，首先从情理角度对"天子亲迎"的可行性进行了质疑。其后，其以"未尝出疆""迎于所馆"立论，兼顾了"亲亲"与"尊尊"的礼义，为亲迎与送迎找到了一个中间点。故诚如皮锡瑞所言，程氏此论得以巧妙地"释两家之纷"②。但所谓"迎于馆"，则应是据现实情理推之。前引与天子亲迎相关的诸经论中，并无"馆"这一建置。文王迎太姒于渭，理解为郊迎亦并无不妥。而汉代以来，史籍方见"就馆"等说③，则知程氏此论，或就时俗、时礼以言之，论说甚畅，故虽其中"非惟诸侯，卿大夫而下皆然"稍勇④，但"迎于馆"说影响力甚广。宋之胡安国⑤、朱熹⑥、元之程端学⑦、明之汪克宽⑧以迄于清之顾栋高⑨、皮锡瑞⑩、林昌彝⑪，乃至于日本的竹添光鸿⑫皆从其说。而天子不可"委宗庙社稷"也成为了反对亲迎说的重要依据。如南宋周孚《春秋讲义》即谓："且使晋娶于齐，必责之委宗庙社稷之重，经时不反而行亲

① 程颢、程颐撰，王孝鱼点校：《二程集》经说卷第四，北京：中华书局，2004年，第1090页。
② 皮锡瑞撰，吴仰湘编：《发墨守箴膏肓释废疾疏证》，北京：中华书局，2015年，第444页。
③ 可参看宋杰：《汉代后妃"就馆"与"外舍产子"风俗》，《历史研究》2009年第6期，第33—50页。
④ 其时多以诸侯以降尚有亲迎之礼。如胡安国即谓："'文定厥祥，亲迎于渭，造舟为梁，不显其光'，则世子而亲迎也；'韩侯娶妻，蹶父之子，韩侯迎止，于蹶之里'，则诸侯而亲迎也。有夫妇然后有父子，有父子然后有君臣，夫妇人伦之本也。逆女必亲，使大夫非正也。"杨时亦注"纪裂繻来逆女"条云："讥不亲迎也。以文王亲迎于渭，诸侯不亲迎，非礼也。"盖《大唐开元礼》以降，皇太子以下皆亲迎。故其说或受现实之影响也。详胡安国著，钱伟强点校：《春秋胡氏传》卷1，杭州：浙江古籍出版社，2010年，第8页；杨时撰，林海权整理：《杨时集》卷8，北京：中华书局，2018年，第165页。
⑤ 其言曰："使同姓诸侯主其辞，命卿往逆，公监之，父母之国诸侯皆送至于京师，舍而止，然后天子亲迎以入，其纳王后之礼乎？"见胡安国著，钱伟强点校：《春秋胡氏传》附录三，第630页。
⑥ 其言曰："亲迎之礼，从伊川之说为是，近则迎于其国，远则迎于其馆。"见黎靖德编，王星贤点校：《朱子语类》卷89，北京：中华书局，1986年，第2273页。
⑦ 程端学：《春秋本义》，清康熙十九年通志堂刻《通志堂经解》本，第147页。
⑧ 汪克宽：《春秋胡传附录纂疏》，《文渊阁四库全书》本，第219页。
⑨ 顾氏梳理"天子亲迎"之源流，以"自《公羊》为此说，而史迁祖之，后世遂成铁案之不可易。虽知程子之说之为是，而终莫能撼，多为依稀两可之论。拔本塞源，当自《公羊》始，而后是非之说乃定。"详顾栋高辑，吴树平、李解民点校：《春秋大事表》春秋嘉礼表卷19，第1649—1651页。
⑩ 皮氏观点较为独特，下将详论。详皮锡瑞撰，吴仰湘编：《发墨守箴膏肓释废疾疏证》，第444页。
⑪ 中国科学院图书馆整理：《续修四库全书总目提要·经部》，北京：中华书局，1993年，第778页。
⑫ ［日］竹添光鸿著，于景祥、柳海松整理：《左传会笺》，沈阳：辽海出版社，2008年，第11页。

迎之礼,其可乎? 先王制礼,不如是之迂也。"①由此,关于"天子亲迎"问题的讨论不再仅仅局限于经义与史实的考证,而多了一层情理与现实的比照、考量。这种"把陌生变为本人"的解释理路也正反映了宋儒尤其是理学家独特的治学方式。至此,"天子亲迎"问题的基本理论与依据已形成,后来的研究几均从这些理论、依据出发,进行更精微的弥合与更深层次的挖掘②。

3. "从宜"与整合:清儒的考证

清代作为皮锡瑞所言之"经学复盛时代"③,对经义研究愈加精细而深入。而同时,随着实证主义的兴起,于经无明文的"天子亲迎"说见斥。钱大昕④、杭世骏⑤、陈寿祺⑥、胡承珙、秦蕙田、曹庭栋等均以天子不亲迎而从前引孔、杜、程之说。清代学者对这个问题的考证愈密,如胡承珙发现《毛诗正义》中孔疏的前后矛盾处,而辨明受命、称王之异⑦,陈立则对《白虎通》关于亲迎问题阐述的内在义理进行了探究⑧,为"天子不亲迎"提供了旁证。亦有少数支持天子亲迎者,如陈奂,即以"重婚礼"之义力申何诂,而反对徐彦以天子亲迎为章句家说者。

在这些清代学者中,较为特别的是包括皮锡瑞、魏源、廖平在内的今文经学家的解释。皮锡瑞谓:

> 此则据古礼,大夫当娶于国中,逆女即在国中,亲迎不得越境。若天子、诸侯,无娶于国中之礼。如必亲迎,则当越境逆女矣。然大夫犹不得越境逆女,况于天子至尊,岂得旷其万几,远出畿外,自适侯国,亲迎王后? 则以大夫越境非礼推例,天子亲迎必有变通之法,或当亲迎于馆中。何君盖亦于此有疑,故不以为必亲迎。惟以为亲迎于馆,

---

①　曾枣林、刘琳主编:《全宋文》卷5822,上海:上海辞书出版社;合肥:安徽教育出版社,2006年,第259册,第54页。

②　亦有少量沿袭旧说者,如《文献通考》仍以《大明》中文王亲迎、造舟为天子之礼。见马端临撰,上海师范大学古籍研究所、华东师范大学古籍研究所点校:《文献通考》卷253,北京:中华书局,2011年,第6819页。

③　皮锡瑞著,周予同注释:《经学历史》,北京:中华书局,1959年,第295页。

④　钱大昕著,陈文和主编:《嘉定钱大昕全集》新辑佚文《钱竹汀先生手校旧抄本〈郑氏遗书〉》,南京:凤凰出版社,2016年,第15页。

⑤　杭世骏撰,陈抗点校:《订讹类编续补》卷下,北京:中华书局,2006年,第355页。

⑥　陈寿祺撰,王丰先整理:《五经异义疏证》卷中,北京:中华书局,2014年,第174—175页。

⑦　其言曰:"疏申郑既云:'若先有等制,则下不僭上。文王虽欲重昏礼,岂得僭天子乎?'而其申传乃云:'文王欲盛其昏事,必极物尽礼,用天子之制,然后为荣。'前后自相矛盾。殊不知传凡云'言'者,多就诗词而推原其意。此传云'言贤圣之配'、'言受命之宜',正述诗人之意,见周家王业之基始于文王亲迎之时耳。疏辄坐实,以为用天子之礼,失毛旨矣。"见胡承珙撰,郭全芝校点:《毛诗后笺》卷23,合肥:黄山书社,1999年,第1232页。

⑧　班固撰集,陈立疏证,吴则虞点校:《白虎通疏证》卷10,第459页。

可以释两家之纷，于郑君之义亦不相背。即如郑引文王"亲迎于渭"，是文王亦未亲至太姒家也。①

据此，皮氏在天子亲迎问题的讨论中加入了"大夫越境非礼"这一新命题。这种"多题互证"的方式正是清代学术精密化的体现。由此，其推论天子、诸侯亦不得越境亲迎②。但《公羊》又有亲迎之文，故其仍采程颐之说，以"释两家之纷"。由此可知其对此问题的探讨，不仅是史实的考证，同时有着调和诸说的经学意图。这与郑玄的注经理路有相通之处，亦提示着我们"汉学"的旨趣所在。

　　魏源的讨论则偏向于对《大明》篇文王"亲迎于渭"的疏解。其以"文王舞勺之年，当太王之世。身为嫡孙，考犹世子，不禀祖父，自制礼仪"为可疑，而引《逸周书》《鲁诗》，释以"太姒之齿，必甚少于文王"③，并肯定了明人邹忠允的"太姒继妃说"④。由此，魏氏将天子亲迎问题同文王太姒结婚之年相关联，对此问题作了经学上的系联与整合。而其出发点，并非仅是对史实、真理的追索，而是欲找到一个万全的中间点，以期与诸经论尽合。而在实践过程中，与他事的系联得以提升其论说的精细度与可信度，从而向"颠扑不破"的方向趋近。这一目的正是大多数"采芹于泮""优入圣域"的清儒毕生耕耘的方向，而反映在学术上即考据式的调和。

　　廖平的观点则可视为另一种意义上的调和。其谓：

　　　　谓天子亲迎于郊境，有此礼，《诗》"造舟为梁，亲迎于渭"，是不至女国之辞。然天子礼断不至女国以与后父君臣为礼，当郊迎之，不能俟堂。著诸侯不能用天子礼。然父送嫁之礼则有之，此为变礼。不亲迎，为送嫁。⑤

廖氏作为今文经学的集大成者，首先肯定"天子亲迎"礼的正当性。面对多重反证，廖氏别出心裁地释"亲迎于渭"为"不至女国之辞"。郑玄《驳五经异义》中以此为文王至太姒

---

　　①　皮锡瑞撰，吴仰湘编：《发墨守箴膏肓释废疾疏证》，第444页。
　　②　据黄以周《礼书通故》，知此说发轫于凌曙。说详黄以周撰，王文锦点校：《礼书通故》，北京：中华书局，2007年，第254—255页。
　　③　魏源撰：《诗古微》，长沙：岳麓书社，2004年，第518—519页。
　　④　按清人梁玉绳、王先谦、牟庭等近人陈子展等亦赞同此说，详王先谦撰，吴格点校：《诗三家义集疏》卷21，北京：中华书局，1987年，第832页；陈子展：《诗经直解》，上海：复旦大学出版社，1983年，第866页。但据《四库全书总目》，此或为邹忠允从丰坊处抄得，难以凭信。
　　⑤　廖平撰，郜积意点校：《穀梁古义疏》卷2，北京：中华书局，2012年，第83页。

国之证,却忽略了文王之所亦在渭河附近。廖氏此说破郑说之弊,并稍改程颐之说,以天子迎后于郊,而《大明》正是其说之证。这较程颐无甚依据的"馆中"说更加缜密而使人信服。同时,廖氏提出了另一个重要的观点,即"天子礼断不至女国以与后父君臣为礼",这亦是由情理而论此问题,有很大的借鉴意义。

诚如艾尔曼所言,"今文经学的复兴又与古文经考证及关于古文经是否属儒家原典的争论息息相关"①。在上述三家之说中,古文经典并未纳入其讨论中。这与其采《公羊》的门户之见相关,这是需要留意的。

此外,定海黄以周作为清代礼学之殿军,对这一问题的研究可谓集其大成。其谓:

> 文王亲迎,本诸侯礼。然《哀公篇》言"先圣""天地",明属天子,究不得言不亲迎,顾未必若大夫士直逆女家耳。胡氏宁曰:"使同姓诸侯主其辞,命卿往迎,公监之,父母之国诸卿皆送至京师,舍而止,然后天子亲迎而入。"此说可通……春秋之例,大夫不外娶,为大夫不得越境逆女也。故莒庆来逆叔姬,传以为讥。凌晓楼《公羊礼说》据此大夫越境逆女为非礼,遂谓诸侯更无有越境之事,显与公如齐逆女传以为礼相违,不足据。②

黄氏在这一段论述中有两处极为精当。其一即其以《哀公问》孔子之语"明属天子"。相较于"鲁郊祀"的强行解释,这种理解更符合文本本义,同时也点出了郑玄所以驳许慎的关键所在。其二即对由大夫推至诸侯的逻辑的批评。这一批评同样适用于以士昏礼之亲迎推至天子亲迎的逻辑上③,对天子亲迎问题有很大的启发性。后来曹元弼明"昏礼为士礼说"④,即于元同先生相契也。

要之,传统关于"天子亲迎"问题的研究,或守门户之见,或协和诸经抵牾,多是在"诸经互证"的语境下展开的⑤。明人蔡汝南谓"《诗》者《春秋》之宗也,《春秋》者《诗》之

① [美]艾尔曼著,赵刚译:《经学、政治和宗族:中华帝国晚期常州今文学派研究》,南京:江苏人民出版社,2005年,第87页。

② 黄以周撰,王文锦点校:《礼书通故》,第254—255页。

③ 后世治礼,多依此逻辑推衍,详下文。

④ 曹元弼著,周洪校点:《礼经学》,北京:北京大学出版社,2012年,第281—282页。

⑤ 可参看景海峰:《论"以传解经"与"以经解经"——现代诠释学视域下的儒家解经方法》,《学术月刊》2016年第6期,第5—12页。

断也"①，正是对这一研究理路的总结。

但同时，我们亦需认识到在"天子亲迎"问题的讨论中，"从宜"是很多学者的一种潜意识。由于时代愈后，与上古的时间跨度愈大，而对上古生活情形的诸方面愈加模糊，故学者不免"以己度人"，结合当下情势对古代做出想象。如前所述，自程颐以情理释"天子亲迎"获得巨大成功后，周孚、皮锡瑞、廖平等诸学者皆采此范式加以论说。事实上，清初江永即撰《昏礼从宜》一文，其辞谓：

> 三王异世不相袭礼，况去三王之世逾远，服饰器用、起居动作、往来交际，事事非古
> 之俗，岂可以古人之礼律今人之情乎？礼之行于家者，昏礼为本。合二姓之好，上以承
> 先，下以继后，为礼之重大，然而乡自为俗，家以为礼，各因情以为文，未尝拘牵于古人
> 之六礼——规模之也。②

由此观之，在《朱子家礼》等实践礼学文献的刺激下，清代的礼学并不仅限于传统文献学研究。由对近世及现实的观照而申发出的"从宜"主张，深刻影响着清代礼学的研究。由此而对所谓"汉宋之争"的反思与重溯，亦是清代学术史研究的一种取径。

三、亲亲与尊尊：义理的博弈

诚如李云光先生所言，探研经说，"贵能征其事实，又当究其大义"③。"天子亲迎"这个问题本身，即不仅是单纯的史学问题。诸说背后，实际均蕴含着某种哲学的认同与旨趣。而对此义理层面的探究，正是理解诸家所以立论的钥匙。

1. "夫妻敌体"与"阳下于阴"："天子亲迎"的义理

肯定天子亲迎的论说，多以"夫妻敌体"或"阳下于阴"为其义理。前者如《哀公问》、《白虎通》及郑玄说，均强调王、后合体对于国家社稷的重要性，换言之，王后的重要性在这一义理中凸显。早期经典视夫妇为人伦之大本，《周易·序卦》谓："有天地然后有万

---

① 李安仁、王大韶、李扬华修纂，邓洪波、刘文莉点校：《石鼓书院志·补遗》卷 3，长沙：岳麓书社，2009 年，第281 页。

② 可参徐到稳：《江永反朱思想及其对戴震的影响——基于新见文献〈昏礼从宜〉的研究》，《云南大学学报（社会科学版）》，2013 年第 3 期，第 41—47 页。又徐道斌有《〈昏礼从宜〉辨伪》一文，未知其说确否。参徐道斌：《〈昏礼从宜〉辨伪》，《中国典籍与文化》，2013 年第 4 期，第 102—107 页。

③ 李云光：《三礼郑氏学发凡》，第 18 页。

物,有万物然后有男女,有男女然后有夫妇,有夫妇然后有父子,有父子然后有君臣,有君臣然后有上下,有上下然后礼义有所错。"①韩康伯释之曰"人伦之道,莫大夫妇",即此谓也②。这种思想至两汉依旧具有强大的生命力。匡衡谓:"妃匹之际,生民之始,万福之原。"荀爽对策云:"夫妇,人伦之始,王化之端。"③即这一观念的代表。关于这一点,《汉书·外戚传》所言甚明:

> 《易》基乾坤,《诗》首《关雎》,《书》美厘降,《春秋》讥不亲迎。夫妇之际,人道之大伦也。礼之用,惟昏因为兢兢。夫乐调而四时和,阴阳之变,万物之统也。可不慎与?④

是引诸经以证夫妇之重。此外,《白虎通》谓:"妻者,齐也,与夫齐体。自天子下至庶人,其义一也。"⑤郑玄亦谓:"敌夫曰妻。"⑥正反映出"妻"地位之重要。而对婚礼的强调、对后的重视正是这一道德观的体现。诚如马银琴《两周诗史》言:"在以婚姻联盟构成政权基础的周代社会,婚姻不仅是合二姓之好以继后世的大事,更关乎社稷的存亡。"⑦而这绝不仅仅是义理层面的理想主义,谢乃和《西周官制中王与后分治制度考论》一文从《周礼》等材料出发讨论西周王、后分治官制⑧,由此可知,西周早期女官实由后所掌,益可知王后于国家政治之重要性。由此而主"隆礼"、主"天子亲迎",自是题中应有之义。郑玄云"夫妇判合,礼同一体,所谓无敌,岂施于此哉",即以"亲亲"代"尊尊",正是这一强调阴阳和合之德之论说的代表。

"阳下于阴"的义理则是由上一义理衍生出来的。《礼记·郊特牲》:"男子亲迎,男先于女也。"《公羊》隐二年注:"礼所以必亲迎者,示男先女也。"《白虎通》:"天子下至士,必亲迎授绥者何? 以阳下阴也。欲得其欢心,示亲之心也。"马融谓:"男子亲迎而男先

---

① 朱熹撰,廖名春点校:《周易本义》卷4,北京:中华书局,2009年,第269页。

② 李鼎祚撰,王丰先点校:《周易集解》卷7,北京:中华书局,2016年,第198页。对于《序卦》此段所述之意,尚秉和先生以为"伏羲未定婚礼以前,人皆知有母,不知有父,故曰有夫妇然后有父子",盖以之为母系氏族社会之反映,其说亦甚有理,可参。详尚秉和著,张善文点校:《周易尚氏学》卷20,北京:中华书局,2016年,第337页。

③ 班固撰,颜师古注:《汉书》卷81,北京:中华书局,1962年,第3342页;范晔撰,李贤等注:《后汉书》卷62,北京:中华书局,1965年,第2052页。

④ 班固撰,颜师古注:《汉书》卷67上,第3933页。

⑤ 班固撰集,陈立疏证,吴则虞点校:《白虎通疏证》卷10,第490页。

⑥ 毛亨传,郑玄笺,陆德明音义,孔祥军点校:《毛诗传笺》卷12,北京:中华书局,2018年,第270页。

⑦ 马银琴:《两周诗史》,北京:社会科学文献出版社,2006年,第260页。

⑧ 谢乃和:《西周官制中王与后分治制度考论》,《东北师大学报(哲学社会科学版)》2009年第1期,第1—7页。

于女者,刚先于柔之意也。"①均是这一义理的呈现。

此外,主张"天子亲迎"的部分学者还包含"以士礼推天子礼"的逻辑,这部分是由于天子礼的具体仪节不传,所传之《仪礼》为士礼,故便宜从事,由《仪礼》以推天子礼。但这其中实亦隐含"自天子至于庶人者壹也"的礼学思想。

2."至尊无敌"与"天子无妻":"天子不亲迎"的义理

主张"天子不亲迎"的论说,多从"尊尊"的等级立场出发,以天子至尊无敌,不应屈尊亲迎②。自《左传》发其覆,后世学者多从之,前既明之,不再赘述。而值得注意的是,一些学者将这一义理与《荀子》所谓"天子无妻"的论述结合起来,认为天子既无妻,故王、后非敌体,由此以破除"天子亲迎"说中"夫妻敌体"的核心义理。如范祖禹元祐五年上疏即将此二义并列作为反对者的意见③。梁启雄亦引之为天子无亲迎礼之明证④。此外,章太炎《国故论衡》论天子不亲迎时谓"孙卿固云天子无妻,告人无匹也。孙卿者,亦左氏后师,足以塞郑氏之难"⑤,是复将荀子与《左传》联系以阐其说。故对"天子无妻"说的考察亦是此题中应有之义。

关于"天子无妻",杨倞谓:"天子尊无与二,故无匹也。"⑥其解释较为明快。明人杨一清谓:"天子无妻,不见于《仪礼》,乃《荀子》之言也。"⑦是其从文献可靠度上反对此说。但杨氏举述士礼之《仪礼》为证,似乎没有太大说服力。钟文烝谓:"无妻者,盖谓称妃不称妻,以妃之言媲,妻之言齐,其义略异故也。既曰无妻,必无亲迎之礼。"⑧由"妻""妃"训诂之异以释之,甚为明畅。而关于荀子此说,孙诒让的研究尤为深刻且颇有见地。其辨明《周礼》中之"女御"、《昏义》中之"御妻"与"妻"之别⑨,释千古之纷,可谓洞见。后世关于这一问题的论述,几乎尽以其说为据也⑩。

案荀子此说,甚为奇特。故程敏政大斥此说,甚至以其说为"一言而丧邦"者⑪。而

①　卫湜撰:《礼记集说》卷67,清《通志堂经解》本,第1103页。
②　从情理等方面出发讨论此问题者,前既述之。且与义理关系较少,故此处不多讨论。
③　李焘撰,上海师范大学古籍研究所、华东师范大学古籍研究所点校:《续资治通鉴长编》卷451,北京:中华书局,2004年,第10824—10828页。
④　梁启雄著:《荀子简释》,北京:中华书局,1983年,第338页。
⑤　章太炎撰,庞俊、郭诚永疏证:《国故论衡疏证》,第368页。
⑥　王先谦撰,沈啸寰、王星贤点校:《荀子集解》卷17,北京:中华书局,1988年,第449页。
⑦　杨一清著,唐景绅、谢玉杰点校:《杨一清集》,北京:中华书局,2001年,第976页。
⑧　钟文烝撰,骈宇骞、郝淑慧点校:《春秋穀梁经传补注》,北京:中华书局,2009年,第107页。
⑨　孙诒让著,汪少华整理:《周礼正义》卷1,北京:中华书局,2015年,第64页。
⑩　如张燕:《〈周礼〉女官群体考》,《兰台世界》2012年第5期,第6—7页。
⑪　程敏政撰:《篁墩集》卷57,明正德二年刻九十三卷本,第852页。

通考《荀子》之论述,即可知此说之由来。《王制》篇谓:

> 彼王者不然:仁眇天下,义眇天下,威眇天下。仁眇天下,故天下莫不亲也。义眇
> 天下,故天下莫不贵也。威眇天下,故天下莫敢敌也。以不敌之威,辅服人之道,故不
> 战而胜,不攻而得,甲兵不劳而天下服,是知王道者也。①

此段论述,重点落在"不敌之威"上。荀子重王霸,同时重视礼的"别异"功效。而天子之礼"文理繁,情用省",自然不可不严。若天子有妻,则按照"妻者齐也"的训释推论,势必破坏"王者无敌"的原则。从这个角度上看,荀子此论乃是对《左传》"天子不亲迎"理论的延展,体现着"尊尊"的王霸思想。而这种以"尊尊"代"亲亲"、以"君臣"代"夫妻"的论断在某种意义上削弱了夫妇一伦的重要性,对妇女地位有着较为消极的影响。但同时我们也要注意到,先秦文献中确无直称王后为"天子之妻"的记载,则荀子是说或渊源有自,不能迳视为荀子之发明。而"天子无妻",或亦可视为阎师所谓"礼制特权"。

要之,诚如王嵩山所言,文化作为一个适应的体系,面对不同的社会与历史因素之影响,人们往往会根据其既有的集体知识,做出选择性的、修正的决定②。关于"天子亲迎"义理的争衡,正是这一过程的完美展现。

四、上卿还是三公:经义的扭结

如前所述,在主张"天子不亲迎"的论说中,尚存在着一个长期被忽视而未经解决的矛盾,即使臣的身份问题。《公羊传》认为代天子迎后之人为"三公"之一,而《左传》杜注则谓上卿逆之,后万斯大亦从之③。这一矛盾实与周代官制的模糊性有关。孙希旦《礼记集解》中将亲迎之事与"摄主"相联系,颇有启发性:

> 《士昏礼》"父亲醴子而命之",盖醴之者,所以礼之也。父将以大事命其子,必先有
> 以礼之,亲迎且然,况传之以天下乎? 故大保之同,所以为成王礼康王者也。太保为成
> 王礼康王,犹《士昏礼》"奠菜","老醴妇于房中"之义也。下文云"以异同,秉璋以酢",

---

①　王先谦撰,沈啸寰、王星贤点校:《荀子集解》卷5,第158页。
②　王嵩山:《集体知识、信仰与工艺》,台北:稻香出版社,1999年,第236页。
③　万斯大著,曾攀点校:《学春秋随笔》卷1,杭州:浙江古籍出版社,2016年,第237页。

则知此同之所盛，乃郁鬯，王则自圭瓒注之，大保则自璋瓒注之者也。用酒谓之醮，用醴谓之醴，用郁鬯谓之灌。此所行乃灌礼也。[1]

如孙诒让所言，其说乃据薛季宣《书古文训》、吴澄《书纂言》说[2]。孙希旦此说乃为解《尚书·顾命》太保奭顾成王命以训康王之事，刘沅说与之相近[3]。后来王国维《周书顾命解》虽未明言，但也是从《士昏礼》亲迎问题推出太保奭为"摄主"[4]。关于"摄主"，《礼记·曾子问》中孔子回答"君薨而世子生"的问题时有"卿大夫士从摄主"云云，郑玄注以"摄主"为"上卿代君听国政"者。而因为有《论语》中有"百官总己以听于冢宰三年"句、《檀公》中有"古者天子崩，王世子听于冢宰三年"句，故江永谓"摄主，即下文'大宰'，丧则摄拜宾，朝则摄政"[5]。郝懿行则谓"摄主，冢宰也。有故乃以上卿耳"[6]。这也可视作一种经学上的调和。而如王船山所言，"主昏者，摄主尔"[7]，则代天子迎后某种程度上也可视作一种"摄行王事"之臣。而与亲迎一样，主丧的摄主同样遇到了职官上的问题。太保奭即召公，据《周官》《通典》说位列三公而为九命，从《周礼》上看位列天官冢宰之上。于是，《尚书正义》中，孔颖达即尽力协调，以太保奭暂领冢宰之职。但其为何能够代领冢宰之职，于文献无徵，且综观《顾命》《康王之诰》，并没有"冢宰""太宰"的出现，个中细节，对于经学家而言也只能付之阙如。

摄主在官制上的模糊大大延展了其意涵。苏轼尝引《左传》"摄也"之语撰文论述鲁隐公亦为摄主[8]，后来吴应箕[9]、戴震[10]、王鸣盛[11]、钟文烝[12]、刘文淇[13]、皮锡瑞[14]均对此问

①　孙希旦撰，沈啸寰、王星贤点校：《礼记集解·尚书顾命解》，北京：中华书局，1989 年，第 1482—1483 页。
②　孙诒让著，潘猛补点校：《温州经籍志》，北京：中华书局，2011 年，第 80 页。
③　刘沅著，谭继和、祁和晖笺解：《十三经恒解（笺解本）·书经恒解》卷 6《周书·顾命》，成都：巴蜀书社，2016 年，第 217 页。
④　关于王说之所本，可参看许子滨：《礼制语境与经典诠释》，上海：上海古籍出版社，2018 年，第 135—154 页。
⑤　朱彬撰，饶钦农点校：《礼记训纂》卷 7，北京：中华书局，第 288 页。
⑥　郝懿行著，管谨讱点校：《郑氏礼记笺》，济南：齐鲁书社，2010 年，第 1204 页。
⑦　王夫之著，杨坚总修订：《礼记章句》卷 4，长沙：岳麓书社，2011 年，第 228 页。
⑧　苏轼撰，王松龄点校：《东坡志林》卷 5，北京：中华书局，1981 年，第 114 页。
⑨　吴应箕著，章建文校点：《楼山堂集》卷 8，合肥：黄山书社，2017 年，第 128—131 页。
⑩　戴震撰，赵玉新点校：《戴震文集》卷 1《春秋改元即位考下》，北京：中华书局，1980 年，第 21 页。
⑪　王鸣盛著，陈文和主编：《蛾术编》卷 69《说制七·摄主》，北京：中华书局，2010 年，第 1463—1464 页。
⑫　钟文烝撰，骈宇骞、郝淑慧点校：《春秋穀梁经传补注》，第 4 页。
⑬　刘文淇撰，中国科学院历史研究所第一、二所资料室整理：《春秋左氏传旧注疏证》，北京：科学出版社，1959 年，第 3 页。
⑭　皮锡瑞撰，吴仰湘编：《礼记浅说》，北京：中华书局，2015 年，第 169—170 页；皮锡瑞撰，吴仰湘编：《经训书院自课文》卷 2《摄主解》，北京：中华书局，2015 年，第 656 页；皮锡瑞撰，王丰先整理：《驳五经异义疏证》卷 8，第 528—529 页。

题进行了回应,而其所据之材料,仍是《曾子问》及三传之说。

在讨论这一问题前,我们首先要厘清文献的关系。《周礼》应该是来自于较晚时期后人的建构,其建立起来的职位结构趋于理想化,并不能原原本本地反映周制。清代学者许克勤撰有《周礼注引汉制》一书,今有清末胡氏手稿本存世,收入《复旦大学图书馆藏古籍稿抄珍本》第一辑中,益可证明《周礼》及郑注之难以征信。则《周礼》中统摄百官的天官冢宰亦来自于后世的建构。

孙诒让考证三公之职,谓"三公与王坐而论道,无正职""三公之事亦简于六卿也"①,其出发点亦在于调和《周礼》与他经,但其同时也道出了一个真相,即有周一代,三公似并不是一个稳定的爵位或职官,冢宰也并不一定是"百官之长"而与三公的权力相冲突。毫无疑问,召公奭在成康之际有至高无上的地位,故其甚至能代替大祝、服吉服接神而顾命。而后世召公是否有这样的权力,是值得怀疑的。故如阎步克老师所言,周代爵命的品位待遇优厚而稳定,品位序列则相对简单②。这种"简单",不仅在于职官数量的偏少,还在于其不如后世官阶之整齐、线性而细密,在成文制度奠定的职官框架下,有着较多的未有明文规定的"灰色地带",这些灰色地带具有相当的开放性与不稳定性,而在某一位位尊德高的重要人物踏进了这一区域,那么这一特例便很容易成为定制,而成为用以诠释其他类似现象的颠扑不破的标准与真理。

此外,值得注意的是,无论是太保"摄主"说、上卿"摄主"说还是亲迎"摄主"说,都是来自于秦汉以后的学者。郭嵩焘《礼记质疑》即对此提出怀疑,认为"百官总己听于冢宰"乃是夏殷时礼,周代即没有"谅阴"之制。此外,"摄主"之说产生的蓝本《礼记·曾子问》,其所言乃是遗腹子这种特殊情况③,至于"世子已生,年幼未能莅政,亦必有摄主当国"之说,乃是出于后学④,其可靠性也值得怀疑。

将亲迎与摄主比附的做法同样需要重审。天子崩时的摄主所代行的是先王命,代天子迎后的使者则代当朝天子之命。且在《士昏礼》中,娶妻亲迎需要父醮子,而天子之父已崩,何以醮之? 这些矛盾,实际上是经义本身的抵牾,而后世学者"治乱丝而愈棼",建构出一套庞杂的礼制与职官体系以弥缝之,但是还是难免留下破绽。厘清文献而正本清源,正是研究此问题的题中应有之义。

---

① 孙诒让撰,王文锦、陈玉霞点校:《周礼正义》,北京:中华书局,2013年,第51—52页。
② 阎步克:《秩级与服等》,西安:陕西人民出版社,2021年,第109页。
③ 班固撰集,陈立疏证,吴则虞点校:《白虎通疏证》卷4,北京:中华书局,1994年,第148页。
④ 皮锡瑞撰,吴仰湘编:《经训书院自课文》卷2,北京:中华书局,2015年,第656页。

五、文本与现实：实践的观照

诚如克罗齐所言，没有叙事，就没有独特的历史话语。[①]"天子亲迎"在后世之成为一争执不息的历史话语，与其在现实中的实践相关。此处限于篇幅，仅作一点概述。

两汉以降，载诸史册的"帝亲迎后"的实践屈指可数，但有关"亲迎"问题的学术讨论实际对政治造成持续的影响。汉初叔孙通制礼，其以天子不亲迎[②]。汉世天子只有临轩册后、纳后等礼的记述。其中汉惠帝纳后等事虽有类似于"亲迎"仪节的记载，却始终未出现"亲迎"二字。

两晋之时，随着华恒、王彪之等人领衔制礼，皇帝大婚"始具六礼"，亲迎自然在其中。这一较为仓促的制礼正是"缘士礼推之"，但据史载，实际上这一套礼制并未得到良好的践行。升平元年，晋穆帝纳皇后何氏，虽有版文，"仍遣太尉、太保行事"[③]，足见当时皇帝确罕有行亲迎礼事。由此以观《白虎通》，或亦可得出相近的推论。此外，此处"遣太尉、太保行事"，联系前说可知，当时官方所信从的乃三公为使之说。

如前所述，中古时代天子亲迎问题的研究首推吴丽娱老师的《从〈宋书·礼志〉"迎"字校勘看中古帝王婚仪的变更》一文。其从经学亲迎理论论起，通过串联华恒、王彪之的纳后版文、宋孝武帝、北齐皇帝迎后礼文及《贞观礼》《开元礼》纳后仪文等中古时期皇帝婚礼的相关内容，并辅以文字上"迎""奉迎"代替"亲迎"的考察与论述。如其在文末所言，"经传注疏在其本身思想学术价值之外，还有迎合时代潮流的内容意向值得探究"[④]，而这种历史上学术与现实的互动正体现出文献研究的价值。

笔者不揣谫陋，希望在吴老师研究的基础上做一点小小的补充。《周书》《北史》《资治通鉴》等文献均载天和三年（568）北周武帝纳后"行亲迎之礼"事[⑤]。吴文似未对此事进行深入考察。据庾信《周上柱国宿国公河州都督普屯威神道碑》可知，保定五年（565）

---

① Benedetto Croce, Primi saggi, 3rd ed. Bari: Gius Laterza & Figli, 1951, p. 38.
② 陈寿祺撰，王丰先整理：《五经异义疏证》卷中，第173—174页。案：西汉尊公羊，董仲舒即采其"三世说"立论，且海昏侯墓所出《春秋》近《公羊》，皆是其证。然未知西汉《公羊》师说如何。
③ 房玄龄等撰：《晋书》卷21，北京：中华书局，1974年，第666—667页。
④ 吴丽娱：《从〈宋书·礼志〉"迎"字校勘看中古帝王婚仪的变更》，彭林主编：《中国经学》（第15辑），第109—128页。
⑤ 令狐德棻等撰：《周书》卷9，北京：中华书局，1971年，第144页；李延寿等撰：《北史》卷23，北京：中华书局，1974年，第857页；司马光编著，胡三省音注：《资治通鉴》卷170，北京：中华书局，1956年，第5273页。

辛威"领兵出西凉州奉迎突厥皇后",天和三年至京师后,武帝方行"亲迎之礼"①,则此处"奉迎"与"亲迎"有先后,意涵并不同,似不能径改"亲迎"二字。这一记述,与我们往常理解的"亲迎"情形不同,而合于后世程颐的推论。由此可知北周时人对"亲迎"仪节的理解,同时亦可推知程论的史实依据。

而北周武帝亲迎阿史那皇后之事,在皇权渐次加强、《左传》之说逐渐取代《公羊》之说的中古时期确实是一个特例。胡三省注此事曰:"周主行亲迎,与突厥为敌国之礼。"②"敌国"即对等之国,由此可推知北周武帝"亲迎"的重礼表现,实际在某种程度上是和合突厥政治意图的仪式性表达。当时周、齐连年征战,而突厥对双方而言既是威胁,又是或能被拉拢的对象,故二国之君争相向北周君主提出和亲的请求。据史料所载,北周武帝纳阿史那皇后一事在开始并不顺利。《周书》载曰:

> 太祖方与齐人争衡,结以为援。俟斤初欲以女配帝,既而悔之。高祖即位,前后累遣使要结,乃许归后于我……俟斤又许齐人以婚,将有异志。纯等在彼累载,不得反命。虽谕之以信义,俟斤不从。会大雷风起,飘坏其穹庐等,旬日不止。俟斤大惧,以为天谴,乃备礼送后。③

由此可知,木扦俟斤可汗对与北周和亲一事前后多次反复,而最后是因为偶然的气象异常方允诺。从这个角度出发,则可知北周武帝的"行亲迎之礼",实有着屈尊讨好的意味,并非常制。而若从另一角度出发,北周与突厥既然是"敌国",则北周武帝于突厥而言绝非天子,故"至尊无敌"这一"天子不亲迎"的义理绝不能施于此处。这也是北周武帝亲迎的另一内在逻辑。

而关于"敌国之礼",唐代的一些史料有着较大的借鉴意义。《旧唐书·吐蕃传》载贞观十五年,文成公主赴吐蕃和亲,"令礼部尚书、江夏郡王道宗主婚,持节送公主于吐蕃。弄赞率其部兵次柏海,亲迎于河源。见道宗,执子婿之礼甚恭"④。十六年,薛延陀真珠可汗亲迎新兴公主于灵州⑤。开元五年,契丹失活亲迎永乐公主⑥。唐代前期国力

---

① 庾信撰,倪璠注,许逸民点校:《庾子山集注》卷 14,北京:中华书局,1980 年,第 885 页。
② 司马光编著,胡三省音注:《资治通鉴》卷 170,第 5273 页。
③ 令狐德棻等撰:《周书》卷 9,第 144 页。
④ 刘昫等撰:《旧唐书》卷 196 上,北京:中华书局,1974 年,第 5221 页。
⑤ 欧阳修、宋祁撰:《新唐书》卷 217 下,北京:中华书局,1975 年,第 6137 页。
⑥ 王溥撰:《唐会要》卷 96,北京:中华书局,1960 年,第 1717 页。

强盛,四方之国尊唐天子为"天可汗",故名义上虽为"敌国",但唐的地位实较吐蕃、薛延陀等为高。故四方可汗之亲迎,实亦有着讨好唐天子的意图。如夷男属下劝谏其至唐亲迎时,夷男即谓:"吾闻唐天子有圣德,我得身往见之,死无所恨。且漠北必当有主,我行决矣,勿复多言!"而至唐中期以后,周边诸国亲迎唐公主之事渐少。贞元四年咸安公主下嫁回纥天亲可汗①、长庆元年太和公主下嫁回鹘崇德可汗②,可汗均未行亲迎之礼。由此可见,"敌国"之君亲迎并非常制,而在很大程度上包含政治的考量。这一点在新兴公主下嫁真珠可汗一事上表现得尤为明显。《资治通鉴·唐纪十三》载太宗贞观十七年:

> 契苾何力上言:"薛延陀不可与婚。"上曰:"吾已许之矣,岂可为天子而食言乎!"何力对曰:"臣非欲陛下遽绝之也,愿且迁延其事。臣闻古有亲迎之礼,若敕夷男使亲迎,虽不至京师,亦应至灵州;彼必不敢来,则绝之有名矣。夷男性刚戾,既不成婚,其下复携贰,不过一二年必病死,二子争立,则可以坐制之矣!"上从之,乃征真珠可汗使亲迎,仍发诏将幸灵州与之会。③

由此可知,太宗"诏夷男亲迎"实为制衡、削弱薛延陀的一种手段。而契苾何力"臣闻古有亲迎之礼"的语气亦反映出四方之君行亲迎礼并非常制。由此以观北周武帝亲迎之事,则焕然可解④。

清代学者对北周武帝"行亲迎之礼"一事已有一定重视。曹庭栋谓"皇帝行亲迎之礼,始见于此"。而曹氏所举的另一例,乃陆游《老学庵笔记》所记元祐七年哲宗亲迎其后事。其言曰:"元祐七年,哲庙纳后,用五月十六日法驾出宣德门行亲迎之礼。"⑤《续资治通鉴长编》载同事则谓"上御文德殿发册及命使奉迎皇后"。⑥ 据《文献通考》,哲宗册后只是更改了"止降进册,未尝御殿"的"天圣、景祐故事",御文华殿而奉迎皇后,并无"亲迎"之辞⑦,故陆游记述的可靠性实存疑,此事亦不能径断为宋世"天子亲迎"的依据。此外,元祐七年哲宗御殿迎后实肇端于元祐五年对册后礼的更革。而这一制度的调整

---

① 刘昫等撰:《旧唐书》卷13,第367页。

② 欧阳修、宋祁撰:《新唐书》卷217下,第6129—6130页。

③ 司马光编著,胡三省音注:《资治通鉴》卷197,第6199—6200页。

④ 当然,这其中或还包含着北方游牧民族婚礼的一些内容,非笔者所长,姑置之此以待赐教。

⑤ 陆游撰,李剑雄、刘德权点校:《老学庵笔记》卷8,北京:中华书局,1979年,第106页。

⑥ 李焘撰,上海师范大学古籍研究所、华东师范大学古籍研究所点校:《续资治通鉴长编》卷473,第11285页。

⑦ 马端临撰,上海师范大学古籍研究所、华东师范大学古籍研究所点校:《文献通考》卷256,第6943页。

实源于同年范祖禹的上疏。其论"隆礼",引《哀公问》等关于亲迎的经典论述,而"以士礼推而上之,为天子、诸侯之礼",言辞间似有对恢复天子亲迎礼的期冀①。后虽不果行,但范疏毕竟造成了相当影响,不应忽视②。

不过,曹氏的考察亦未免有缺憾之处。除上述两事外,南唐后主亲迎继国后周氏亦是屈指可数的"天子亲迎"之例。《十国春秋》载:

> 开宝元年,始议立后为继室,命太常博士陈致雍考古今沿革,草具昏礼,又命学士徐铉、知制诰潘佑参定。铉曰:"昏礼古不用乐。"佑以为今古不相沿袭,请用乐。铉曰:"按古房中乐无钟鼓。"佑引《诗》"窈窕淑女,钟鼓乐之",则房中乐宜有钟鼓……将纳采,后主命校鹅代白雁,被以文绣,使衔书,特举亲迎之礼。③

由此可知,元祐年间的婚礼改制实有其渊源。李煜改纳后之礼而用乐,实是宠幸周氏的特殊表达。而李煜亲迎之礼的"特举",亦是这一意涵的延伸。但这绝无仅有的"特举亲迎之礼",毕竟于经有征,名义上是"考古今沿革"的结果,故亦可视之为唐宋之际礼制变动的个案。

六、余　论

诚如乔纳森·史密斯所揭示的,正典是一个有关局限和局限克服的文化过程。而局限与局限之克服,乃是通过训诂而释经以及其他阐释途径来实现的④。它包括历史的理解、语法的理解和精神的理解等三种⑤。故训诂释经的过程不仅仅是文法、音韵等层

① 李焘撰,上海师范大学古籍研究所、华东师范大学古籍研究所点校:《续资治通鉴长编》卷451,第10824—10828页。

② 关于北宋时期纳后礼的变革,张志云有较详细的讨论。其肯定"奉迎"之礼,对元祐年间纳后礼的变革至《政和五礼新仪》纳皇后仪的确立进行了细致详密的论述,填补了以往相关研究的空白。但其未注意到陆游的记述及范祖禹的上疏,乃白璧之微瑕也。详张志云:《亲和万民:宋代嘉礼研究》,北京:中国社会科学出版社,2020年,第197—202页。以往研究如吕友仁、王立军《宋代婚礼概述》、和溪《宋代婚礼亲迎礼初探》,均重视宋代中下层亲迎情况,而对皇帝则以"皇帝无亲迎之礼"带过。详吕友仁、王立军:《宋代婚礼概述》,《殷都月刊》1991年第4期,第33—36页;和溪:《宋代婚礼亲迎礼初探》,《科教导刊》2013年第26期,第175—176页。

③ 吴任臣撰,徐敏霞、周莹点校:《十国春秋》卷18,北京:中华书局,2010年,第267页。

④ J. Z. Smith, "Sacred Persistence: Toward a Redescription of Canon", in W. S. Green (ed.), *Approaches to Ancient Judaism: Theory and Practice*, BJS, 1; Missoula, MT: Scholars Press, 1978, 11-28 (26-27).

⑤ [德]弗里德里希·阿斯特:《诠释学》,《理解与解释——诠释学经典文选》,洪汉鼎主编,北京:东方出版社,2001年,第12页。

面的回溯与疏通,也包含着再创造的面向。对于部分释经学者而言,文本的相对封闭性并不妨碍其利用前期文本的含混、抽象或艰深而以类似于"义疏"的方式申张己意,"六经注我"正是这一倾向的极端化表现。而个中的成功者又得以重塑旧有经典的面貌,使经典焕发新的生机而"克服局限",同时造成新的经典序列与体系。从这个角度上看,任何解释都企图克服存在于文本所属的过去文化时代与解释者本身之间的疏远和间距。通过克服这个距离,使自己与文本同时代,解经者才能够占有意义:他想把陌生者变为本人的,因此,解经者正是通过理解他者来追求扩大对自身的本人的理解。于是,任何解释学,无论明显还是不明显,都是经由理解他者的迂回而对自身进行理解①。

"天子亲迎"的学术史,正是此解释学理论的集中体现。从郑玄、何休到杜佑、程颐,均在经典矛盾被放大后提出新的解释,而这些解释都包含着个人对学术与现实内外的考量与认同。这些解释,毋宁说是"解决方案",又在其后得到新的"正典化",从而使得这一问题层累化、复杂化。通过离析诸说义理,我们得以理解异见产生的逻辑,而通过考镜史实,我们得以认识文本与现实间的互动。这一互动包含着政治史、官制史、礼学史等多个层面。这些因素,使得看似保守、凝固的经典学术系谱充满了弹性与开放性,亦赋予了文献研究新的意义。

　　本书写作得到何晋老师、吴丽娱老师指导,谨致谢忱。

(作者赵胤,北京大学历史学系博士生,北京 100871)

---

① ［法］保罗·利科著,莫伟民译:《解释的冲突》,第18页。

"孔子弟子记诸善言"：
孔门之教与《论语》编纂问题探微

王　刚

摘　要： 刘向将《论语》的编纂，视之为"孔子弟子记诸善言"的后果。这些"善言"作为师教的记录，亦可视之为孔门之教的延展。孔门之教可分为两大部分，一是"以诗书礼乐教"为特点的经学或元典学习的课堂内容，二是课下的聚谈，《论语》在后者的语境中产生，在"言近而指远"的旨趣中，紧贴生活化场景，以"润物细无声"的"善言"，来传递"夫子之道"。"记诸善言"，反映了由"语"而"言"的提炼与升华，以及由"言"及义的逻辑进路。

关键词： 孔子弟子　善言　《论语》　编纂

何晏《论语集解叙(序)》引西汉大儒刘向之论："《鲁论语》二十篇，皆孔子弟子记诸善言也。"皇侃疏曰："孔子没后，而弟子共论而记之。"[①]

在中国学术史上，刘向以熟稔各类知识文本而著称于世，班固誉之为"博物洽闻，通达古今"，并将其上接孟、荀，下与董仲舒、司马迁同论[②]。以这样的学术实力及地位，刘向对于儒籍所作出的判语，自然值得高度重视。这一论断，不仅对于《论语》编纂问题提出了独到见解，更重要的是，可以推至孔门之教的学术理路中，通过上引下联，获得新的认知。

自汉以降，关于《论语》编纂层面的讨论及成果，可谓汗牛充栋，但对于"孔子弟子记诸善言"问题，在学界尚缺乏系统的专题研究。由此，结合孔门之教，来进一步考察《论

---

① 皇侃：《论语集解义疏》，上海：商务印书馆，1936年。
② 《汉书》卷36《楚元王传》，北京：中华书局，1962年，第1972页。

语》编纂及相关问题的成果,至今付之阙如①。有鉴于此,笔者不揣浅陋,对此作一初步的分析。

一、语录与记言：从"夫子之语"到"夫子之言"

对于《论语》的编纂及成书问题,除了刘向提出的"记诸善言"之论,影响最著者,还有"应答弟子、时人",以及"接闻于夫子之语"的表述,它来自于《汉书·艺文志》：

> 《论语》者,孔子应答弟子时人及弟子相与言而接闻于夫子之语也。当时弟子各有所记。夫子既卒,门人相与辑而论纂,故谓之《论语》。②

这里面的关键词是"夫子之语"。刘宝楠据此申论："此谓夫子及弟子所言之语也。""是夫子与弟子、时人各有讨论之语。"③依据《汉书》及刘氏之说,1.《论语》文本乃是围绕着谈话,尤其是孔门师徒之间的聚语而产生,其间不仅有孔夫子的话语,也附有孔门弟子的"所言之语"。由此,"夫子之语"是核心,但不是全部内容。2.探究文义,"语"意涉讨论,即"各有讨论之语"。

以上判定,与《论语》所提供的文本信息是相符的。需要指出的是,弟子"所言之语",本就围绕着孔子的思想及教导而加以展开,从特定视角来看,可视作"夫子之语"的附属或扩展。所以钱穆指出："语,谈说义,如《国语》、《家语》、《新语》之类。此书所收,以孔子应答弟子时人之语为主。……书中亦附记诸弟子语,要之皆孔门之绪言也。"④但

---

① 以笔者目力所及,对于"孔子弟子记诸善言"问题,学界尚无人对此展开专题性考察,与此相关者,主要是《论语》中有关"言"问题的研究,近年来值得注意的成果,主要有俞志慧:《语:一种古老的文类——以言类之语为例》(《文史哲》2007年第1期)以及《古"语"有之——先秦思想的一种背景与资源》(上海:华东师范大学出版社,2010年);伍晓明:《〈论语〉中的"论辩"与孔子对言的态度》(《中国文化研究》2008年春之卷);邱渊:《"言"、"语"、"论"、"说"与先秦论说文体》,(华中师范大学博士学位论文,2008年);方勇:《君子之言——以〈论语〉为中心》(《理论界》2009年第11期);夏德靠:《"记言""编言"与"撰言"——早期语类文献生成及文体嬗变述略》(《湖州师范学院学报》2020年第9期)。另外,杨逢彬在《论语新注新译》(北京:北京大学出版社,2018年)"曾子言曰"一章和"夫子之言性与天道"一章中指出,"言"和"语"在语义上有区别,说明"言""语"之别是一个时代语言的共性,而非后世学者解读《论语》生出来的观点。需要指出的是,"记诸善言"的都是孔子亲传弟子,这里的孔门之教是狭义上的,即孔子亲自指导下的教化模式。

② 《汉书》卷30《艺文志》,第1717页。

③ 刘宝楠撰,高流水点校:《论语正义》,北京:中华书局,1990年,第771页。另外,以下所引《论语》章句,未注明出处者,俱引自于此书,不再出注。

④ 钱穆:《论语新解》,成都:巴蜀书社,1985年,第1页。其实,除了孔门弟子之外,在《论语》中还有尧的话语,即最后一篇《尧曰》中的首章。但这些文本,都是为了进一步阐发"夫子之道",而附带揭橥。整体来说,"夫子之言"(转下页)

篇幅所限,在本文中,暂不对弟子之语及相关问题作专门分析,只在展开主题时,作旁及的讨论,本论题的聚焦点,是"夫子之语"与"夫子之言"的分际。

　　沿着"夫子之语"的逻辑,可注意的是,《论语》被学界视为语录体著作。如张奇伟说:"《论语》主要是记载言谈对话的,文体为语录体。"①而夏德靠则进一步认为,《论语》的出现,标志着"语录体"的正式产生②。概而言之,这些论述都可以成立。但是,它反映的是一面之事实,进一步的问题是,《论语》内容虽然可算是一种语录,但并不是简单地复原历史上的对话,根本目的,乃是通过对会话内容的精挑细选,展现出孔子之道或"微言"所在。职是故,陆德明在考察《论语》编纂问题时,特为点出"夫子既终,微言已绝"的背景③。

　　依此而论,对于"语录",既要看到"语"的一面,更需注意"录"的另一面。如果说,"语录"之"语"为文本编纂提供了原始资料,那么,"语录"之"录",则属于有针对性的文本加工与意义阐释。在"录",也即挑选过程中,遂有了"记言"的一面,从而出现了刘向所云的"孔子弟子记诸善言"。从"语录"到"记言",不仅是观察视角的游移,更重要的是,通过这一过程,使得"孔子之语",转而成为了更具义理的"孔子之言"。

　　沿着这样的知识理路来再审《论语》,细究"语"与"言"的语义关系,成为了首要任务。邢昺在为"善言"作疏时,指出:"对文则直言曰言,答述曰语,散则言语可通,故此论夫子之语而为之善言也。"④依据此说,因为语与言可混用,"善言"即为"夫子之语"。但倘回到《论语》文本,严格地加以分判,这样的说法是不能成立的。质言之,"善言"是"夫子之言",但它不能直接等同于"夫子之语"。或者也可以说,"善言"是在"夫子之语"的基础上所提炼而来的"夫子之言"。

　　细究文义,在《论语》中,"语"与"言"有着不同的意义指向,一般情形下,二者并不混用。具体说来,"语"属于人际对话,包含面广,相对随性一些;而"言"则更为严谨,聚焦于正面的义理阐释。而且在先秦思想世界里,"言"有着"立言"的一面,作为"不朽"之事⑤,地位明显高于"语"。在这样的思想背景下,"言"需要反复推定,即所谓"正名"。由

（接上页）是《论语》的主体。所以,陆德明接续《汉书》"相与论撰"云云之后,增加了这样表述:"因辑时贤及古明王之语,合成一法,谓之《论语》。"(陆德明撰,黄焯断句:《经典释文》,北京:中华书局,1983 年,第 15 页)

①　张奇伟:《谈〈论语〉的编纂及其研究意义》,《齐鲁学刊》1985 年第 5 期。

②　夏德靠:《论"语录"与"语录体"》,《四川师范大学学报》(社科版)2022 年第 1 期,第 151—152 页。

③　陆德明撰,黄焯断句:《经典释文》,第 15 页。

④　何晏注,邢昺疏:《论语注疏》,阮元校刻:《十三经注疏》,北京:中华书局,1980 年,第 2454 页。

⑤　《左传》襄公二十四年曰:"太上有立德,其次有立功,其次有立言,虽久不废,此之谓三不朽。"

此，孔门对于自己的出"言"，以及通过他人之"言"来知人论世，都是极为慎重的。例如在《子路》篇，针对"正名"问题，孔子提出了"君子于其言，无所苟而已"的论断；在《为政》篇，对弟子发出了"多闻阙疑，慎言其余"的教诲。在《子张》篇中，子贡则贯彻着"言不可不慎也"的原则，对自己的老师作出了崇高的评价。而《卫灵公》篇则曰："可与言而不与之言，失人；不可与言而与之言，失言。知者不失人，亦不失言。"

还可一提的是，以上之"言"，皆不可替换为"语"。此外，在《子罕》篇中，有"法语之言"的概念。西汉大儒扬雄仿《论语》，撰《法言》，即溯源于此。其他细部问题且不论，可确定的是，"言"更为正轨，是归宿所在。所以有"法语之言"，即"法言"，但绝无"法言之语"的用法。

进一步言之，"语"，人人皆可为；"言"，却是需要水准，有着义理依托的。不管何人，只要展开了谈话，就进入了"语"的范畴，也即所谓"语者"。但倘没有理论深度，那就只能是有"语"而无"言"。所以《宪问》篇曰："有德者必有言，有言者不必有德。"此处"有言者"的概念，足以说明，与"语者"没有理论门槛不同，并非人人都可以成为"言者"。要由"语"入"言"，需要慎重筛选，需要一定的"立言"能力，并非人人能为，时时可行。在《季氏》篇中，有君子"三畏"的论述，其中"一畏"，是"畏圣人之言"。如果只是与圣人接谈，所听到的仅为"圣人之语"，其中的全部内容不可能都是令人震撼的，如一些礼数之语，一般性的说辞，就没有"畏"的必要。但严肃认真，极具意义之语，转换成为"圣人之言"后，就可"畏"了。

在孔门之中，孔子所说的"夫子之言"，就可以归属于这样的"圣人之言"。《诗经·大雅·抑》曰："温温恭人，维德之基。其维哲人，告之话言，顺德之行。"《毛传》云："话言，古之善言也。"①也就是说，"善言"当由"哲人"所发，而孔子恰恰为"哲人"，"温温恭人"则与其"温良恭俭让"及"温而厉、威而不猛，恭而安"的形象相合拍②。

在这样的问题意识下，查考儒籍，可以发现，"夫子之言"的概念早已有之，并极受重视。《左传》哀公十六年载，当孔子去世之后，子贡对于哀公的诔辞颇为不满，他说：

> 君其不没于鲁乎？夫子之言曰："礼失则昏，名失则愆。"失志为昏，失所为愆。生不能用，死而诔之，非礼也。称一人，非名也。君两失之。③

---

① 郑玄笺，孔颖达疏：《毛诗正义》，阮元校刻：《十三经注疏》，第 556 页。
② 以上材料参见《史记·孔子世家》及《论语》之《学而》《述而》篇。
③ 杜预注，孔颖达疏：《春秋左传正义》，阮元校刻：《十三经注疏》，第 2177 页。

子贡依据"夫子之言",对于国君失礼及此后的命运作出了判定。由此可见的事实是,当弟子们提出"夫子之言"时,与引证六艺毫无二致,具有极大的权威性,是孔门笃信坚守的基本信条。还可注意的是,这段"夫子之言"摘录于孔子与哀公的对话,子贡所述,作"礼失则坏,名失则愆。"原文往复问答,篇幅较长,收录于今本《大戴礼记·虞戴德》篇。① 与《左传》中"夫子之言"的简约化不同,《大戴礼记》中的大段对话可算是"夫子之语"。哀公作为亲历者,不能由"语"及"言",从中提炼出"可畏"者,这应该是子贡很不满意的地方。

由此来看《论语》中的"善言",既然强调"善"的属性,当然不可以将其仅归为一般的会话,即"夫子之语",而更应该属于"夫子之言"。回观"孔子弟子记诸善言"的表述,记,不是记下所有的内容,而是由"语"及"言"的提炼与升华。

为了进一步加深理解,再来看一段《礼记·檀弓上》所载的故事:

有子问于曾子曰:"问丧于夫子乎?"曰:"闻之矣:丧欲速贫,死欲速朽。"有子曰:"是非君子之言也。"曾子曰:"参也闻诸夫子也。"有子又曰:"是非君子之言也。"曾子曰:"参也与子游闻之。"有子曰:"然,然则夫子有为言之也。"曾子以斯言告于子游。子游曰:"甚哉,有子之言似夫子也。昔者夫子居于宋,见桓司马自为石椁,三年而不成。夫子曰:'若是其靡也,死不如速朽之愈也。'死之欲速朽,为桓司马言之也。南宫敬叔反,必载宝而朝。夫子曰:'若是其货也,丧不如速贫之愈也。'丧之欲速贫,为敬叔言之也。"曾子以子游之言告于有子,有子曰:"然,吾固曰:非夫子之言也。"曾子曰:"子何以知之?"有子曰:"夫子制于中都,四寸之棺,五寸之椁,以斯知不欲速朽也。昔者夫子失鲁司寇,将之荆,盖先之以子夏,又申之以冉有,以斯知不欲速贫也。"②

这段故事围绕着孔子所说的"丧欲速贫,死欲速朽"而加以展开。对于这段话,有若认为,这并非"夫子之言"或"君子之言"。有若是在否定孔子说过这番话吗?当然不是。曾子亲闻此语,毫无疑问,它就是孔子实实在在说过的话。但有若还是否定了它,对于此种反常、孤立之语,不承认其为"孔子之言"。

有若为什么要这么做?"夫子之言"是孔子思想,也即"夫子之道"的载体,不能随意摘录,等闲视之,必须保证其在理论及逻辑上的完整真实性。在这样的思想要求下,这

---

① 王聘珍撰,王文锦点校:《大戴礼记解诂》,北京:中华书局,1983 年,第 175 页。
② 郑玄注,孔颖达疏:《礼记正义》,阮元校刻:《十三经注疏》,第 1290 页。

句话如果不放在一定语境下去加以提出，显然就违背了"夫子之道"。所以有若提出，如果这句话存在，那一定是某种特殊情境下的产物，是"夫子有为言之也"。如果它要作为"夫子之言"而加以提出，必须交代前因后果，而不能作为一般性的阐释之言。

　　事实证明，有若的判断是对的。要做到这一点，理解上不发生偏差当然是首要前提，由此，在呈现"夫子之言"时，有两种形态，一是言简意赅的格言，因少有歧义发生，一两句话就可以交代清楚，这在《论语》中占据了大量的篇幅。二是将对话场景交代出来，篇幅更长一些。这样的叙述模式，除了深化理解，更重要的是，倘若只留存片言只语，不仅不能反映原义，甚至会扭曲"夫子之言"的基本内容。例如，在《公冶长》篇，孔子痛斥宰我"朽木不可雕也"，就必须将宰我"昼寝"的背景交代出来；在《先进》篇，指责子路"是故恶夫佞者"时，要将子路"何必读书，然后为学"这样的谬论先行提出；在《微子》篇论及"鸟兽不可与同群"时，要将隐士耦耕，子路问津的故事，先叙述一遍。

　　要之，从理论上来说，孔子所说的各种话都可以算是"夫子之语"，但转换为"夫子之言"时，并非每句话都可以照录。落实到《论语》的编纂问题，当弟子记录"夫子之言"时，是有着严谨的判断与分析的，而不是简单的话语实录。经严格判定，"夫子之言"从一般的"夫子之语"中提炼出来后，必须保证其理论品质不受损害，符合夫子的原义，并突出其理论义蕴。

　　由此可注意的是，陈桐生通过对上博简的研究发现，《中弓》篇与《论语·子路》的"仲弓为季氏宰"章所记为同一事，只不过《中弓》篇繁复，现存字数达 520 字，而《论语》中则只摘取了两问两答。陈氏认为，《论语》中"仲弓为季氏宰"章，"是编撰者从当年仲弓原始笔录材料中节取的。"而《君子为礼》篇，则与《论语·颜渊》的"颜渊问仁"章意义相近，同样，也是前者繁复，后者简约。在陈氏看来，这是在"原始材料上提炼的"[①]。也就是说，由于《论语》简约化的特点，在著录于文本时，各弟子面对所闻、所记，会根据自己的理解和需要作出删节，然后将各种主题突出的"善言"汇集在一起。在《论语》的编纂工作中，这一原则当然更需遵循。

　　也就是说，从大量的"夫子之语"中加以提炼，品质得以拔高，从而使其成为极具思想力量的言辞，可称之为"善言"。这样的"善言"，主题明晰，义蕴突显，与"语"这样的一般性对话，拉开了距离。

---

① 陈桐生：《从上博竹简看〈论语〉的编纂特点》，《武汉理工大学学报》（社科版）2018 年第 6 期，第 914、915 页。除了上博简之外，出土的安大简《仲尼曰》、王家嘴《孔子曰》等文本中，也有相关资料，倘将其与《论语》语录作对读，可获得更为深入的认识。但限于篇幅和主题，本文不作进一步考察。

对于此种分际,先秦儒家是颇为在意的。典型例子是《论语·泰伯》篇所载的一段故事:"曾子有疾,孟敬子问之。曾子言曰:'鸟之将死,其鸣也哀;人之将死,其言也善。'"皇侃注意到,文句中使用了"曾子言"的特殊表述,而不采惯常的"曾子曰"文例。他指出:"欲重曾子临终言善之可录,故特云言也。"此处的"其言也善",内涵所及,也就是"善言",所谓"大加明训,斯可谓善言也"①。

质言之,"言"有着德行及义理的目标,故而极为慎重,绝不轻出。故而,在《里仁》篇,有"君子欲讷于言而敏于行"的教导;在《学而》及《卫灵公》篇,有对"巧言令色"以及"言不及义"的谴责;而在《阳货》篇,则有对"六言六弊"的论述,有学者认为,它"蕴含了德性之蔽的普遍性"②。也就是说,孔门所推重之"言",不同于"语",要指向于道义,具有德行内涵,这样的"言",核心所在,就是"善言",孔子最能当之。职是故,当孔门弟子重温教导,编纂《论语》时,从夫子的众多语录中进行摘录加工,在由"语"而"言";由"言"及义的逻辑进路中,"记诸善言"遂成为了题中应有之义。

二、"记诸善言"与孔门之教

孔门弟子的成长,离不开孔子的教导。以此视角来审视《论语》的编纂,无论是"夫子之语"还是"夫子之言",都可认为是弟子对师教的记录与总结。很自然地,本论题要获得推进,必须深入于孔门之教的范畴之中。诚如杨义所指出的:"人们在考察《论语》的构成形态中,不能不追踪孔子教学体制及该书的编集过程。教以传言,编以录言,其间都存在着复杂的人际缠绕和精神网络。"③

循此理路,接下来,我们就要问了:孔门之教的基本状态是什么样的?"记诸善言"在什么情形下发生呢?

笔者注意到,对于刘向"弟子记诸善言"之论,有学者作出了这样的解读:

（刘向）认为《论语》是孔子的学生当时的听课记录,记下的都是孔子说过的好话。④

---

① 皇侃:《论语集解义疏》,第104页。

② 倪培民:《德性之蔽——从〈论语〉中的"六言六蔽"说起》,复旦大学上海儒学院编:《现代儒学》第八辑,北京:商务印书馆,2021年,第23页。

③ 杨义:《〈论语〉还原初探》,《文学遗产》2008年第6期,第4页。

④ 单承彬:《论语源流考述》,长春:吉林人民出版社,2002年,第30页。朱维铮对于"弟子记诸善言",曾有这样的表述:"此书是孔子学生当时的听讲笔记,记下的都是好话。"（朱维铮:《〈论语〉结集脞说》,《孔子研究》1986年（转下页）

但这一推论是值得商榷的。它最大的问题在于,将孔门之教完全限定于课程之上。由此,当解读"弟子记诸善言"时,将其理所当然地视为"课堂教学"的组成部分。

《史记·孔子世家》载:"孔子以诗书礼乐教,弟子盖三千焉,身通六艺者七十有二人。"①由此可知,孔子在教导学生时,主要课程是"诗书礼乐",属于元典或经学教育。但是,这不能覆盖孔门的所有教育过程。倘以此为标尺,将《论语》与之直接挂钩,也视其为"诗书礼乐"的"听课记录",那么充斥其间的,必将是关于经籍阐释的内容。

然而,这样的情形并不见于《论语》文本。细绎《论语》文句,与正式的授课环境无关,它们多来自于生活化的场景,基本上属于课下弟子们与夫子相处的状态,即所谓"侍侧"。在室外,为从游;在室内,又可分为立侍与侍坐两种状态。《先进》篇载:"闵子侍侧,訚訚如也;子路,行行如也;冉有、子贡,侃侃如也。子乐。"将孔门师弟相处时的情形,很形象地勾画了出来。

在这样的文化场域下,来比较与"以诗书礼乐教"之间的差别,可以发现,前者需紧扣高头讲章及核心章句,而《论语》文本来自于闲暇时的聚语,相对随性,以贴近生活为突出特色。而这,又正是儒家所谓"善言"的语境所在。《孟子·尽心下》曰:"言近而指远者,善言也。"朱子说:"举目前之近事,而至理存焉。"②也就是说,"善言"的特点是,紧贴生活化场景,在日用不觉间提点设问,随境而动,通过"润物细无声"的方式,传递"夫子之道"。

这些"善言"最初由孔门一代弟子记下,即《汉书·艺文志》中所谓的"孔子应答弟子时人"之言。

为了获得进一步的了解,可以通过《卫灵公》篇所载的一段故事,来加以分析:

> 子张问行。子曰:"言忠信,行笃敬,虽蛮貊之邦,行矣;言不忠信,行不笃敬,虽州里,行乎哉? 立,则见其参于前也;在舆,则见其倚于衡也,夫然后行。"子张书诸绅。

倘要复原"孔子弟子记诸善言"的情形,这应该是最为典型传神的一段实录材料。然而,不管如何去解读,"子张书诸绅",都不能视之为"当时的听课记录"。最核心的理由是,在这里见不到"以诗书礼乐教"的痕迹。而且,因"夫子之言"的重要,子张听闻之

---

① 《史记》卷 47《孔子世家》,北京:中华书局,1959 年,第 1938 页。
② 朱熹:《四书章句集注》,北京:中华书局,1983 年,第 372 页。

后,赶紧将其书于衣袍大带——绅之上,即所谓"书诸绅"。恰恰可以反证的是,这并非"课堂"之上的常态情形,而只能发生在毫无准备的闲暇之时。如果是"课堂"之上,记录是常态,会有充分的准备,必不至于如此匆促,以绅代简。

由此观之,在传道受业之时,孔子传授,弟子记录,固然是孔门常态,但它并非只在"诗书礼乐"这样的"课程"中才得以发生。以笔者浅见,孔子之教可以分为两大部分,除了以"诗书礼乐"为核心的元典或经学"课程"教育,还有就是闲暇时的聚谈。《论语》的主体内容,正是后者的产物,作为"诗书礼乐"的延展,被弟子们记录了下来。进一步言之,就"记诸善言"的性质而论,它不是课堂实录,而是"课外作业"。

倘再作细究,还可发现的是,子张所为,体现的是"孔子应答弟子时人"的情形。除此之外,还有"弟子相与言而接闻于夫子之语也"。

"弟子相与言"本是弟子之间的谈话,它何以会"接闻于夫子之语"呢? 在笔者看来,有两种情况:

一是弟子聚谈,有所困惑之后,找到孔子来解惑释疑。《庄子·让王》载,孔子师徒"穷于陈、蔡之间,七日不火食",窘困已达极境。子路、子贡等在"相与言"时表达了疑惑与不满,"颜回无以应,入告孔子",孔子于是将他们招入,在"吾语汝"之后,不仅使得弟子在"接闻于夫子之语"后得以释怀①,也在其间发出了"霜雪既降,吾是以知松柏之茂"之言。这与《子罕》篇的"岁寒,然后知松柏之后凋也",可谓同一旨趣。此外,《史记·孔子世家》也载有这一场景下孔子与子路等人的大段对话,它们自然属于"夫子之语",但在《卫灵公》篇中则被简约为"君子固穷,小人穷斯滥矣"的"夫子之言"。

二是弟子与孔子"接语"之后,与同门一起讨论"夫子之言"。例如,《颜渊》篇"樊迟问仁"章载,樊迟在与孔子接谈之后,"退见子夏",二人有一番聚谈,这次谈话可以视之为"弟子相与言",但他们"相与言"的基础,是"既见子夏,而述夫子之言,问之何谓也"②。也即是,通过"相与言",对"孔子之言"加以理解与深化。但不管是何种情形,弟子"接闻于夫子之语"时,不是照录全部内容,而是围绕着义理丰赡的"孔子之言"展开讨论,并最终收入《论语》文本中。

在这样的视野下,来细绎一段关于东周士人的文字:

---

① 郭庆藩撰,王孝鱼点校:《庄子集释》,北京:中华书局,1961年,第981—982页。
② 皇侃:《论语集解义疏》,第173页。

士相与言仁谊于闲宴，工相与议技巧于官府，商相与语财利于市井，农相与谋稼穑于田野，朝夕从事，不见异物而迁焉。故其父兄之教不肃而成，子弟之学不劳而能，各安其居而乐其业，甘其食而美其服。①

此处值得注意的，是"士相与言仁谊于闲宴"。由此可知，"仁谊（义）"是士人聚谈（相与言）的核心内容，它说明，仁义或道义的讲论，不只限于正式的教学，也是士人闲暇时精神生活的重要内容。据此来观察《论语》，可以认定，语境所关涉的，主要就是"士相与言仁谊于闲宴"。还需指出的是，其间所呈现的图景，不限于同辈的"相与言"，或者说，同辈的"相与言"只是局部的存在，"善言"要得以发掘，其间还有一位师尊的存在，并以其为核心，通过"应答"、"接闻"，并最终记下"夫子之言"，从而达到"父兄之教不肃而成，子弟之学不劳而能"的目标。

在这样的知识基础上，来再审子张之事，就可以明白，"书诸绅"之所以发生，一个重要前提是，闲暇时，本不必事事备载，句句皆录，只有极具意义的"善言"才加以笔录。当此之际，子张事先没有意料到孔子会出此"善言"，在准备不足的情势下，只好因陋就简。

必须指出的是，当孔子出言之时，并不是字斟句酌，作为核心主张（"言"）推出，作为事先毫无准备的对话，在孔子层面，本属于"语"的范畴。但因为孔子思想的深度，以及此语的自然天成，被子张转化为"善言"而摘录。也就是说，"善言"工作由弟子完成。事实上，《论语》中很多警句也是这样，由弟子们披沙沥金而来，在由"语"而"言"的提炼中，形成了《论语》的编纂。

这一情形也说明，"记诸善言"不是随意而为，而是有着选择与思考，并与前面的相关论述相呼应。由本论题出发，更可注意的是，它与孔门的正式教学有着内在的逻辑关联。也因为这样的缘故，笔者将其喻之为"课外作业"。

细想一下，闲暇之时的言谈，由于自由地行动与发言，常呈现出散漫且无主题之势，生活中的俗务或家长里短，更是避免不了的内容。但在《论语》中，这些都付之阙如。这些内容的缺位，说明了一个事实：它们都是在"书诸绅"时所省略或删芟的部分。也就是说，当"弟子记诸善言"时，已删繁去冗，主题高度聚焦于"夫子之道"，从而与"诗书礼乐"所承载的儒学理念融会贯通。

---

① 《汉书》卷91《货殖传》，第3679页。此段文字引自《管子》，关于"古之四民不得杂处"之论，今本《管子》中文字稍异。

　　因为这样的知识关联,在汉时,《论语》被称之为传,并有着"传莫大于《论语》"①的学术认知。

　　在中国经学史上,有所谓的经、传之别,前者以最初的六经或五经为核心,后者则是对前者的诠释文字。其中特别著名的有"《春秋》三传",本为解释《春秋》经的文本。当然,随着经籍范围的扩大,"三传"后来也进入了经的系列。与之相似的是,《论语》在成为经籍之前,也被视之为传。但与"三传"不同的是,它不是对某部专经作出的释经文字,而是总体性的解经。由此,汉末大儒赵岐在《孟子题辞》中指出:"《论语》者,五经之錧鎋,六艺之喉衿。"②域外学者则进一步断言:"经,本也;传,末也。孔子之教不出六经,《论语》乃注释此等之经而为之传。"③也就是说,《论语》虽然是闲暇时的聚谈,但那是有选择的记录,它以"善言"为核心,围绕着六经义蕴加以展开,是一种特殊的释经。

　　前已论及,"孔子之教"分为两大部分,《论语》所在场域为课下,课堂上的内容聚焦于六经,也即"以诗书礼乐教",经学元典是课堂学习的核心内容。具体情形,见诸《论语·述而》的一段记录:"子所雅言,诗、书、执礼,皆雅言也。"此处的"言"与言谈时的语音有关,"雅言",实质上是以当时的官话来讲诵"诗书礼乐"。这说明,对于这些经学内容的研习,孔子极为严肃。但由前已知的是,"言"更多地指向于"立言",《论语》中有所谓的"畏圣人之言","言"的核心,或也可称之"先王之言"④。

　　合而论之,所谓"雅言",固然有着以正音来进行教学的一面,但同时,也有着对于经籍中的"圣人之言"加以辨析的另一面,即《大戴礼记·小辨》所谓的"辨言"。孔子曰:"尔雅以观于古,足以辨言矣",并发出了"辨言之乐不下席"的感慨⑤。

　　长期以来,引文中的"尔雅",被视之为《尔雅》一书,但其实未必。因为当孔子发出此论时,《尔雅》应尚未编定成书。由本论题出发,更重要的事实是,"尔,近也;雅,正也"。尔雅,是接近正解之义,第一部训诂学著作《尔雅》的书名亦由此而来,清儒说:"欲读古书,先求古义,舍此无由入也。"⑥也就是说,在讲解领读经书之"言"时,需要"雅",由此"雅言"与音读相关联,但"尔雅"因其"辨言",更有着解读语义的一面。还需一提的

---

　　① 《汉书》卷 87 下《扬雄传下》,第 3583 页。
　　② 焦循撰,沈文倬点校:《孟子正义》,北京:中华书局,1987 年,第 14 页。
　　③ 狩野直喜:《论语研究之方法》,江侠庵编译:《先秦经籍考》中册,上海:上海文艺出版社,1990 年影印本,第 5 页。
　　④ 这样的观念,并非儒家特有。而应是先秦以来的共识。例如,在《墨子》中,有"先王之言"、"先王之书"云云,指向的,就是以诗书为核心的经籍。在《鲁问》篇,则更有这样记载:"诵先王之道,而求其说,通圣人之言,而察其辞。"
　　⑤ 王聘珍撰,王文锦点校:《大戴礼记解诂》,第 206—207 页。
　　⑥ 陈国庆编:《汉书艺文志注释汇编》,引《四库全书简明目录》,北京:中华书局,1983 年,第 83 页。

是,"辨言"既然"不下席",也即是,不出教席的范围,那么它就必然不在闲暇之时发生,而只能在规范的教学过程中寻其踪迹。要之,在对"诗、书、执礼"作"雅言"之时,不仅仅只有音读的考量,更需要"立言",也即是,对经籍中的"圣人之言"加以解读。

更为重要的是,为了做到这一点,在孔门的教学过程中,有着由"言"而"语"的推进,即所谓"偶语诗书"。再进一步言之,"语"在孔门之教中,不仅仅是随性的人际会话,更有着经学研习的意义。《诗·大雅·公刘》云:"于时语语",毛传曰:"直言曰言,论难曰语。"清儒陈奂指出:"言者,徒言之而已,不待辨论也;论难者,理有难明,必辨论之不已也。"①也就是说,在孔门之教及经学系统中,"语"有论难、辩论的含义在。通过这种辩难,不仅经义得明,还建构着儒学的"夫子之业"。在教授这些内容时,需要师生互动,通过师生的思想辩难,对经文内容加以涵泳体认。由此,当"焚书坑儒"时,秦廷下达了比"焚书"更为残酷的律法——"偶语诗书者弃市"。目标所在,就是将"夫子之业"的根脉斩断。

关于这一问题,笔者已有专文加以论述②,在此不再赘论。结合本论题来作进一步考察,需指出的是,当孔子之教在课堂加以展开时,由"辨言"而辩难,"语"是获得深化的重要手段。当这样的趋势延伸到闲暇之时,在"相与言仁谊于闲宴"之际,一方面"记诸善言"成为进一步理解"诗书礼乐"的关键;另一方面,师生之间、同门之间继续"偶语",既是促生"善言"的土壤,同时也接续着"辨言"及"论难"的学术精神。只不过,运用"雅言"之时,直接面对着"诗书礼乐",而闲暇之时,围绕着为"六经"立传这一主旨而来,不局限于一字一句,而是发挥着"錧鎋"与"喉衿"的作用。

由此来看《论语》之名,不仅仅是言语或对话,更可追溯至"以诗书礼乐教"的教学轨迹中。也即是,"孔门之教"可分为课堂之上与课堂之外两大部分,二者既有区分,更有关联。在课堂至课外的延伸中,孔门弟子秉持"以诗书礼乐教"的精神,将孔子教导的核心内容——"善言"记录下来,成为了题中应有之义。从这一视角去看"记诸善言"对于孔门之教的精神延承,可以认为,夫子之"善言"对应经义;"语"从经学辩难的场域移用而来,使得"相与言仁谊于闲宴"与"以诗书礼乐教"之间,实现了知识目标的沟通。

①　陈奂:《毛诗传疏》,王先谦编:《清经解续编》第三册,上海:上海书店,1988 年影印本,第 1175 页。
②　拙文:《"偶语诗书"与孔门传业问题探赜》,《华中国学》2020 年秋之卷。

三、"述孔"与"讲习"

前所论及的"孔门之教",主要着眼于孔子教导的层面。但有教必有学,问题的另一面,是孔门弟子对于这种教导的接受与学习。这里面值得特别注意的,是"述孔"与"讲习"问题。

沿着这样的问题意识,可见如下的历史事实:孔门弟子在受教之后,因衷心服膺夫子,在延承师尊"述圣"进路时,以"述孔"来关注并记录孔子的一言一动,并通过"时习"身体力行地加以仿效,进而演为孔门的"讲习"活动。这些活动以孔子为核心,"弟子记诸善言"成为彼时的一大关键。当孔子过世之后,以上种种活动失去了依托。从"述孔"到"讲习",要得以继续推进,将"善言"加以整合,成为了事所必然,《论语》的编纂由此提上了议程。下面作具体的论述。

由前已知,当孔子"以诗书礼乐教"之时,围绕着"先王之书"或"圣人之言"展开教学活动。就内容而言,"诗书礼乐"的原创者虽然不是孔子,但这些文本经其整理之后,建构出了学术史上著名的六经系统。从这一角度来看,孔子与六经之间,是整理及阐释者的关系。由此,《庄子·天运》载孔子之言:"丘治《诗》、《书》、《礼》、《乐》、《易》、《春秋》六经,……论先王之道而明周、召之迹。"[1]章学诚则据此提出了"六经皆史"说,即所谓:"古人不著书,古人未尝离事而言理,六经皆先王之政典也。"[2]

这一重要事实在《论语》中也有反映,即《述而》篇所载的孔子自评:"述而不作,信而好古。"刘宝楠说:"述是循旧,作是创始。""是言夫子所述六艺事也。"并引《中庸》"仲尼祖述尧舜,宪章文武"一句,以为旁证[3]。由本论题出发,进一步的问题是,"述而不作",不单纯是文献整理问题,更有着"述圣"的文化取向。也即是,整理从尧舜到文武的"圣人之言",通过"循旧",从中体悟内在义理,是"雅言"与"偶语诗书"得以展开的文本起点,也是孔子之教落实于课堂的关键。

由前亦知,孔子之教还有课堂之外的内容,即与《论语》文本相呼应的"相与言仁谊于闲宴"。相较而言,课堂之上的教学,以六经文本为核心,围绕着尧舜以来的"圣人之言"加以展开。在这样的授课环境中,古代的圣王为"作者",孔子作为"述者",在"述而

---

① 郭庆藩撰,王孝鱼点校:《庄子集释》,第 531 页。
② 章学诚著,叶瑛校注:《文史通义》卷 1《易教上》,北京:中华书局,1994 年,第 1 页。
③ 刘宝楠撰,高流水点校:《论语正义》,第 251、252 页。

不作"的过程中，引领着弟子们进行思想解读。而在课堂之下，作为"以诗书礼乐教"的延展，当"相与言仁谊于闲宴"之时，核心所在是"夫子之言"。围绕着它们，一面继续解经阐圣，但更重要的一面是，孔子作为思想核心，成为了弟子心目中的新圣，即《子罕》篇中所谓的"天纵之将圣"。

　　在中国思想文化史上，孔子之所以重要并成圣，很关键的一条在于，他是承上启下的"集大成者"。孔子神道碑说"先孔子而圣者，非孔子无以明；后孔子而圣者，非孔子无以法。"柳诒徵则评述道：

> 　　孔子者，中国文化之中心也。无孔子则无中国文化。自孔子以前数千年之文化，赖孔子而传；自孔子以后数千年之文化，赖孔子而开。即使至今以后，吾国国民同化于世界各国之新文化，然过去时代与孔子之关系，要为历史上不可磨灭之事实。①

　　这种事实及意义的产生，落实在两大层面，一是道统的联结。孔子"祖述尧舜"，以文化圣人的面目而出现，成为后世道统论的转承点。二是孔子所传承的"圣道"，从六艺中来，这就使得孔门的教学活动，有了文献依托。太史公总结道："为天下制仪法，垂六艺之统纪于后世。"②

　　由此，孔子及六艺的整理，以及儒学的开创，成为了划时代的人物及事件，以此为枢纽，中国文化精神得以联结与递嬗。结合本论题，从述作的角度来看，此前的"先孔子而圣者"，以及所承载的文化精神，因孔子得以"明"，圣王为"作者"，孔子为"述者"。《论语·子罕》载："子畏于匡。曰：'文王既没，文不在兹乎？天之将丧斯文也。后死者不得与于斯文也；天之未丧斯文也，匡人其如予何？'"作为"后死者"的孔子接过先圣的文化火把，以六艺为薪，使得文化精神薪火相传。质言之，孔子的"述者"身份为其表，其里则是，成为"尧舜文武"以来的文化托命或续命者。

　　但延此理路，更为关键的是，孔门弟子及此后的"后死者"，需要效法孔子，才能"斯文"不坠，直至上接"尧舜文武"，也即所谓"后孔子而圣者，非孔子无以法。"《论语·阳货》载有一段重要的师生对话：

> 　　子曰："予欲无言。"子贡曰："子如不言，则小子何述焉？"子曰："天何言哉？四时行

---

　　① 柳诒徵：《中国文化史》（上），上海：上海古籍出版社，2001 年，第 263 页。
　　② 《史记》卷 130《太史公自序》，第 3310 页。

焉，百物生焉。天何言哉？”

细绎文义，与"信而好古"，授业六艺不同，孔子的身份不再是"述者"，这一身份转而移交给了弟子们。而这些弟子所"述"者，正是孔子及"夫子之言"。也就是说，孔子通过六艺而"述圣"，孔门弟子则以孔子为起点，发展成为了新的"述圣"——"述孔"，并表现为，孔门弟子之于孔子，犹若孔子之于尧舜。典型例证出现在《礼记·檀弓上》：

> 孔子与门人立，拱而尚右，二三子亦皆尚右。孔子曰："二三子之嗜学也，我则有姊之丧故也。"二三子皆尚左。①

按照礼制，"拱而尚右"是居丧时的行为，孔子因为姊丧而行此礼。但弟子们不知就里，居然也学着孔子"皆尚右"，孔子说出缘由后，才改为常态的"尚左"。循此理路再次回到孔子之教的问题上，可见的事实是，孔子施教之时，弟子所学的内容，不仅仅在于知识元典，更有着对孔子一言一动的关注与效仿，所谓"亦步亦趋"②，成为了一种重要的文化图景。《法言·学行》概述为："七十子之肖仲尼也。"③

那么，这样的表现与《论语》的编纂，关系何在呢？再绎"拱而尚右"的故事，可以发现，这一误会的发生，源于"二三子之嗜学"。

学，是《论语》的核心主题，《学而》篇首句即为"学而时习之不亦说乎？有朋自远方来不亦乐乎？"《述而》篇则有这样的夫子之言："德之不修，学之不讲，闻义不能徙，不善不能改，是吾忧也。"结合本论题，本文所关注的是，孔门弟子的学习内容，不仅仅是课堂上的"诗书礼乐"，更有课下的孔子言行，弟子们通过"时习"来巩固之，有学者将其称为孔门的"讲习"活动④。需注意的是，在这种"讲习"中，应有文本载体，前者由孔子亲授，后者则需要弟子们做出实时的记录。钱穆指出："当时诸弟子于孔子之一言一动，无不谨书而备录之。"⑤在这样的前提下，才会发生"子张书诸绅"的故事。也即是，对于孔子言动，尤其是"夫子之言"加以记录，作为"学"的基本依凭。

而这样的问题意识落实到《论语》世界中，在"书诸绅"之后，遂产生了从"退而省其

---

①　郑玄注，孔颖达疏：《礼记正义》，阮元校刻：《十三经注疏》，第 1283 页。

②　《庄子·田子方》："夫子步亦步，夫子趋亦趋，夫子驰亦驰，夫子奔逸绝尘，而回瞠若乎后矣。"

③　扬雄撰，汪宝荣注疏，陈仲夫点校：《法言义疏》，北京：中华书局，1987 年，第 9 页。

④　刘全志：《论孔门七十子的讲习活动——兼及〈论语〉的形成》，《孔子研究》2012 年第 2 期，第 85 页。

⑤　钱穆：《论语新解》，第 1 页。

私"到"学而时习之"，以及群而"讲习"的学思轨迹。

《论语·为政》载孔子之语："吾与回言终日，不违，如愚。退而省其私，亦足以发，回也不愚。"这里面的关键句是"退而省其私，亦足以发"。由此可知的是，对于"夫子之言"，弟子们有一个自我消化，反省涵泳揣摩的过程。《学而》篇载曾子"三省吾身"时，其中有"一省"乃是："传不习乎？"这里的"传"，主要就是孔子的"师传"，其内容除了"诗书礼乐"，就是"夫子之言"了。它们呈现于文本之上，往往以"闻诸夫子"的形态而出现，如前引《礼记·檀弓上》中，曾子与子游关于"丧欲速贫，死欲速朽"的讨论，就来自于"参也闻诸夫子也"以及"参也与子游闻之"。这样的表达，在《论语》中多有出现。仅在《子张》篇，与曾子相关的，就有两条"吾闻诸夫子"。

但学习要有效果，光靠个人的体会与自省，是远远不够的。《礼记·学记》曰："独学而无友，则孤陋而寡闻。""学"不能止于个体，更需要学友的辅助，通过"敬业乐群"，进入"群学"阶段①，这是儒门教学的重要法则。由此，"时习"不能停留于个体，还应转入群体学习阶段，这样就有了七十子的"讲习"活动。

《史记·儒林列传》载："自孔子卒后，七十子之徒散游诸侯，大者为师傅卿相，小者友教士大夫，或隐而不见。故子路居卫，子张居陈，澹台子羽居楚，子夏居西河，子贡终于齐。"②刘全志据此认为，在孔子过世之后，"七十子"散游诸侯"之前，还存在着一个群居讲习孔子语录的时期，这一"讲习"活动与《论语》的形成存在着密切关系"③。

以笔者之见，《论语》的形成，固然与"讲习"活动有关，但它并非在孔子离世之后才发生。在孔子生前，记录其言行之际，弟子就有相类的活动，从"退而省其私"到"学而时习之"，正反映着这样的趋势。但以孔子离世为分水岭，"讲习"活动可以分为两大阶段，孔子在世时，他一起参与这样的活动，并成为核心。当孔子发出"学之不讲"的忧虑时，证明了它的常态化。即便是在"去曹适宋"的艰难时刻，孔子也"与弟子习礼大树下"④。正可见，"讲习"为孔门极其重要的活动。

但伴随着孔子的过世，无论是个体的"学而时习"，还是群体的"讲习"，再也没有活生生的孔子来到现场提供指导，这样就使得"讲习"进入了第二阶段，以记录孔子言动的文本为依凭，来"述孔"。由此编纂《论语》，成为了大势所趋。质言之，没有孔子的亲自

①　朱彬撰，饶钦农点校：《礼记训纂》，第551、547页。
②　《史记》卷121《儒林列传》，第3116页。
③　刘全志：《论孔门七十子的讲习活动——兼及〈论语〉的形成》，《孔子研究》2012年第2期，第85页。
④　《史记》卷47《孔子世家》，第1921页。

指导,要继续"述孔",就必须对相关材料作出整合,否则,年深日久,孔子的所言所动,主要是"夫子之言"就会日渐散佚。陆德明指出:"当时弟子各有所记,夫子既终,微言已绝,弟子恐离居已后,各生异见,而圣言永灭,故相与论撰。"①

为了使得"各生异见,而圣言永灭"不至于发生,孔门弟子开始付诸行动。

第一步,对"弟子各有所记"进行归总。于是出现了这样的后果:由于各自记录,在《论语》中,往往会有文句重出的现象,还有些字句稍有出入,对此,杨伯峻指出:"这种现象只能作一个合理的推论:孔子的言论,当时弟子各有记载,后来才汇集成书。所以《论语》一书绝不能看成某一个人的著作。"②

第二步,则是需要对材料进行挑选。孔子的言动,尤其是"夫子之言"数量一定不少,性质也有着一定的差异。如果弟子们所亲闻的孔子话语都加以汇编,绝不能只有《论语》那样的体量。其间,一定有着精挑细选的过程。除了篇幅上的精简与加工,更重要的,将"闻诸夫子"中的"善言"挑选出来。《阳货》篇记载了这样一个故事,颇能说明问题:

> 子之武城,闻弦歌之声。夫子莞尔而笑,曰:"割鸡焉用牛刀?"子游对曰:"昔者偃也闻诸夫子曰:'君子学道则爱人,小人学道则易使也。'"子曰:"二三子!偃之言是也。前言戏之耳。"

武城是个小地方,子游治理此地时,重视礼乐建设,于是出现了"弦歌之声"。就一般认知而言,这似乎有些小题大做了,孔子不禁开了个"割鸡焉用牛刀"的玩笑。谁知子游直接顶撞了孔子,并引述以前"闻诸夫子"之言,也即"善言"加以应对。最终孔子承认,"割鸡"云云,只是一种戏言。回到历史的现场,孔子不可能永远发表"善言",戏言,或非正规的语言,在与弟子交流时还会有不少。但这些不能作为正规的"夫子之言"而加以承认。前引《礼记·檀弓上》,有若对于"丧欲速贫,死欲速朽"之言的查验,就属于这样的性质。

由此,转入第三步,对"夫子之言"进行准确的核实及认定。在这一过程中,不仅要确定孔子是否说过此言,更重要的是,出言的语境,以及是否符合"夫子之言"的思想主旨,都是核心所在。还需一提的是,"善言"的选择,不仅在于其有着"善"的思想品质,还

---

① 陆德明撰,黄焯断句:《经典释文》,第15页。
② 杨伯峻:《论语译注》"导言",北京:中华书局,1980年。

在于"言近而指远"生活化特色,从而与《述而》篇中所描画的"温而厉,威而不猛,恭而安"的夫子形象相契合。

《白虎通·五经》曰:"弟子所以复记《论语》何?见夫子遭事异变,出之号令足法。"①以此视角来考察本论题,可以说,《论语》的编纂,直接渊源,就是弟子们对于孔子教导的接受,在这一过程中,从"述圣"到"述孔",在述作关系的延承与转化中,孔子成为了讲习活动的核心。在孔子去世后,为了不忘师教,弟子们在怀念与整合中,编纂了此书,它上追六经,并指导儒门的"讲习"活动,成为了"号令足法"的圣人之典。

四、结　论

刘向将《论语》的编纂,视之为"孔子弟子记诸善言"的后果。这一结论是可以成立的,而且,这些"善言"作为师教的记录,亦可视之为孔门之教的延展。沿着这样的研究理路,笔者得出了如下的认识:

1. 以语录体视角来观察《论语》,一般多注意到"语"的属性,由此有了"夫子之语"的定义。但《论语》核心文本是从"夫子之语"中提炼出来的"夫子之言",为精挑细选的"善言",其间有着"语"与"言"的分际。较之"语"的相对随性,"言"则更为严谨,聚焦于正面的义理阐释。作为"夫子之言"的"善言",有着极大的权威性,是可畏的"圣人之言",更是孔门坚守的信条。"弟子记诸善言",反映了由"语"而"言"的提炼与升华,以及由"言"及义的逻辑进路。

2. 孔门之教可分为两大部分,一是"以诗书礼乐教"为特点的经学或元典学习的课堂内容,二是课下的聚谈,也即"士相与言仁谊于闲宴"。《论语》在后者的语境中产生,在"言近而指远"的旨趣中,紧贴生活化场景,以"润物细无声"的"善言",来传递"夫子之道"。但这一取向与前者不是对立,而是延承与发展的关系。围绕着为"六经"立传的主旨,《论语》发挥了"錧鎋"与"喉衿"的作用。由此,夫子之"善言"对应经义;"语"从经学辩难的场域移用而来,使得"相与言仁谊于闲宴"与"以诗书礼乐教"之间,实现了知识目标的沟通。

3. 孔门弟子在接受孔子的教导,领受"夫子之言"后,一方面在反复仿效与揣摩中,从个体的"时习"发展为群体的讲习,成为了当时"学"的常态。另一方面,通过"述孔"上

---

① 　陈立撰,吴则虞点校:《白虎通疏证》,北京:中华书局,1994 年,第 446 页。

接尧舜,继往开来,使得"夫子之言"上接六艺,成为新的经典。在孔子生前,从"述孔"到讲习,都可围绕着孔子而展开,孔子过世后,这些活动需要准确系统的文本依托,"记诸善言"由个体行为走向编纂整合,成为了事所必然,《论语》由此应运而生。

(作者王刚,江西师范大学历史文化与旅游学院副教授,南昌 330022)

河上公章句《老子道德经》在日本的流传与接受[*]

山城喜宪 撰　李 蕾 译

摘　要：最早传入日本、影响最为深远的《老子》文本是河上公章句本，初入日本时的版本形态极可能是唐写本，并经由日本学者的研习、传抄，形成了日本特有的古钞本文本系统。本文以古钞本系的文本为核心，结合众多史料，通过梳理河上公本《老子》在日本早期的流传与接受情况，尝试探求河上公本《老子》唐写本的文本面貌，同时也揭示了河上公本《老子》对日本各层级的思想、学术、文艺、宗教等方面的重要影响。

关键词：河上公章句《老子》　日本流传　奈良时代　平安时代　中世

与宋刊本、《道藏》本版刻刊行时的文本改易相比，日本流传至今的古钞本是当时人对传入日本的唐钞本的大体上忠实的抄写，可以说在文本上几乎没有作出变动。也正因此，日本古钞本被认为比宋刊本更直接地传承了唐写本的文本，受到学者文人重视。然尽管飞鸟奈良朝以后①，唐钞本数度传入日本，这些本子今已无存自不待言，目前存世的写本最早只能追溯到平安时代（译者案：公元 794—1192 年）以后。因此，欲确证唐写本的传入，把握日本古代到中世初期对河上公注本的阅读利用的情况，需要从现存古钞本展现出的种种特征中探寻相应的线索，与此同时，还必须广泛翻检当时的史籍、目录、各家的日记随笔等文献。如欲更进一步探求传入日本的唐写本、早期流传于日本的河

---

* 此文为日本庆应义塾大学附属研究所斯道文库荣休教授山城喜宪《河上公章句〈老子道德经〉研究——基于庆长古活字本文本系统的考察》（河上公章句『老子道德經』の研究：慶長古活字版を基礎とした本文系統の考索）（2006 年 2 月出版）一书本论序章第二节（原题《我国（日本）对河上公注〈老子道德经〉的接受》［我が国における河上公注『老子道德經』の受容］）的内容，现标题为译者所拟，摘要、关键词亦译者所加。以下注文前未注明"译者注"者均为原书注。"原书注"虽编有序号，但系译者节选时重新编号，不代表原书中注释编号，敬请读者查检原书时注意。引用日文文献名亦译者所译，为方便读者查检，初见以（　）附文献日文原名。引文、日文书名中的日本汉字不作简化。

① 飞鸟时代，公元 592—710 年；奈良时代，公元 710—784 年，一说下至 794 年。

上公注本的文本情况,则需要梳理古辞书、类书、注释书及各种古籍批注中引用到的河上公注本文句,并对其进行校勘、论证。这类研究的成果,尤可以从前贤对日本的道教、道家(老庄思想)接受情况的考察与论述中窥见一斑。接下来,我们将基于前辈学者的研究成果,结合部分笔者自己的见解,辨析河上公注本《老子道德经》在日本的接受、流传过程中留下的雪泥鸿爪①。

一、奈良朝以前的接受事例

　　圣德太子所撰《维摩经义疏》中引用了《老子道德经》经文三处(卷中一《弟子品》第三中引用了一条,卷下二《菩萨行品》第十一引用了两条)②,这三处的文本被认为可以追

---

　　①　对日本的河上公注接受情况的研究,有增尾申一郎《日本古代的知识群体与〈老子〉——以"河上公注"的接受为中心》(刊载于《豊田短期大学研究紀要》第一号,《选集　道教与日本》第二卷收录[増尾申一郎「日本古代の知識層と『老子』—〈河上公注〉の受容をめぐって」,『豊田短期大学研究紀要』第一号,『選集　道教と日本』第二卷収載])。对老庄思想接受史的全面考察则有王迪《日本对老庄思想的接受》(王迪「日本における老荘思想の受容」)一书。本书所论亦适当参考了二者的研究。

　　②　《维摩经义疏》中所见引用《老子》之文有下述三条,引文据《大正新修大藏经》第五十六卷《续经疏部一》所收本。

　　1)外老子亦云。五色令二人目盲一。五音令二人耳聋一。五味令二人口爽一。難レ得之貨令二人行妨一。(卷中一《弟子品第三》)

　　2)所以外老亦云。不善人善人之资。不レ愛二其資一不レ貴二其師一。雖レ智大迷。(卷下二《菩薩行品第十一》)

　　3)外老云。禍莫レ大レ於レ不レ知レ足。咎莫レ甚二於欲一得。知レ足不レ辱。知レ止不レ殆。《菩薩行品第十一》)

　　(译者案:引文中的"レ""二""一",及后文出现的"上""中""下",为日语汉文训读中表示阅读先后次序的"レ点"和"顺序",不同的理解会造成不同的训读方式,标注的阅读次序也会有差别。原书亦有论及同一文句不同训读方式的内容。为尊重原书,准确展现日本读者的理解以避免先入之见,原书引用中所附训读符号均予保留。)

　　引文1)见于第十二章,现存诸本于"口爽"、"難得"间有"馳騁田獵令人心發狂"九字,未详是引用之时有意删削还是原本便无此九字。

　　引文2)见于第二十七章。此文句,在河上公注古钞本系文本中,{筑波·斯Ⅰ}本无"之"字,{活Ⅰ·活Ⅱ·阳Ⅰ·武内·筑波·庆Ⅰ·庆Ⅱ·大东·弘文·足利·斯Ⅱ·无穷·书陵·六地藏·阳Ⅱ}诸本第一个"資"字下有一"也"字。现今通行诸本在"不善人"与"善人"之间有一"者"字,P. 2584、P. 2255、S. 6453、S. 798,贞二中则与此处引文相同,无"者"字。若仅由这一点来看,此条引文与敦煌写本五千字系统相合。此外,现行版本"不愛其資、不貴其師"的两句的顺序与此引文相反。

　　(译者案:以{　}列举版本简称为原书特有形式。各简称对应版本参看文末译者所附"原书校勘所用各版本及其简称"。)

　　引文3)为第四十六章的文字。末二句"知足不辱、知止不殆"在今本中见于第四十四章,今本第四十六章此处对应的文字是"故知足知足常足矣"。过去可能存在同此引文一致的文本版本。"甚"字,古钞本以降的现存传本河上公注本、王弼注本作"大",《韩非子·解老》和《喻老》篇引用此文句、唐傅奕所校《道德经古本篇》及宋范应元所撰《老子道德经古本集注》中作"憯",清毕沅有"李约憯作甚,《说文解字》憯痛也,古音甚、憯同"的考证(《老子道德经考异》卷下)。P. 2417、书一、P. 2375、S189 中作"甚",而 S. 6453、S. 2267 中作"大甚"。朱谦之《老子校释》、蒋锡昌《老子校诂》等前人的研究中已经指出了这些文字歧异。

　　《维摩经义疏》引文与今本文本间有着微妙的差别,而与敦煌写本五千字本系统的文本存在着相似性。作为引用,无法得知这些材料多大程度上忠实了原文本,转引自更早的注释作品也并非不可能。但即便如此,这些引文也在一定程度上反映了古本文本的样貌。

溯到唐写本,有着特殊的地位。要解答这三处引文出自何本这一问题,不对河上公注本、王弼注本为代表的各版本的流传情况加以考察,弄清文本情况,是不可能的。这是今后研究的方向之一。《维摩经义疏》是否为圣德太子所撰尚无法论定,但其成书年代当在圣德太子生前,即推古朝(五九三—六二八),相当于中国的隋朝后半期、唐朝极初期,这是毫无疑问的。尽管只有三条引文,但作为隋以前《老子》文本传入日本的实例,值得重视。

《老子》最早传入日本究竟何时?这一时间点当与《古事记》《日本书纪》中所见的以《论语》《千字文》为代表的中国典籍东渡的时间相当。换言之,伴随着推古朝以前日本与中国、朝鲜之间接连不断的往来与交流,各种文物、各类文化逐渐传入日本,以儒家、道家为代表的诸子思想也藉此在日本传播,与《论语》一样,《老子》也传入了日本。中国古代的学术思想在佛教传入日本以前不为日本所知这一观点很难成立。镰仓称名寺的学僧湛睿(文永六年[一二七一]生,贞和二年[一三四六]卒)明白有云:"和国流传老子经者,初自百济以河公著"(《华严演义钞纂释》卷三十五),指出日本初传的《老子经》是由百济传入的河上公注本。这一观点是传自旧说、有证可据的说法,还是湛睿自己的推断,抑或是当时的通说,无法详细判断,但至少可据此得知湛睿本人是持这一观点的,并且目前为止尚未出现可以推翻河上公注本在推古朝以前经由百济传入日本的证据。

后世的材料中较为重要者,有瑞溪周凤(瑞溪周鳳)(明德二年[一三九一]生,文明五年[一四七三]卒)的《善邻国宝记》,其卷上"推古十五年"条中记载了隋使裴世清所持国书的相关情况,还记录了鸟羽院于元永元年(一一一八)应答宋商带往日本的宋国皇帝书简之事。根据记载,天皇命群臣考察应答旧例,元永元年四月二十五日,中原师安等上奏答文,引《经籍后传记》(經籍後傳記)(已佚,作者、成书年代等不详)云:"以小治田朝(原双行小字注:今按推古天皇)十二年岁次甲子正月朔、始用二曆日一、是時、國家書籍未レ多、爰遣二小野臣因高於隋國一、買二求書籍一、兼聘二隋天子一、其書曰、日出處天皇、致二書日沒處天子一"(引文据田中健夫编《善邻国宝记·新订续善邻国宝记》[田中健夫编『善隣国宝記・新訂続善隣国宝記』])大庭修对这段记载十分重视,并据此指出遣隋使出使的目的之一便是购求书籍(《古代、中世日中关系史研究》附篇第一章第二节《遣隋使·遣唐使与典籍》[大庭脩『古代中世における日中関係史の研究』附編第一章第二節遣隋使·遣唐使と典籍])。从"是時、國家書籍未レ多"一语来看,日本当时应已有一些舶来汉籍的积累,其后伴随着遣隋使、遣唐使的购求活动,汉籍数量不断增多、积累逐渐充实。尽管关于《老子道德经》及其注释文献的具体记录虽然没有出现在相关史籍中,且当时日本在国家政策层面试图极力阻止道教的流入,但《日本国见在书目录》著录的《老子》相关书籍多达二十种,由此可以推测,违反政策、将《老子道德经》及其注释文献带回日本之事当发生过不止一次。

第九次遣唐使副使中臣名代于天平七年(唐开元二十三年,七三五)闰十一月即将返程之际,向唐朝请求赐予《老子》经本、天尊像等物并得到应允,事见《册府元龟》卷九百九十九《外臣部》"请求"条①。名代一行于次年天平八年五月十八日归抵太宰府,八月二十三日进京拜朝,求赐所得当然也带回了日本。虽无明证可据,考虑到名代请赐之时恰为玄宗御注义疏颁示天下不久以后,其所谓"《老子》經本"当为玄宗御注本。若此时被带回日本的是玄宗御注本,自然应当认为,河上公注本当时已是日本通行的《老子》文本。

大和元兴寺三论宗的智光(和铜二年[七〇九]前后生,宝龟年间[七七〇—七八〇]卒)所撰《净名玄论略述》一书中引有《老子道德经》王弼注与两条河上公注。引河上公注两条均见于此书卷二本,其一为第七十九章的经注文,另一处为第二章的经注文(注文有节略)。关于《净名玄论略述》的撰作年代,智光在天平胜宝四年(七五二)著有《般若心经述义》,《净名玄论略述》当亦成于同一时期。《略述》所引此二条文献十分重要,是河上公注本的唐写本在这一时期以前已经传入日本的坚实证据,为河上公注本传入日本的时间划定了下限。尽管引用的文本只有片言只语,但与唐代文本十分接近,尤其是所引第七十九章的内容与现行各版本差异甚多,对校勘而言亦十分重要②。

---

① 《册府元龟》卷九百九十九《外臣部四十四·请求》中记载名代求赐《老子经》之事如下:

(玄宗開元)二十三年(735)閏十一月,日本國遣其臣名代來朝,獻表懇求《老子》經本及天尊像,以歸于國,發揚聖教。許之。

由于当时的日本朝廷是拒绝道教流入的,因此有学者对这条材料抱有特别慎重的态度。有学者认为,恳求"老子经本"、"天尊像",表明在日本发扬圣教的热忱态度,并不是名代的本意,而是为方便取得回国许可而找寻的说辞(如东野治之《古代早期文学与敦煌文献》第二部分《道教经典》[東野治之『上代文学と敦煌文献』二 道教経典]所论)。但是,虽然这一事件在《续日本纪》中并无记载,也不可断言名代一行带回"老子经本"之事不实。也许当时并未向朝廷进献此书,而是呈予了某位合适的贵人,或供奉给了某座寺社,这种可能性并不能排除。《日本国见在书目录》著录了"老子二玄宗御注",故玄宗注最早传入日本可能就在名代归国的天平八年(七三六)。

② 释智光所撰《净名玄论略述》卷二本中引用河上公注的两条如下:
- 老子德經云。是以聖人執二左契一而不ㄴ責二於人一。河上公注曰。古者聖人執二左契一合ㄴ符信二无文法一。刻ㄴ契合ㄴ符以爲ㄴ信也。但刻ㄴ契爲ㄴ信不ㄴ責ㄴ人。以二他事一也。(第七十九章)
- 老子道經云。故有无之相生。难易之相成。长短之相形。高下之相倾。河上公注曰。見ㄴ有而爲ㄴ无也。乃至見ㄴ高而爲ㄴ下也。(第二章)

引文据《日本大藏经·经藏部·方等部章疏五》所收本,而此本底本为东大寺藏建长三年(1251)显庆书写本。其文本与现存诸本间在以下各处存在着差异,当然,其中必然存在翻刻导致的文字错讹。

引文2各句经文中的"之"字,[斯Ⅰ·宋版·世德]本无,除此以外与现存诸本并无差异。但引文1与诸本文本差异较多,如下所述:1)所有现存本中此句经文均分为"是以聖人執左契"、"而不責於人"两句,注文前半部分"古者"至"信也"置于上句之后。当然,这可能是智光为方便起见方如此引用。

(转下页)

　　南都兴福寺法相宗学僧、作为秋筱寺开山祖师为世所知的善珠（养老二年［七二三］生，延历十六年［七九七］卒）留存于世的佛典注释书籍有二十余种，其中就笔者所见，《因明论疏明灯抄》六卷（成于天应元年［七八一］）、《成唯识论述记序释》、《唯识义灯增明记》四卷中对道家老庄思想有所提及，而其引用的《老子》文本多据河上公注本（引王弼注、《老子述义》之处亦有之）。如《因明论疏明灯抄》卷第一疏第一本、《成唯识论述记序释》中有"所二以二一（《序释》中"二"下有"篇"字）者取二象天地一。先レ道而後レ德。所以（《序释》无"所以"二字）經云二道之尊德之貴一。天爲レ上。地爲レ下。天以二四時一生。地以二五行一成也"之文，与河上公注本卷前所附《老子经序》中的文字基本一致（《老子经序》"二"上有"分爲"二字，"天爲上地爲下"作"尊故爲上"，其余文字全同），当是脱胎於《老子经序》。二书均有"道者術也"之语，其下"謂經術政教之道也"的释义即河上公注本《老子道德经·体道第一》首句经文"道可道"下的注文。此外，《唯识义灯增明记》卷一"文問佛說一至老莊説故者"段下，有"老子云"、"道經云"、"德經云"之语，引用了《老子》经文；又有"河上公注云"："道可（脱一"道"字）謂經術政教云（"云"系"之"之讹）道也……"、"道生一。謂道始所生者一也……"、"人法地。謂人當地安靜和柔也……"，引用了三条长文，尽管字句有脱误相异之处，但很显然分别是河上公注本《体道》第一《道化》第四十二《象元》第二十五的经注文①（便利起见，以上引文悉据《大正新

（接上页）2)"執左契合符信"，{筑波·大东·庆Ⅰ·弘文·无穷·梅泽·斯Ⅰ·东急·宋版·世德·道藏}本此句末有一"也"字，{治要}本中无此六字。

　　3)"文法"，{活Ⅰ·活Ⅱ·书陵·阳Ⅰ}中作"文字法律"，{筑波·庆Ⅰ·大东·无穷·弘文·足利·斯Ⅱ·梅泽·圣语·斯Ⅰ·东急·治要·敦Ⅱ·宋版·世德}中作"文書法律也"。现存诸本中并无与该处引文同作"文法"者。

　　4)"以爲信也"的"也"，{无穷·梅泽}中作"之也"，{斯Ⅱ·敦Ⅱ}中无"也"字。

　　5)"刻契爲信"，仅{圣语·道藏}本与此相同。{活Ⅰ·活Ⅱ·阳Ⅰ·无穷·武内·东大·东洋·杏Ⅱ·筑波·大东·庆Ⅰ·足利·书陵·弘文·斯Ⅱ·梅泽·东急·斯Ⅰ·敦Ⅱ·宋版·世德}中"爲"作"之"，而{治要}本中无此"爲"或"之"字。此外，{活Ⅱ·无穷}本中"刻"字上有"執"字。

　　6)"不責人以他事也"，{阳Ⅰ·武内·东大·杏Ⅱ·筑波·大东·弘文·足利·斯Ⅱ·书陵·东洋}中"人"字上有"於"字；{道藏}本中"以"作"於"；{敦Ⅱ·治要}中无"也"字；{东洋}本"也"下有"矣"字。

　　通过不足五十字的引文来谈论其出处文本的特征当然需要慎之又慎，但从以上列出的字句差异来看，可以说其源文本与现存古钞本中抄写年代最古老的{圣语}本比较接近。

　　①　《唯识义灯增明记》卷一引用河上公注本的经、注文共有以下三条。据《日本大藏经·论藏部·唯识论章疏二》所收本（底本系法龙寺本与大谷大学本的对校所得本）列出（省略顺序点、送假名），以〈　〉同时列出《大正新修大藏经》第六十五卷《续论疏部三》收录此书作的校注（均为与龙谷大学所藏写本对校的校记）。河上公注文以「标识。各条之后作一校勘，说明引文错讹之处及与现存各版本文本间的主要差异。

　　1) 道可「謂經術政教云道也。」非常道〈道＝法〉「謂非自然長生之道也。常道常以无常爲養神。无事安民含光藏暉。滅跡常道不可稱道。」名可名「謂富貴尊榮高世之名也。」非常名「謂非自然常在之名也。常名當如明辨之末。言鷄子之未分。明珠在蚌中美玉處石間内雖照照外如愚類者也。」无名天地之始。「謂无名者道也。道无形故不可名也。天地始者。道吐氣布化出於虛空。无爲天地本始也。」有名萬物之母。「謂有名天地也。天地有形位有陰陽〈陰陽＝陽陰〉。有柔強是異名也。萬物母者。天地含氣生萬物。長大成熟如母之養子。」（第一章經、注文）　　　　　（转下页）

修大藏经》卷六十五《续论疏部》三所收本）。奈良时代是服务于镇护国家之使命的护国佛教的全盛时期，南都六宗的佛教之学极为兴盛，佛典注释之学盛行。此间日本僧侣所著的经疏、经抄作品多有留存。佛典注释工作中使用到的外典绝非少数，其中引用到的书籍及其文本情况，尚待从汉籍流传史的角度予以深入探讨。但从前文所举事例中可以得知，平安时代初期经疏之学在将《老子》一书用作参考材料外典的过程中，对河上公注本的利用亦不少见。

　　《经国集》卷一收录的石上宅嗣《小山赋》（作于宝龟年间［七七〇—七八〇］）一文中有"我若遗兮委命"、"信夫不出户牖而知矣"、"爲而不恃兮、孰知其德"、"燕處超然兮、唯道是則"等华丽辞句，典出《老子》。其中"燕處超然兮、唯道是則"一句化用了第二十六章的经文"雖有榮觀燕處超然"，而"燕處"二字，王弼本、傅奕本、《经典释文》等作"宴處"，河上公本作"燕處"，由此可推知宅嗣所使用的《老子》当是河上公本系统的文本①。

────────────

（接上页）"道可"下脱"道"。"經術政教云道也"，"云"为"之"之讹。"謂非自然長生之道也"，诸本均无"謂"。"常道常"，下"常"字诸本均作"當"。"以无常爲養神"，诸本均无"常"字，恐为衍文。"滅跡常道"，诸本均作"滅跡匿端"。"謂非自然常在知名也"，诸本均无"謂"。"當如"，｛宋版·世德｝作"愛如"。"明辨之末言"，诸本作"嬰児之未言"，｛庆Ⅰ·大东·仁和｝本中无"之"字。"愚類"，诸本均作"愚頑"。"者也"二字，｛斯Ⅰ·世德·宋版·道藏｝本无。"謂无名者道也"，诸本均作"無（无）名者謂道"。"天地始者"，｛武内·东大·庆Ⅰ·大东·梅泽·东急·宋版·世德·道藏｝本无"天地"二字。"道吐氣布化"的"道"字后，｛阳Ⅰ·东洋·东急·斯Ⅰ｝本有"也"一字，｛宋版·世德｝本有"本也"二字，｛道藏｝本有"之本也"三字。"出於虚空"，诸本均无"空"字。"謂有名天地也"，诸本均作"有名謂天地"。"有陰陽"，｛宋版·世德·道藏｝本无"有"字。"柔強"，诸本均作"柔剛"。"是異名也"，诸本作"是其名也"，而｛梅泽·宋版·世德｝本的"其"字后有"有"字。"成熟"，｛活Ⅰ·活Ⅱ·天理·阳Ⅰ·武内·东大·庆Ⅰ·大东·谏早·仁和·筑波·庆Ⅱ·东洋·龙门·斯Ⅰ·道藏｝作"成就"。

　　2）道生一。「谓道始所生者一也。」一生二。「谓一生阴与阳。」二生三。「谓阴阳生和清渴〈渴＝浊〉三气分为天地人。」三生万物。「谓天地人共生万物也。天施地化。人长养之也。」（第四十二章经、注文）

　　各条注文开头的"謂"字诸本均无。"和清渴"之"渴"诸本均作"濁"，"渴"恐讹，此句在｛圣语·斯Ⅰ·道藏｝本中作"和氣清濁"，｛宋版·世德｝中作"和氣濁"。"天地人共生萬物"，｛宋版·世德｝本无"人"字。"天施地化人。長養之也"，｛敦Ⅱ｝中无此二句，｛阳Ⅰ·杏Ⅱ·东洋·道藏｝本无"也"字，｛东大·东急｝本无"之"字。

　　3）人法地。「谓人当地安静和柔也。种种得五谷掘之得耳。众劳而不怨。有功不宣者也。」地法天。「谓天湛细不动而不求报。生长万物无所取也。」天法道。「谓道请清不言。阴行积气万物自成。」道法自然。「谓道性自然无所法也。」（第二十五章经、注文）

　　各条注文开头的"謂"字诸本均无。"人当地"，诸本均作"人當法地"，或原书引用所据文本脱"法"字？"和柔"，｛宋版·世德｝本作"柔和"。"種種得五穀"之"種種"，诸本均作"種之"。"掘之得耳衆勞"，诸本作"掘之得甘泉勞"，惟"泉"字｛筑波｝作"彙"，"甘"字｛书陵｝作"耳"。"不宣者也"之"宣"，｛斯Ⅰ·宋版·世德｝中作"制"。"湛细"，诸本均作"湛泊"。"而不求報"一句，诸本"而"前有一"施"字。"无所取也"之"取"，诸本均作"收取"。"道請清不言"之"道"后，｛阳Ⅰ·武内·庆Ⅰ·大东·庆Ⅱ·弘文·足利·斯Ⅱ·无穷·龙门·书陵·道藏｝本中有一"法"字，｛活Ⅰ·活Ⅱ·天理｝本中有一"以"字，且此句中"請清"二字，诸本均作"清靜"或"清淨"。"陰行積氣"之"積"，诸本均作"精"。"无所法也"一句，｛弘文·足利·斯Ⅱ·书陵·斯Ⅰ·武内·庆Ⅰ·大东·无穷｝本中作"無（无）所可法也"。

　　①　参小岛宪之《古代早期的日本文学与中国文学》第六篇第二章《古代早期的赋与歌学》第一节《古代早期的赋》（小岛憲之『上代日本文学と中国文学』第六篇第二章上代における賦並び歌学（一）城代の赋）。尽管现行的王弼本此处作"宴處"，五千字本系、玄宗注本中亦作"燕處"，因此并不能直接断定宅嗣使用的文本就是河上公注本。但从日本流传的古钞本均为河上公本这一状况来看，小岛氏的推定（宅嗣赋文文句乃是基于河上公本《老子》文本的化用）还是可取的。

宅嗣的书院、艺亭①中当已备有《老子》及其河上公注本。

编撰于宇多天皇宽平年间(八九一——八九七)的《日本国见在书目录》中著录了道家四百五十八卷的书目,首一种即为"老子二[月柱下史李耳撰漢文時河上公注]"("月"为"周"之误)。此书中著录了二十余种《老子》的注疏、注释作品,均为飞鸟、奈良时代至平安时代初期舶载传入日本的典籍,今多已不存,与之相对,河上公注本的古钞本有相当数量存世,这一事实反映出河上公注本历经中古、中世等漫长的历史时期为人所传授、研习不绝。

二、平安时代的接受事例

贞观十七年(八七五),菅原是善向清河天皇传授《群书治要》纪传诸子之文②,其中当亦包括《老子》,而《群书治要》所收《老子》文本正是河上公注本。

翻检六国史薨卒传③,可见安倍真胜(安倍眞勝)④(天长三年[八二六]卒)、和气贞臣(和氣貞臣)⑤(仁寿三年[八五三]卒)、名草豊成⑥(齐衡元年[八五四]卒)、僧

---

①　译者注:艺亭(芸亭),日本最早的公共图书馆,设于奈良末期,是石上宅嗣将自家旧宅改造为阿闳寺,并于其中修建的书库。

②　参《日本三代实录》卷二十七,贞观十七年(八七五)四月廿五日丁丑条的如下记载:

・　先レ是。天皇讀二群書治要一。参议正四位下行勘解由长官兼式部大甫播磨权守菅原朝臣是善。奉レ授下書中所二抄納一紀傳諸子之文上。

(译者案:"式部大甫",原书引文作"甫",系据黑板胜美编《新订增补国史大系》整理本引用,[东京]吉川弘文馆1934年。今考1914年[东京]经济杂志社出版的整理本《国史大系》整理本作"輔"。"式部大輔"为成词,似可径改为"輔"。)

此外,御读《群书治要》的记录还见于《日本纪略》后篇一的昌泰元年(八九八)二月廿八日条,记录了纪长谷雄向醍醐天皇教授《群书治要》,然不详是否阅读了《老子》。兹录于下:

・廿八日戊辰。式部大輔紀長谷雄朝臣侍二清涼殿一。以二群書治要一奉レ授二天皇一。大内记小野朝臣美材为二尚复一。公卿同预レ席。

③　译者注:六国史,指日本奈良、平安时代编辑的六部编年体史书,包括《日本书纪》《续日本纪》《日本后纪》《续日本后纪》《日本文德天皇实录》《日本三代实录》。六国史中,在宗亲臣下去世的相关记录后常附其家世行状,这些文字被称为"薨卒传"。

④　由《类聚国史》卷六十六《人部・薨卒》天长叁年(八二六)九月六日条的如下记载可知:

・九月庚午。伊豫守从四位上安倍朝臣眞胜卒……天资质朴。不レ好二祇媚一。學二老莊一。能口自讀如レ流。

⑤　由《日本文德天皇实录》卷五仁寿三年(八五三)四月十四日条的如下记载可知:

・大内记从五位下和气朝臣贞臣卒……弱冠从二治部卿安倍朝臣吉人一受二老庄一。吉人奇レ之。後入二大學一。研精不レ息。廿四舉二秀才一。

⑥　由《日本文德天皇实录》卷六齐衡元年(八五四)八月廿五日条的如下记载可知:

・散位外从五位下名草宿祢豊成卒。豊成。少学二老庄一。长读二五经一。义理颇通。学徒多属。天长七年为二大学博士一。

由莲①(仁和二年[八八六]卒)、滋野安成②(贞观十年[八六八]卒)等喜爱老庄之学的贵族学者,还可得知,滋野安成于天安二年(八五八)三月奉文德天皇之敕命,在侍从所讲授老庄之学。他们使用的《老子》版本为何并无明确记载,但为河上公注本的可能性较高。安成的讲授有文章生、学生等五人听讲。不同于唐制,日本古代学制并未将《老子》作为大学寮教授的正式科目,学生研习《老子》只能通过这种非常规的讲授形式。此外,安成还营办了教授老庄学的私塾。现存古钞本上所见的批注中冠以"師说"二字的批语,当即来自这一时期的听讲笔记。参考这些批注的内容可知,当时的"師说"对河上公注文亦有涉及。

　　源顺奉醍醐天皇第四皇女勤子内亲王之命编纂的《倭名类聚抄》(成于承平年间[九三一—九三八])中,在"霧"、"赤子"、"輻"三条下,引用《老子》文句作为文献依据,并标识了"老子經"。正如狩谷棭斋所指出的③,这些引文并非经文,而是河上公注文。仅据这一用例来看,我们或许可以推测,当时称"老子經"者,其实便是河上公注本。一定程度上也可以说,河上公注本是当时通行的《老子》基础文本。

　　具平亲王所撰《弘决外典钞》(正历二年[九九一]序)中引用的《老子》也是河上公注本。其中,在"老子經云"、"老子云"引文下出"河上公注云"文句的引用有三处:卷二一处,卷三两处;直接标识"河上公云"、"河云",单独引用河上公注文的有卷三两处④。值

---

①　由《日本三代实录》卷四十九仁和二年(八八六)七月四日条的如下记载可知:

・僧由蓮卒。由蓮俗姓源朝臣。嵯峨太上天皇之子也……夙離二塵累一。歸二依佛道一。性聰明。多涉二内典一。兼好二老莊一。尤有二巧思一。所レ作究レ妙焉。

②　滋野安成在侍从所讲授老庄之事见载《日本文德天皇实录》卷十天安二年(八五八)三月十五日条,原文如下:

・有レ勅。令下二相撲介從五位下滋野朝臣安成一。講中老莊於侍從所上。令下二文章生學生等五人一預中聽之上。

论安成私塾的相关情况据久木幸男的研究(《日本古代学校研究》第五章第三节《作为大学寮补充机构的私学》[久木幸男「日本古代学校の研究」第五章第三節大学寮補助機関としての私学]),其所论依据《日本三代实录》卷十五贞观十年(八六八)六月十一日条中的安成卒传,原文如下:

・美濃權守從五位上滋野朝臣安城卒。安城尤好二老莊一。諸道人等受二其訓說一。卒時年六十八。良幹之父也。

此外,荣原永远男尝论证名草豊成与滋野安成为父子关系,如此则这一私塾的营办经历了两代人。(论文《滋野氏的家系与其学问——九世纪更换姓氏的一个事例》[栄原永遠男「滋野氏の家系とその学問—九世紀における改氏姓の一事例—」])

③　《倭名类聚抄》引用河上公注文为下列三条。据狩谷棭斋所撰《笺注倭名类聚抄》十卷引,并记录引文在《倭名类聚抄》中的卷次,所属部类标题,引文在《道德经》中的章次,及其与河上公注本文本的不同。

a　老子經云、在天爲霧露、在地爲泉源、(卷一《天地部第一・風雨類・霧》)(第八章)

b　老子經云、赤子不害物、(卷一《人倫部第二・男女類・赤子》)(第五十五章)

河上公注诸本在"害物"二字间有一"于"字。

c　老子經云、姑車有卅輻、以象月數也、(卷三《舟車部第七・車具卅八・輻》)(第十一章)

河上公注诸本在"古车"二字间有一"者"字,无"有"、"以"二字,"象"作"法"。

④　《弘决外典钞》引用河上公注文有下列五条。引文据宝永(1704—1711)刊本,参校了金泽文库藏[镰仓]写弘安七年(一二八四)圆种(円種)手校本,其后列出引文与现存河上公本各版本的不同之处。

(转下页)

得注意的是卷三的引文："河上公云一元氣也道之子一本云一無爲也"，引用了法本第三十九首句经文"昔之得一者"的河上公注文，且与另一版本进行了校勘，由此可确证具平亲王之时，有分别作"一元氣也"和"一無爲也"的两个版本存在。而此处异文分别流传于后世，并被现存古钞本继承了下来。

据大江匡衡(长河元年[一〇一二]卒)《江吏部集》卷中《人伦》所收诗序，文章博士大江维时(应和三年[九六三]卒)曾向醍醐、村上二帝传授《老子经》，匡衡则曾侍奉一条帝研读《老子道德经》①。江家历代相传的定本也是河上公本，现存古钞本中，宫内厅书

(接上页)1)老子經云道法自然河上公注云道清靜不言陰行精氣萬物自成道性自然無所可法也(卷二第二葉前半葉第一行)(第二十五章)

　　a　金泽文库本中的批注对"靜"字有一校勘，云"靖ィ"。

　　b　现存诸本中"道清靜不言陰行精氣萬物自成"一句注文在"道法自然"的前一句经文"天法道"下。

　　c　"道清靜"，{活Ⅰ·活Ⅱ·天理}本中作"天當法道以清靜"，{阳Ⅰ·武内·庆Ⅰ·大东·庆Ⅱ·弘文·足利·斯Ⅱ·无穷·龙门·书陵·道藏}本中作"道法清靜"，且{武内·东大·斯Ⅱ·宋版·世德·道藏}本中"靜"字作"淨"。除{治要·道藏}以外的版本，在"自成"下均有一"也"字，{道藏}本中"自成"作"自然生長"。

　　d　"無所可法也"的"可"字，{活Ⅰ·活Ⅱ·天理·阳Ⅰ·东大·庆Ⅱ·龙门·东洋·梅泽·东急·宋版·世德·道藏·治要}本中无。

　　若不考虑"自成"下"也"字的有无，现存诸本中只有{斯Ⅰ}此处的文本与《弘决外典钞》的引文一致。

　　2)河上公云一元氣也道之子也一本玄一無爲也[云云](卷三第九葉後半葉第一行)(第三十九章)

　　a　金泽文库本无第二个"也"字，"玄"作"云"，且无双行小字的"云云"。宝永刊本的"玄"显为"云"之讹。

　　b　"元氣"，{无穷·东急}二本同此引文作"元氣"，而{圣语·斯Ⅰ·治要·宋版·世德·道藏}本中作"無(无)爲"。{敦Ⅲ}中此句作"一元氣爲道之子"，第一个"也"字作"爲"。而{活Ⅰ·活Ⅱ·阳Ⅰ·庆Ⅰ·大东·斯Ⅱ·杏Ⅱ·弘文·书陵·武内·东大·东洋·筑波}众本中前半句作"一無(无)也"，{足利}本作"一亡也"，均无"爲"字，文本差异较大。

　　3)老子云道可道非常道名可名非常名河上公注云經術政教之道也非自然長生之道也又云謂富貴尊榮高世之名也非自然常在之名也(卷三第十四葉前半葉)(第一章)

　　除了"也"字的有无，此引文与现存各版本中对应文句无其他差异。

　　4)老子云聖人去甚去奢去泰河上公注云甚謂貪淫聲色奢謂服飾飲食泰謂宮室臺樹也(卷三第十四葉前半葉)(第二十九章)

　　a　金泽文库本中，"樹"字下有修改订正之笔，改之为"榭"。无"聖人"二字，无句末"也"字。

　　5)河云治身當如雌牝安靜柔弱(卷三第十四葉前半葉)(第十章)(宽永刊本中"牝"字误作"牧")。

　　①　参《江吏部集》卷中《人伦部》收录的"老子讲读诗序"，原文如下：

　　顷年以二累代侍读(1)之苗胤一。以二尚书一部十三卷。毛诗一部廿(2)卷。文选一部六十卷。及礼记文集一。侍二圣主御读一……又近侍二老子道德经御读一。國王理政之法度(3)爰(4)顯。長生久視之道指レ掌。講竟之日。有レ所(5)二感悟(6)一。老子者。天地之魂精。神靈之總氣。變化自在。何代無レ之。老子未レ生已(7)前。化胡已(8)來。變(9)爲二代々帝王師一……於レ是江氏之爲レ體。一家相传。历二李部官之任一。十代次第。为二萝图帝王之师一。有レ以哉。就レ中祖父江納言。以二老子經一奉レ授二延喜天曆二代明主一。今以二不佞之身一。侍二至尊之读一。江家之才德。可レ謂レ光二古今一……

　　家經李部在二江濱一。谬课二庸才一更□(10)真。白发齡倾秋雪老。玄言德显古风新。田成子是羲皇客。河上公非二汉帝臣一。夙夜九年为二侍读一。枯株花叶(11)待二来春一。

　　以下为译者案：(1)原作"詩讀"。据原书《参考文献目录》，作者使用的《江吏部集》三卷为『校新群书类从』卷第百三十二所收本。所谓"校新群书类从"，查检日本国立国会图书馆等电子目录均未得，具体为何本不详。考而得见昭和九年(1934)刊《群书类从》卷第百卅二下《文笔部十三·江吏部集卷中》(以下简称"类从本"，国立国会图书馆デジタルコレクション：https://dl.ndl.go.jp/pid/2559127/1/93　查阅时间：2023年8月4日)，及京都大学图书馆藏《江吏部集》(转下页)

陵部藏室町写至德三年(一三八六)识语本、足利学校遗迹图书馆藏室町写本、杏雨书屋藏室町中期写本(存卷下德经)、庆应义塾图书馆藏天正六年(一五七八)足利学校南春写本、大东文化大学图书馆藏天正六年(一五七八)足利学校真瑞写本、杏雨书屋藏镰仓末写存卷上残卷,及东洋文库藏古活字版等书上的批注语中散见的"江本"、"江说"之语堪为其证。

菅家之于《老子道德经》,似也有历代相传的定本和自称一派的训说(家说),而且虽然没有史料明确记载,但根据古钞本上的批注可知,其定本当亦为河上公本。如杏雨书屋藏室町中期写本中,对《守微第六十四》经文"學不學"下的河上公注文"聖人學治身守道真也"一句中的"守道真"一语,於该叶天头处写有如下批注:"守字以下三字菅家(二)不レ讀レ之道道真之二字(ヲ)忌故也"①。

源为宪(源爲憲)为藤原赖通编纂的《世俗谚文》(宽弘四年〈一〇〇七〉自序,原书三卷,现存卷上一卷)中,在"大器晚成"条下明记典出《老子》,并引用了河上公章句(第四十一章)作为释义②。《世俗谚文》作为公卿阶层的教养用书,其中引用了《老子》河上公注,结合前文所举《和名类聚抄》之例,不难看出平安中期前后,河上公注已经在公家社会中普遍流通开来。

由法相宗相关僧侣撰述、成书于永保元年(一〇八一)到十一世纪末左右的《类聚名

————————

(接上页)钞本(以下简称"京本",京都大学贵重资料デジタルアーカイブ:https://rmda. kulib. kyoto-u. ac. jp/item/rb00006439#? c=0&m=0&s=0&cv=17&r=0&xywh=-2389%2C-1%2C7849%2C2048 查阅时间:2023 年 8 月 1 日)、肥前岛原松平文库藏《江吏部集》写本(以下简称"松本",国書データベース:https://kokusho.nijl.ac.jp/biblio/100223153/38? ln=ja 查阅时间:2023年8月4日)兹据以校正此段引文,异体字不出校。三本此处均作"侍讀","詩讀"於意不同,据以正(可能是原书引用时笔误)。

又,日本学者木户裕子对《江吏部集》进行过部分校注,汇集了众多版本开展校勘,成果自 1998 年至 2009 年分为《江吏部集试注》(一)—(十八)刊载于多处。惜尚未进行至《江吏部集》卷中。

(2)京本"廿"作"七"。(3)松本无"度"字。(4)京本"爱"作"愛"。(5)京本无"有所"二字。(6)松本"悟"作"晤"。(7)京本"已"作"以"。(8)京本无此"已"字。(9)松本"變"作"爰"。(10)原书引文如此,考类从本即作□,京本此处空缺一字,松本作"说"。案木户裕子校注《江吏部集》即以类从本为底本,当有所据,亦尊重原书,故不作调整。(11)京本"花葉"作"花蕊"。

① 16:文句与此相近的批注还见于〈庆Ⅰ〉本和〈大东〉本,兹录于下:
① 守道真三字不読避二菅家諱一也(〈慶Ⅰ〉天頭)
② 守道真三字不讀也避菅家諱也道真二字諱也(〈大東〉天頭)
③ ——三字菅家江家ニハ不読也(〈大東〉左側)
译者案:正文引文意为"守字以下三字,菅家不读之,'道真'之二字忌故也。"当系避菅原道真(845—903)之讳。

② 17:出《世俗谚文》卷上"大器晚成"条,原文如下。此处引录据远藤光正《管蠡抄·世俗谚文索引与校勘》(遠藤光正『管蠡抄·世俗諺文索隱並び校勘』),引文与现存诸本无字句差异。
· 老子云。大器晚成。河上公章句云。大器之人若九鼎瑚璉不可卒成也。

义抄》原撰本①（宫内厅书陵部藏，平安时代末期写本）中，在"凑集"、"纷"、"結"、"挺埴"、"埏主"、"冲"、"壅"、"希"条目下引有《老子经》古训，并注明"老"、"老子"、"老子至"（参小林芳规《平安镰仓时代的汉籍训读——国语史方面的研究》第四章第四节第六项《老子经的古训法》[小林芳規『平安鎌倉時代に於ける漢籍訓讀の國語史的研究』第四章第四節 第六項 老子經の古訓法]）。此书中所引并非经注原文，只有字词的片假名和训，可知当时已有《老子经》的训点本。其中所引"凑"、"壅"二字並非经文，而是河上公注文中的文字，分别为第十六章经文"公乃王"下的注文"凑已躬也"之"凑"，训为"アツマル"，及第八章经文"夫唯不争"下的注文"壅之则止"之"壅"，训为"フサク"，可见《类聚名义抄》所依据的《老子经》训点本是河上公注本。

释成安（释成安）所撰《三教指归注集》（成于宽治二年[一○八八]）中引用的"老子曰（云）"后的"注云"亦为河上公注。释成安在《三教指归》卷上"夫汝之爲性上侮二親无告面孝下凌万民隱恤慈"、卷中首句"虚亡隱士先在座侧詳愚渝智和光示狂"（二条）及"蹶千金以如蕓芥臨萬乘而如脱躧"共四处，引河上公注对"慈"、"和光"、"同其塵"、"萬乘"的注释作为注解或典故出处。此外还有卷上"屢事多言不鑒三緘之誡"处，引"老子云"为"多言"作注，所引实为河上公注，当是"子"、"云"二字间脱一"注"字。而在《指归》序文的"聃篇"句下所附"老子序云"二百余字的长文注释，则是引用了日本流传的古钞本独有的《老子经序》中的文字。此书中引用《老子》仅上述诸处（别有引《老子述义》二条），可见成安撰作《三教指归注集》时主要参考的《老子》文本是河上公注本②。

---

　　①　译者注：《类聚名义抄》有原撰本和改编本两个文本系统，现存宫内厅书陵部藏本（一般称"图书寮本"，也称"书陵部本"）属原撰本系统，其余版本（观智院本，现藏天理图书馆，镰仓时代中期写本，今存唯一全本；高山寺本，现藏天理图书馆；宝菩提院本，现藏东寺宝菩提院；莲成院本，现藏镇国守国神社，宫内厅书陵部藏有写本，即"谷森本"；西念寺本，转写本藏关西大学）均为改编本系统。

　　②　释成安《三教指归注集》中所引河上公章句本的文本如下。此处据佐藤义宽《大谷大学图书馆藏〈三教指归注集〉研究》（佐藤義寬『大谷大学図書館『三教指歸注集』の研究』）的影印，录文部分引录，并记录出文叶数，行数，行数后标出当前引文对应注解的《三教指归》原文字句。简化训点，仅录句读。另，高山寺藏《三教指归卷中》也是成安注本，其中与大谷本文本存在差异之处（参《高山寺古训点资料　第四》所收《三教指归卷中》），但《卷中》注中引用到的《老子》经、注文字第4）、5）条则与大谷本间无异。

　　1）老子序云、老子者盖上世之真人也、其欲見於世則解形遷神入婦人胞中而更生、示有所始、當周之時曰母氏楚苦縣厲鄉曲仁里李氏女任之八十歳應天大陽曆數而生、又有老徵皆見其老不見其少、欲謂之嬰兒年已八十矣欲謂之老父又且新生、故謂之老子、居周久、平王時見周衰乃遂去至關、々々尹喜望見東方有来人、變化無常、乃謁請之、老子知喜入道、於是留與之言、喜曰予將隱矣、強爲我著書、於是老子著上下二篇八十一章五千餘言、故号曰老子經、已而去、莫知其所終、盖老子百六十餘歲也、又二百余歳（卷上本第4叶前半叶第6行，"聃篇"）（老子經序）

　　2）老子曰我有三寶一曰慈、注云愛百姓若赤子、二曰儉注云賦斂若取之於己、三曰不敢為天下先、注云執謙退不為倡始也、（卷上本第39叶后半叶第1行，"慈"）（第六十七章）

　　3）老子云多言自亡其身也（卷上末第5叶前半叶第1行，"多言"）（第八十一章）　　　　（转下页）

　　藤原敦光(天养元年〈一一四四〉卒,一说康治元年〈一一四二〉卒)所撰《三教勘注抄》六卷(现存卷一、二、五)中引用的《老子》也是河上公注本。书中对《三教指归》"長生久存"、"扣天門",卷下中的"誰子誰資"、"萬乘寶姿"、"廻風",引用了《老子》经文五条、河上公注文四条予以注解①。

─────────────

(接上页)4) 老子曰、和光注云雖有獨見之明當如闇昧不當以曜乱人又云同其塵、注云當与眾庶同垢塵不當自別殊也、(卷中第 1 葉前半叶第 3 行,"和光"、"同其塵")(第四章)

　　5) 老子云万乘之主、注云万乘之主謂王者也(卷中第 16 叶后半叶第 4 行,"萬乘")(第二十六章)

下面讨论上述引文与各版河上公注本的主要差别并提出笔者的看法。

引文 1)省略了《老子经序》开头部分的"故謂之老子"和中间部分的"居周久"两句之间的文字。"李氏女任之八十歲"一句,"任"字,〈活Ⅰ·活Ⅱ·弘文·斯Ⅱ·无穷·东洋·书陵·庆Ⅱ·武内〉诸本中作"妊","之"字〈梅泽〉本无,且现存各本"八十"之下均有一"一"字,不知是成安注本身的脱文,或是传写过程中造成的脱误。"皆見其老不見其少"一句,诸本于"皆"字前有一"人"字,当亦是成安注的脱误。

引文 2)为第六十七章的第 5~8 句经文和第 6~8 句经文下对应的河上公注文,略去了第 5 句经文的下半句"持而寶之"四字及其对应的注文。"不爲倡始也"的"倡",〈阳Ⅰ·武内·东洋·无穷·梅泽·东急·圣语·治要〉诸本中作"唱"。

引文 3),佐藤氏云出处不详,实则是第八十一章经文第 4 句"辨者不善"下的河上公注文。然现存诸本此句均无"自"字。此外,《注集》引文中"亡"字本作"己",然其旁音训为"ホロホス"(译者案:即"ほろぼす",亦即"亡ぼす"),故当为传写致误。

引文 4)为第四章的第 5、6 句经文及其相应的河上公注文。成安所引脱去了"和光"二字之间的"其"字。

引文 5)为第二十六章经文第 5 句及其对应注文的节略。

此外,佐藤氏认为《注集》卷上本第 2 叶后半叶的"天朗則垂象人感則含筆"一句下所引""莊子云、象道也、聖人守大道、則天下象也"出自《老子·仁德》篇的经文和河上公注文,误记为"莊子"之语(见上文所提佐藤氏著书《资料五〈三教指归成安注〉出典考察及引书索引》[资料五「三教指歸成安注」出典調査および引用書索引]部分)。但河上公本《老子·仁德第三十五》的经文中并无与此处引文一致的文句,经文第 1 句"執大象天下往"下的注文为"象道也聖人守大道則天下萬民移心歸往之治身則天降神明往來於已也",注文前半段与此引文相合。佐藤氏仅据注文前半段推定此处引文出自河上公注,但河上公注中并无引文最后的"象也"二字,而是"萬民移心……"之文,从文意上来看,"天、下象也"与"天下萬民"之语也有着很大的差别。并且,觉明注(译者案:释觉明《三教指归注》)中在同一文句下也引用了此条"莊子云……","象也"之后多出了"觀乎天文以察時變觀乎人文以化成天下"之文。因此,该条引文的出典未可论定,尚需进一步考察。

①　藤原敦光撰《三教勘注抄》六卷中所引《老子》经文及河上公注文有如下诸条。引文下标注出自《三教勘注抄》何卷、《三教指归》的对应卷数和注解的字句原文。

1) 老子經曰有國之母可以長久是謂深根固蒂長生久視之道也([卷三],卷中,"長生久存")(第五十九章)

2) 老子曰、天門開闔、河上公注曰、天門謂北極紫宫、開闔謂終始五際也、治身、天門謂鼻孔、開謂喘息、闔謂呼吸也、([卷三],卷中,"扣天門")(第十章)

3) 老子曰善人者不善人之師也、不善人者善人之資也、河上公注曰、資用也、人行不善者、聖人猶教導使為善得以為給用也、(卷五,卷下,"誰子誰資")(第二十七章)

4) 老子曰、雖有榮観燕處超然奈何万乘之主而以其身行軽躁乎、注曰王者至尊、(卷五,卷下,"萬乘寶姿")(第二十六章)

5) 老子曰飄風不終朝 注云飄風疾風也言疾不能長、([卷六],卷下,"廻風")(第二十三章)

引文 1)、5)据释觉明《三教指归注》中标注有"光──"的敦光注引文引用,采宽永六年(一六二九)刊本《三教指归注》。引文 2)据释胜贤(釈勝賢)的选抄本《三教指归注抄》引用,采太田次男、稻垣佑宣《平安末写本三教指归敦光注研究──解题并翻印》(太田次男·稲垣祐宣「平安末写本三教指帰敦光注について─解題と翻印─」)一文所收本。引文 3)、4)的文本及对其所属卷数的推定据太田次男《东寺宝菩提院三密藏三教勘注抄卷五[镰仓初]写本研究──附·文本翻印》(太田次男「東寺宝菩提院三密藏　三教勘注抄卷五[鎌倉初]写本について─附·本文の翻印─」)一文。

引文 1)为河上公本《老子》第五十九章经文的第 9~11 句,除最后的"也"字现存各版本中或无之外,与诸本文本再无差别。

(转下页)

释觉明（釈覚明）的《三教指归注》（成书于承安前后[一一五八——一一七四]）系采辑成安、敦光二人的注解后编纂而成，对二人著作中引用《老子》经文和河上公注文的部分几乎未作更易、原貌收载，出二作以外的引文仅见一处，引用了第七章经文的第二、三句和第三句下的河上公注文①。

被慈圆（慈円）②评价为"日本第一大学生"的藤原赖长（藤原頼長）（保安元年[一一二〇]生，保元元年[一一五六]卒），致力于大学制度的修复，复活了释奠晴仪，是孔子的忠实崇拜者③。但同时，他对《老子》也是喜好有加，一生翻读、精研数过。根据《台记》④康治二年（一一四三）九月三十日条，"所见之书目六[録]载左"中列出的经家三百六十二卷中有"老子二卷抄　保延六年[受夫子説　十一月十二日始之　同十二月六日終之]"的记载，可知赖长首次正式研习《老子》在保延六年（一一四〇），时年二十一岁。

此后的记载中尚有天养元年（一一四四）所学书目中的"老子經二反四卷[加今度三反]"、久安元年（一一四五）所学书目中"老子經二遍四卷[加今度五反其一反見三深老子首付其反合述義見之本註何註]"（"何註"当为"河註"之误）、"老子述義十卷[首付懸勾自筆抄出論議詳見也]"的记录，可知赖长在此两年间完成了四次精读。各次使用的

（接上页）引文 2）为第十章第 8 句经文及其相应的河上公注文。{斯Ⅰ·宋版·世德·道藏}本中"紫宫"作"紫微宫"。"治身"二字，{活Ⅰ·活Ⅱ·天理·庆Ⅰ·大东·无穷}本无。

引文 3）为第二十七章的第 11、12 句经文和第 12 句经文下的河上公注文。"善人者"的"者"字{东洋}本无，觉明注中同样引用了此文句，也无"者"字。"得以爲給用也"的"也"字，{活Ⅰ·阳Ⅰ·庆Ⅱ·龙门·书陵·东急·宋版·世德}本中无，觉明注引文亦同。

引文 4）为第二十六章的第 4—6 句经文和第 6 句经文下的河上公注文首句。"行軽躁乎"，现存各本作"輕於天下"或"輕天下"，然"而以其身行軽躁乎"一语常见接于河上公注文"王者至尊"一句下，故此处为《三教勘抄》传写之误的可能性很高。觉明注中引此敦光注作"老子曰雖有榮観燕處超然奈何萬乗之主而以其身輕天下　注云王者至尊而以其身行軽躁乎"，如此则与现存诸本之文基本一致。

引文 5）为第二十三章经文第 2 句的前半句与此句对应的河上公注文，与现存诸本文本无差异。

①　释觉明《三教指归注》中除采辑了前文注 18（本书 P81 注①）中的成安注引文 1）、2）、4）、5）和注 19（本书 P82 注②）中的敦光注 1）至 5）之外，在注释《三教指归》卷中的"説汝以長生之奇密"一语中"長生"一词的含义时，引用了下面的一则河上公章句《老子道德经》文字。然根据太田次男的研究，从觉明注释的编纂情况来看，这则引用可能也是依据敦光注而来。

1）老子曰天地所以能長且久者以其不自性故能長生　河上公曰以其不求生故能長生不終（第七章）

"性"当为"生"之讹。除{龙门·敦Ⅰ}本外，其余诸本中此处注文之末有一"也"字，此外则与现存诸本文本再无差异。

②　译者注：慈円（1155—1225），活跃于平安末期、镰仓初期的天台宗僧人、歌人，著有历史著作《愚管抄》七卷（学界尚有争议）。

③　参户川点《院政期的大学寮与学问情况——以藤原赖长的业绩为中心》（收录于服藤早苗编《王朝的权力与表象——学艺的文化史》）（戸川点「院政期の大学寮と学問状況　藤原頼長の事績を中心に」，服藤早苗編『王朝の権力と表象一学芸の文化史』所収）一文。

④　译者注：藤原赖长的日记，又称《宇槐记》《槐记》等。

文本难以确考（"三深老子"或为"王注老子"之误）①，但可以确定久安元年完成的一遍精读，是对河上公注本的研习，并参考了《老子述义》。参照古钞本的批注中引用到的零星遗文可以得知，《老子述义》是对河上公注进行阐发、注释的著作，赖长即是通过与《老子述义》对读②，加深对河上公注的理解。

　　此外，根据《台记》的记载，赖长除了在家中召开庚子日的经筵活动外，每逢庚申日还会召开《老子》的讲筵，亦成惯例③。仅就现存《台记》所载，《老子》讲筵始于天养二年

---

①　《台记》天养二年（一一四五）正月九日条中有"见二三注老子一"，同廿七日条有"入レ夜见二三注老子一了"的记录。所谓"三注老子"，当与列于同年，也即久安元年（七月改元）所学目录之首的"老子经二遍四卷"之下附记的"三深老子"所指相同，均为"王注老子"之讹。可能是传写之误，可能是录文之失，也可能是排印之误。本文所据文本为桥本义彦、今江广道校订《史料纂集　台记第一》本及增补史料大成刊行会所编《台记》（影印明治三十一年（1898）刊《史料大观》本）（橋本義彦・今江広道校訂『史料纂集　台記第一』、増補史料大成刊行会編『台記』）。

②　藤原赖长精读《老子述义》之事，据《台记》天养二年三月廿五日庚午条"酉刻见老子述义了[一部十卷]、首付勾要文、抄論議、皆了，其論議抄用闕官帳裏"的记录及前文提及的久安元年所学目录中著录的"老子述义"下"首付悬勾、自笔抄出論議、詳見也"的小字记录可见一斑。

③　《台记》中所见与老子讲筵相关的记载有下列诸条（〈　〉所示为《宇槐记抄》上的文字）。所有条目几乎均已为窪德忠《新订庚申信仰研究　年谱篇》（窪德忠『新訂庚申信仰の研究　年譜篇』）所采录，然窪氏著作未收录《台记补遗》中的相关记载。兹补入窪氏失收者二十三则，条列老子讲筵之记录如下：

・　天養二年（一一四五）

正月十四日庚申　"守三尸、懸老子影、講老子經、講師友〈永〉樂、問者實長[三重上卷]、孝能[二重下卷]、據庚申、經夜半已〈之〉後、余及客皆向正南、再拜呪曰、影候〈彭侯〉子、黃帝子、命兒子、悉入窈冥之中、去離我身三度唱之、雞鳴後就寢"

三月十五日庚申　"守三尸、講老子、講師成佐、問者俊通二重、友業三重、夜半後有再拜呪等"

五月十五日庚申　"守庚申、講老子、予爲講師烏帽直衣、俊通、顯業爲問者、皆二重"

七月十六日庚申　"守庚申、講老子、講師賴業、問者成佐、友業"

・　久安元年（一一四五）

九月十七日庚申　"守庚申、講老子、如常講師孝能問者賴業登宣"

閏十月十九日庚申　"守庚申、講老子、講師登宣、問者余三重、敦任二重、余度々絶音、不足言、登宣又如泥"

十二月二十日庚申　"守庚申今年七度守之也、講老子、講師教任、問者孝能、登宣、問答共可謂優、就中登宣殊勝"

・　久安二年（一一四六）

二月廿二日庚申　"守庚申、講老子、講師成佐、問者賴業、登宣、注記孝善、成佐甚拙、登宣獨步、後生可恐々々"

四月廿一日庚申　"守庚申、講老子、如常、講師廣季、問孝善、遠明、注記成佐"

六月廿二日庚申　"入夜講老子、依庚申也、但講了就寢、講師俊通、問者孝善、成佐皆二重、注記師元、成佐、有失"

八月廿三日　"因例講老子、但不待天明就寢、講師直講師元、問者敦綱"

十月廿四日　"依例講老子、講師賴業、問者敦任、注記成佐、但講了就寢"

十二月廿五日　"依庚申講老子、講師孝善、問俊通、登宣、注記賴業"

・　久安三年（一一四七）

二月廿六日庚申　"浴潮湯畢、講老子、講師賴業、問者孝善"

四月廿七日庚申　"依例講老子、講師廣季、問者賴業"

六月二十八日庚申　"今夜、依例講老子、講師孝善、問者賴業、登宣、深更向或所△"

八月廿九日庚申　"依例、深更講老子、講師余、問遠明重服"

十月三十日庚申　"守庚申、講老子、講師成佐、問俊通、敦綱、講了、文人相共、作老子論議十條、明日、辰刻就寢"

・　久安四年（一一四八）

正月一日庚申　"歸家講老子、依當庚申也、余爲講師、孝善、登宣、爲問者登宣三重"

三月二日庚申　"講老子、講師俊通、問廣季"

（转下页）

(一一四五)正月十四日,久寿二年(一一五五)十一月十六日为最后一次,甚至连久安四年(一一四八)元旦的庚申日也照常进行,在赖长本人繁忙的政务之余,持续了十一年之久。查检此间庚申日的日记,缺少"讲老子"之记录的只有久寿二年(一一五五)五月十四日这一日。

(接上页)五月[三日庚申] "依例講老子、講師敦任、問俊通、賴兼、又賴業、作彼論義十帖"

　　閏六月四日庚申 "依例講老子、講師賴業、俊通"

　　八月五日庚申 "依例講老子、講師賴業、問遠明、敦綱"

　　八月廿一日丙子 "依例定明年庚子庚申講、講師問者及詩題、庚申無詩題、了分散"

　　十月六日庚申 "講老子、講師廣季、問余及憲孝、朝隆朝臣聽之、賴業造進論義"

　　十二月六日庚申 "是夜依例講老子、講師登宣、問敦任、賴佐"

　• 　(久安五年日記亡佚)

　• 　久安六年(一一五〇)

　　二月十三日庚申 "依例講老子、講師俊通、問親佐"

　　四月十四日庚申 "依例講老子、講師憲孝所答招嘲、問敦任"

　　六月十五日庚申 "入夜講老子、講師登宣、問敦任、憲孝"

　　八月十七日庚申 "依例、於五條家講老子、講師孝善、問敦綱"

　　十月十八日庚申 "依例講老子、於大炊第行之、依禪閣仰也、余不臨其筵、講師憲孝、問者敦佐、親佐"

　　十二月十八日庚申 "依例講老子大炊亭、講師賴業、問者遠明、憲孝"

　• 　仁平元年(一一五一)

　　二月十九日庚申 "依例講老子、講師憲孝、問敦任、廣季"

　　(仁平元年四月至仁平三年六月日記不全)

　• 　仁平二年(一一五二)

　　七月廿七日庚申 "依例講老子、講師憲孝、問者登宣"(據《台記補遺》)

　　九月廿九日庚申 "入夜講老子、講師參議師長初度、問者憲孝"(據《台記補遺》)

　• 　仁平三年(一一五三)

　　八月三日庚申 "依例講老子、講師登宣、問者賴業"

　　(仁平三年十月至十二月日記缺)

　• 　仁平四年(一一五四)

　　一月七日庚申 "今夜講老子、講師俊通、問者憲孝"

　　(仁平四年二月至三月日記不全)

　　五月八日庚申 "及遲明、參行願寺、歸宅講老子須鶴鳴之前講之而依因明學遲息"

　　七月九日庚申 "講老子、講師憲孝、問者廣季"

　　九月十日庚申 "講老子、講師憲孝、問者俊通、孝善"

　• 　久壽元年(一一五四)

　　十一月十一日庚申 "深更講老子、講師登宣、問者廣季、憲孝"

　• 　久壽二年(一一五五)

　　(久壽二年正月至三月日記不全)

　　五月十四日庚申 "今明兩夜、於泰親私宅、修泰山府君祭、余不臨之"

　　七月十五日庚申 (此日記録無)

　　九月十六日庚申 "入夜講老子、講師登宣、問者師尚、憲孝"

　　十一月十六日庚申 "深更講老子、講師々尚、問者憲孝"

　　此外,天養二年(一一四五)二月廿四日庚子有这样一则记录:"依ㇾ例講二老經一、有ㇾ詩、講師肥前介賴業説ㇾ經、論義優美、問者俊通、敦綱共二重"。所谓"老經"当为"孝經"之讹,而非指"老子經"。既为庚子日,且"有詩",当亦为讲筵。《台记》中出现赖业之名,此为首次。

　　日记中对庚申日老子讲筵的首次记载为天养二年正月十四日,载:"守二三尸一、懸二老子影一、講二老子經一、講師友業、問者實長[三重上卷]、孝能[二重下卷]、據二庚申一、經二夜半已後一、余及客皆向二正南一、再拜呪曰、彭侯子、皇帝子、命兒子、悉入二窈冥之中一、去離二我身一[三度唱之]、雞鳴後就寢。"这则材料反映了当时庚申信仰渗入社会生活的情况,为学者所重视①,但我们并不清楚"庚申老子讲筵"是源于赖长个人的信念还是当时公卿阶层普遍开展的活动。这一问题姑且不论。在老子讲筵上,赖长自己担任过"讲师"、"问者",以友业(讲1问2)、实长(问1)、孝能(讲1问2)、成佐(讲3问2注3)、俊通(讲5问6)、显业(问1)、赖业(讲6问5注1)、登宣(讲6问7)、敦任(讲2问6)、孝善(讲3问5注1)、广季(讲3问4)、远明(问4)、师元(讲1注1)、敦纲(问4)、顿兼(问1)、宪孝(讲6问8)、赖佐(问1)、亲佐(问2)、敦佐(问1)、师长(讲1)、师尚(讲1问1)等近侍儒者为代表的众多学者均以"讲师"、"问者"、"注记"的身份参加过讲筵(人名后的括号内统计了《台记》记录的全部四十二次老子讲筵中,此人担任"讲师"、"问者"、"注记"的次数)。并且,每次讲筵的讲论内容似有记录,编为了"論義"②。

　　上述参会者中,赖业与现存古钞本有所关联,应当特别关注。久安四年(一一四八)五月(三日庚申)的记录中有"依例講老子、講師敦任、問俊通、賴兼、又賴業、作彼論義十帖"("賴兼"或为"賴業"之讹),同年十月六日的庚申日又载"講老子、講師廣季、問余及憲孝、朝隆朝臣聽之、賴業造進論義",将赖业作为论义编写者特别记录下来,可以推测其为老子讲筵的核心人物。而"論義"则与杏雨书屋藏[镰仓末]写本(存卷上残本)纸背等处所见"問答難答"的批注③存在着关联,需要引起重视。

　　清原赖业(清原頼業)(保安三年[一一二二]生,文治五年[一一八九]卒)作为清家

<hr>

①　参《窪德忠著作集2·新订庚申信仰研究》下卷第五章《日本庚申信仰的变迁》第三部分《宫廷贵族的庚申信仰》(『窪德忠著作集2　新訂庚申信仰の研究　下卷』第五章日本における庚申信仰の変遷　3宫廷贵族の庚申信仰)。

②　据《台记》久安四年(一一四八)正月十四日癸酉"今夜會學徒、作老子論義、元日庚申、不作之故也"的记载,亦可知每次讲筵均作有"論義"。

③　杏雨书屋藏[镰仓末]写本(存卷上残本)所载"問答難答"的批注,见于第一纸的纸背,是对第一章经文"名可名非常名"的"常名"一语作出的论议。原文如下:

　　問名可名非常名々々者指何乎

　　荅常名謂道也

　　難此章云無名天地之始トヌリ賈大隱云下章吾不知其名字之曰道トヌリ如此等文ハ道既無名何云常名乎

　　荅道既無形質實不可名是如難文但河公注云常名當如嬰兒之未言鷄子未分明珠在蜯中美玉處石間トヌリ賈君釈云道有常名在中トヌリ然者常名者未著之謂也故曰无然（朱也）而道是自然比富貴尊榮之名是常名也（朱者）故經云自古及今其名不去是含容常名仍或云常名或云無其義一也

　　{庆Ⅰ·大东}本中亦有文字几乎全同的批注。

明经道的中兴之祖,其经学成就人所共知。《台记》中关于老子讲筵的相关记录,即使是从作为清原家讲习经书的同时兼修《老子经》的旁证的意义上讲,也是值得重视的。赖业在老子讲筵上用于讲论的《老子》文本,毫无疑问是河上公注本。现存《老子》古钞本中,保留有奥书、可以追溯《老子》在博士家传承相续痕迹的版本不多,其中内容最为古老的便是赖业所留、传于后世的奥书,即杏雨书屋藏[镰仓末]写本上所存"古夲奥云"("古"字磨灭):"承安二年(一一七二)九月五日授主水了 在御判大外记殿"一条,"大外记殿"即永万二年(一一六六)任此职的赖业,"主水"当指其嫡子近业。同样的奥书被转抄在东洋文库藏[室町末]写本上。详参《绪论　七·对校诸本略解题》。

三、中世时期对河上公注的研习

赖业的奥书之后,对清原家的《老子》讲习、传授情况有所反映的奥书、识语有八则,今以年代为序具列于下:

(1)加一見了　　　前參河守在判

(2)正嘉二年(一二五八)四月廿七日書寫畢　外史清原在判

(3)同年五月廿六日加點了　權少外記直隆

(4)文永十二年(一二七五)二月六日授申黑田武衛禅了　音儒清原在判

(5)正應二年(一二八九)暮春七日相傳之家書紛失於道經重課微躬之下愚早點養性之方術而已　書博士清原教有

(6)正應二曆暮春二十六日相傳之秘書紛失於德经重課微躬之下愚早點養性之方術而已　書博士清原教有

(7)永正七年(一五一○)七月十一日終書寫之功即加朱墨訖　少納言清原朝臣

(8)永正八年四月廿三日遂書寫之功即加朱墨而已　少納言清原朝臣

前四则作为本奥书留存于杏雨书屋藏镰仓末写本上,余者见于东洋文库藏室町末写本,系转抄自他本的奥书。这些奥书的书写状况等详参前文《绪论　七·对校诸本略解题》第18、22条。

(1)中无纪年。所谓"前参河守",当是北条实时之师、为振兴镰仓幕府文化教育之业鞠躬尽瘁、有当代第一硕儒之称的教隆。教隆乃仲隆第三子,赖业之孙,历任音博士、参河守、直讲、大外纪,文永二年(一二六五)七月十九日卒,终年六十七岁。教隆还是金泽文库本《群书治要》所收《老子》(河上公注本)的校点者,《老子》收录于卷三十四,此卷末奥书作:"文應之冬參洛之次、申出蓮華王院御本、校點了、直講清原(教隆花押)。"可知教隆于文应元年赴京之时,参考莲华王院宝藏之御本对此《群书治要》所收本进行了校点。详参前文《绪论　七·对校诸本略解题》第 30 条。

(3)中的"直隆"系教隆第三子,曾任少外记、助教,担任过后宇多天皇的侍讲,又在镰仓幕府有所任职。正安元年①(一二九九)八月七日卒,终年六十六岁。直隆与其弟俊隆一同抄写校点了流传于清家的《春秋经传集解》,并向北条笃时传授之。第(2)条中的"外史清原某"可能也是直隆。而该部《春秋经传集解》(金泽文库旧藏,现藏宫内厅书陵部)卷二十有直隆所留奥书如下:

> 正嘉二年二月十八日以家/證本書寫了/外史直隆
> 正嘉二年三月廿七日以家秘/説手身書點了/權少外記清原在判

纪年、署名方式与(2)大体相近,可作为识语(2)亦出自直隆的旁证。

(4)中的"音儒清原某"当为教隆第四子俊隆②。俊隆尝任少外记、直讲、音博士,又为镰仓幕府评定众③。正应三年(一二九〇)二月十七日卒,终年五十岁。前文已述,作为北条显时之师,向其传授了《春秋经传集解》。

(5)(6)中的"書博士清原教有"是教隆的长子有隆之子,神宫征古馆所藏、松平忠房敬呈的《古文尚书》的本奥书及宫内厅书陵部所藏《古文孝经》(永仁五年[一二九七]钱塘吴氏钞本)的奥书中均将其记录为校点秘说的传承者。其中的《古文孝经》系教有令宋人吴三郎入道抄写,与杏雨书屋藏镰仓末写本当抄自同一人之手。参考前文所论《古文孝经》的情况,作为家说传承者的教有在《老子道德经》上所作的工作也就可想而知

---

① 《清原系图》的《续群书类从》卷百七十三所收本及其他版本均将直隆的卒年记载为"正元元年(一二五九)",足利衍述的《镰仓室町时代之儒教》(足利衍述『鎌倉室町時代之儒教』)亦沿袭之。然这一说法与直隆之父教隆的卒年、年岁,以及古钞本奥书中所见诸如金泽文库旧藏《春秋经传集解》卷三十"文永二年(一二六五)閏四月廿五日授直隆畢 大外紀在判"、松冈忠良氏藏《古文孝经》中"永仁六年(一二九八)十一月廿四日以家祕説奉授越州五品左親衛閣了 助教清原眞人直隆(花押)"等的记载相矛盾,显然有误。"正元"当系"正安"之误。

后文参考、引用未经亲眼图书的奥书,均看看足利衍述《皇朝传本经籍奥书集》(《镰仓室町时代之儒教》附录)及小林芳规《汉籍古点本奥书识语集》(《平安镰仓时代的汉籍训读——国语史方面的研究》附录)。

② 上述奥书的作者为赖业、教隆、直隆、俊隆的考证,武内义雄译注《老子》(岩波文库)的《前言》部分业已论之。

③ 译者注:评定众,镰仓、室町时代所置职务,镰仓时代为幕府最高政务机关,行使行政、司法、立法权。

了。(参《绪论七　对校诸本略解题》第 22 条。)

(7)(8)中的"少納言清原朝臣"所指自然是清原宣贤。根据这两则奥书,以及东洋文库藏室町末写本、东洋文库藏古活字版中的一部①转抄自他本的批注中所见"宣贤本"的标记(参《各论　六(二)(1)〈与清原家本的对校〉、(6)〈其他批注〉⑦)可以知道,《老子道德经》尝有宣贤书写加点本行世,然其所在今已不得而知。但宣贤有所撰《老子经抄》留存于世,其解说循河上公注理路,集结了历代的家说予以继承发展,同时参考了宋人林希逸的新注及"一睦"、"自牧"等当时诸家的注说并进行了修正、补充和申发②。

尽管这些奥书数量少、多为只言词组,且缺乏与文本传承相关的具体内容,但根据这些材料我们可以确定,自平安末期的赖业以来,河上公注本一直作为清原家的定本,世代传续不绝。

另一方面,镰仓时代以后的禅林不仅是对经史、文学抱有兴趣,对老庄(道家)思想同样兴致益然。尤其是与《老子》的接受情况相关的问题,已有基于大休正念、一山一宁(一山一寧)、宗峰妙超、规安祖圆(規安祖円)、梦窗疏石(夢窓疎石)、虎关师炼(虎関師鍊)、乾峰士昙(乾峰士曇)、梦岩祖应(夢巌祖應)、中岩圆月(中巖円月)、春屋妙葩、绝海中津、义堂周信(義堂周信)、愚中周及、岐阳方秀(岐陽方秀)、一昙圣瑞(一曇聖瑞)、江西龙派(江西龍派)、天隐龙泽(天隱龍沢)、桃源瑞仙、万里集九、景徐周麟等学僧的语录、日记、诗文、抄物③等材料开展的具体讨论④。日本中世,老庄道家之学在丛林道场间较之在朝廷博士家更加盛行,可以说已经作为与修禅息息相关的日常教养生活的一环为禅门所接受。

圆尔弁圆(円爾弁円)(建仁二年[一二〇二]生,弘安三年[一二八〇]卒)于嘉祯元年(一二三五)渡海入宋,仁治元年(一二四一)归国之时带回内典、外典数千卷。这批典

---

①　译者注:清家点注说批语本。

②　《老子经抄》留待后文专门论述,参看本节第五部分。详细讨论,见拙文《京都大学附属图书馆藏清家文库〈老子经抄〉　翻印、校勘并提要》(山城喜憲「京都大学附属図書館藏清家文庫『老子經抄』　翻印並び校異・解題」)(载《斯道文库论集》第二十六辑)。

③　译者注:抄物,日本学者对汉文书籍进行解说、注释后形成的作品,室町中期至江户初期盛行。一般认为是学者为讲授准备的讲义,及听讲者所作的笔记,解说,注释通常广引众书,又保留当时日本的口语要素和假名书写,学术价值很高。

④　参看芳贺幸四郎《中世禅林的学术及文学研究》第一篇第四章《对老庄的关注与神仙思想》,及《中世禅林对老庄的关注与神仙思想》(《选集　道教与日本》第三卷收录)一文(芳賀幸四郎「中世禅林の学問および文学に関する研究」第一篇第四章　老莊への関心と神仙思想。「中世禅林における老莊への関心と神仙思想」[『選集　道教と日本』第三卷所収])。

籍当是被迎弁圆为开山之祖的京都东福寺普门院所接收,且著录于圣一国师①自撰、弘安三年(国师圆寂之年)六月六日成书的《三教典籍目录》中,惜此目录已佚,如今无法得见,但在其后大道一以(东福寺第二十八代住持,正应五年[一二九二]生,应安三年[一三七○]卒)所撰、成书于南北朝前后的《普门院经论章疏语录儒书等目录》及明德三年(一三九二)七月十三日由东福寺在住知有禅师改编成书的《普门藏书明德目录》二目中可窥得其内容。两部目录因著录有许多朱子学相关的书籍,如"晦庵大學一册"等,历来被视为研究宋学传入日本相关问题的资料。而其中著录的一百部左右的外典,当是其后禅门从事汉籍研究的基础性典籍②。二目中均著录有"直解道德經三册",前者(《儒书

---

　　①　译者注:圣一国师,即圆尔弁圆。此号为圆尔禅师圆寂以后花园天皇为表彰其遗德所赐,也是日本历史上首个国师号。

　　②　圣一国师圆尔的事迹、成就等,参看足利衍述《镰仓室町时代之儒教》第一编第四章第一节《圆尔》、大庭修《古代、中世日中关系史研究》附篇第一章第三节《入唐僧、入宋僧携典籍渡日》(大庭脩『古代中世における日中関係史の研究』附篇第一章第三節唐人·入宋僧の典籍将来)等研究。

　　《普门院经论章疏语录儒书目录》,有作为"普门院藏书目录"被认定为日本重要文化财的京都东福寺藏本,还有宫内厅书陵部所藏昭和写本一册。翻刻版则有《昭和法宝总目录》第三卷(《大正新修大藏经》别卷)、《大日本史料》六编三一所收本。此外,大庭修《古代、中世日中关系史研究》资料篇及《中国典籍在日本的传播及其影响》(《日中文化交流史丛书》第九卷《典籍》第一章)(大庭脩「日本における中国典籍の伝播と影響」[『日中文化交流史叢書　第九卷　典籍』第一章])一文均收录了此书内容。足利衍述论其成书年代曰:"当编纂于镰仓末前后",并指出有文和二年〈一三五三〉大道一以编纂之说,但不可从。

　　《普门藏书明德目录》,东福寺僧人知有编,成于明德三年(一三九二)。国立国会图书馆与内阁文库各藏有写本一册。天保三年(一八三二)狩谷棭斋自京都得一版本,次年小岛宝素借而钞之,上述两部写本均为此钞本的再抄写本,此版原本的下落今已不详。国会本为天保十年(一八三九)朝仓靖共抄写,末有"右普门藏书明德目录一卷/攷古齋小島先生今従借而字體原様縮/鈔也時天保十年歲次己亥二月十有二日功了/朝倉靖共識於墨水草菴"的抄写识语。两部写本均附有天保四年小岛宝素的跋文,原文如下(据内阁文库所藏本采录),并加句读:
　　右東福寺普門院藏書目録一卷、明德三年僧知有所著録、而
　　其書則聖一國師所遺也。歲歷數百代多変遷、到今探索無
　　復一存、深為可嘆矣。稱字號中所記、如枕中·指迷·消渇方及五
　　藏圖·本草單方·要穴抄諸書世無傳本、十便方今傳鈔本不完、
　　未知名山舊刹猶藏之者乎。予曾観昌平學舎所藏呂東萊讀
　　詩記·劉醫官家藏魏氏家藏方·屋代輪池家藏鐔津文集、皆宋
　　槧本、每卷捺普門院印、實為國師舊物、則知遺書之散、恐在寬
　　享之際
　　天保壬辰冬月友人狩谷望之遊京師時得此目録、今従借鈔併
　　記敷法于卷尾、時癸巳七月三日也小島質記於寶素南樓
　　此目录末尾别录有大般若经十二函、五部大乘经、书画什器等内容,主体部分则与《经论章疏语录儒书等目录》相同,是一部将所藏典籍以千字文函番排次著录的收藏目录。著录内容由"天"字到"菜"字共分为六十一函("天"字到"辰"字的十三函、"暑"字到"岁"字的十函目录缺),相较之下,《经论章疏语录儒书等目录》编到"珍"字号,《明德目录》增加了三函。此外,著录书籍的分类、排次方式似有过大幅变动,两目录记载的各函名内容完全不同。由于《明德目录》有残缺,今已难以考订这些变动的情况。但《明德目录》在著录的书名下的附注中记载了书籍的"唐"、"写"之别和卷帙存佚等情况,较《儒书等目录》更为详细。其所谓"唐"多指宋刊本,故此记录十分重要。另外,此目录缺损字号的标字下书有"密庵自贊畫像 奎溪和上捨入/永享十一年(一四三九)七夕記"之语,可见附注中或亦有后世人补写的内容,然因只可得见此书的再抄写本,很难从书写上判别后人补写的内容。

(转下页)

等目录》)中又著录有"老子經一部二册"(现存《明德目录》不全,不可断言"老子經一部二册"在《明德目录》编修时代已亡失),可见这两部书在镰仓、南北朝时期藏于普门院,供寺内研习、教学使用。《明德目录》著录"直解道德經"下有"合三册唐"的附注,似为宋人著作的宋版①。"老子經"则当为河上公注本,由于目录并未载明此本是刊本还是写本,尽管流传于日本,其在文本上属于宋刊本系统的可能性亦不可排除。

作为对大陆学术思想的新动向最敏感、接受起来最容易的环境,在经学上,五山丛林对朱子学的研习和对宋学的弘扬为人所共知。与儒学上对宋学的接受相对应,五山丛林在对老庄道家之学也有吸收其新发展、新成果的动向。宋人林希逸所撰《庄子鬳斋口义》自惟肖得岩(惟肖得巖)(正平十五/延文五年[一三六〇]生,永享九年[一四三七]卒)以来讲读传习不绝,还刊行了五山版,通行程度超越了旧传的郭象注。五山版《列子鬳斋口义》的刊行也在南北朝前后。回到《老子》的研习情况,不难想见,在这样的问学背景下,关注《老子鬳斋口义》等新注本的风气应当也在不断酝酿②。但目前尚未发现足以充分证明这一判断的数据、记载。关于这一问题,住吉朋彦作出了很大的贡献,他指出,岐阳方秀(岐陽方秀)(正平十六年[一三六一]生,应永三十一年[一四二四]卒)的《碧岩录抄》(碧巖録抄)和《中峰和尚广录抄》(中峰和尚広録抄)二书各引用了一条林希

（接上页）末函"菜"字号结尾著录有自开山祖师自编目录以来的藏书目录："教典籍目録〈開山祖師弘安三年六/月六日僉押凡十二/紙一卷〉、同正安二年(一三〇〇)目録〈七月校定一册〉、同貞治五年(一三六六)目録〈十月十七日天琢和上/及諸老宿僉押/凡二十二紙一册〉"(〈　〉内为原小字注)。由此可知,这些目录在明德三年时尚存于东福寺。此外,根据此目录末的识语,"右書籍重校定訖假借之法見貞治目録/明德三年壬申七月十三日　住山比丘知有〈花押〉(此后两行有"退耕　靈見〈印影〉/東福　祖瀋〈花押〉"之署名)",《明德目录》当系据《貞治五年目録》编成。"靈見"和"祖瀋"当是一同筹划编纂工作的寺僧。但也还有不清楚的点:如今尚留存于东福寺的《经论章疏录儒书等目录》一书,此识语中著录的目录并无能与之对应者。若以"正安二年目录"对应之,则与大道一以亲自编纂的说法在时间上矛盾(译者案:正安二年,大道一以时年九岁);若以"贞治五年目录"与之对应,则在明德三年前不久(译者案:贞治五年去明德三年二十六年时间),东福寺藏书便经历了大幅的分类、排次上的变动,似又与知有识语的语气有所不合。

此外,圆尔圆寂后不久,自正应元年(一二八八),东福寺便开始刊行书籍(东福寺版),其刊书活动当即肇始于对此批圆尔带回来的宋版进行重刊。

①　王迪认为"直解道德經"就是宋邵若愚所撰《道德真经直解》一书。但即便年代上没有抵牾,仅以书名相近为据下此论断,较难信从。"直解道德經"与"老子經"均已下落不明,无所考据,深感怅惜。

②　日本对林注的接受始于何时,研习和传授的情况如何,这是需要另行考察的重要课题。阿部隆一在《室町以前邦人撰述论语孟子注释书考(上)》(载《斯道文库论集》第二辑)第一部分第二节《论语发题》(阿部隆一「室町以前邦人撰述論語孟子注釈書考(上)」,『斯道文庫論集』第二輯)第一部　二　論語発題中,对《经籍访古志》中著录的宝素堂藏本(现大东文化大学图书馆藏,即〈大东〉本)、户川滨男藏天正六年(一五七八)写本(现庆应义塾图书馆藏,即〈庆Ⅰ〉本)进行了讨论,指出此二本从与足利学校的关联上来看,当视作和"论语发题"、"孝经直解"、"辑释附注学庸朱序本"同类型的文本,提示了南北朝以来日本接受林氏《口义》的趋势。近年,王迪氏对足利学校的讲学与老庄思想接受之间的关联亦有关注,见氏著《日本对老庄思想的接受》第三章《镰仓、室町时代对老庄的接受》(王迪『日本における老荘思想の受容』第三章鎌倉・室町時代における老荘受容)。

逸《老子鬳斋口义》中的文字①。这两则材料十分重要,说明了对林注的使用可以上溯至应永年间。另外,根据万里集九(正长一年[一四二八]生,卒年不详)所著《梅花无尽藏》第三下《三教吸酢之图》前所附文章中"子细探其理者、河上之仙翁、及颖浜遗老苏子由二人而已"一语,则宋人苏辙所撰《道德经注》此时可能已经东传,并作为新注为日本所接受。该则材料,芳贺幸四郎已经注意到②。惜现存的苏辙《道德经注》各版本中并未发现这一时期流传下来的文本。

室町前期以前对宋人撰述的《老子》注释作品的接受,就笔者所见,只有如上几则实例。住吉氏在其研究中周密地备注到,岐阳方秀的两《抄》引用到的《老子》注,除上面提出的两条外,均是依据河上公注本而出。这一点非常值得关注。此外,《梅花无尽藏》的文章中,将河上公与苏辙并推为绝无仅有的《老子》精理阐释者,甚至可以说将河上公置于苏辙之上,表彰为第一人,由此观之,依据河上公注进行讲学是当时禅林老子讲学活动的共识。林希逸的《老子鬳斋口义》作为新注,成为《老子》讲读活动中普遍予以参考的标准性典籍,要晚至室町时代后半叶③;取代河上公注,成为解读《老子》的指南书并广

---

① 参住吉朋彦《不二和尚岐阳方秀的学术成就——出入于儒道二教之间》一文(载《书陵部纪要》第四十七号志)(住吉朋彦「不二和尚岐陽方秀の學績―儒道二教に於ける―」[『書陵部紀要』第四七])。住吉氏指出的两条《鬳斋口义》引文如下:

　　• 老子道経、絶学無憂。唯之与阿相去幾何、善之与悪相去何若。林希逸曰、唯、阿、皆諾也。人之学者、以善為勝悪。是猶曰唯勝阿也。不若併善之名無之。(絶学无忧章第二十)《中峰和尚广录抄》第一下卷《示众》第九篇引)

　　• 老子経云、常無欲以観其妙、常有欲以観其徼、此両者同出而異名。同謂之玄。玄之又玄、衆妙之門。希逸云、玄者造化之妙也。(道可道章第一)《碧岩录抄·普照序》引)

　　岐阳方秀使用的《老子鬳斋口义》文本是何版本今已无法得知,但可以推知,当是宋元刊本或明初刊本,抑或是传入日本的朝鲜刊本。传入日本的《鬳斋口义》可追溯到室町时代以前的版本,目前所知只有一部藏于台北故宫博物院的杨氏观海堂旧藏明前期刊本,此本上留存有室町时代的批注(《中国访书志》第一编"中华民国国立故宫博物院"藏杨氏观海堂善本解题)[阿部隆一『中国訪書志』第一編"中華民国国立故宮博物院"藏楊氏観海堂善本解題])。但除此之外,传入日本、今已佚失的版本数量不少,岐阳氏也可能是利用了这其中的某个或某些版本。顺带一提,此处引用的文本与现存的通行文本并无差异,其中引用到的《老子》经文是据鬳斋口义本引用的,还是据日本旧传的河上公本引用的,仅凭两条引文难下定论,引文涉及到的经文部分河上公本与鬳斋口义本间没有差异。若是从引文中称"老子道経"、"老子经云"这一点来看,其所据似为旧传的河上公本。

② 参注31(本书P89注④)中提及的贺芳氏论文。

③ 《老子鬳斋口义》在日本的接受过程,参武内义雄《日本的老庄学》第三节《林希逸口义的传入与流行》(载岩波文库《老子·附録》及《武内义雄全集》第六卷《诸子篇一》)(武内義雄「日本に於ける老莊學　三林希逸口義の渡来と流行」(岩波文庫『老子』附録、『武内義雄全集　第六巻　諸子篇一』)。此外,池田知久《日本对林希逸〈庄子鬳斋口义〉的接受》(载《二松堂学舍论集》第三十一号)(池田知久「日本における林希逸『莊子鬳齋口義』の受容」、『二松堂学舍論集』第三十一号),一文虽是以《庄子鬳斋口义》为中心的研究,对《老子鬳斋口义》的情况也有所提及,可参。笔者《天理大学附属天理图书馆藏〈老子道德经河上公解(抄)〉　翻印与解题(下)》(《斯道文库论集》第三十一辑)(山城喜憲「天理大学附属天理図書館藏『老子道徳經河上公解〔抄〕翻印並に解題(下)」、『斯道文庫論集』第三十一輯)及《神宮文庫藏〈[老子经抄]〉　解题编》(《斯道文库论集》第三十三辑)(同「神宮文庫藏『[老子經抄]』　解題編」、『斯道文庫論集』第三十三輯)二文中对此亦有所论及。

泛普及，则要到近世以后。

对老庄之学的关注并非仅限于禅门，可以说整个佛教界均是如此。兼习律、天台、禅三宗，京都泉涌寺的开山祖师俊芿（仁安元年［一一六六］生，安贞元年［一二二七］卒）的事迹便值得关注①。其弟子信瑞所著《泉涌寺不可弃法师传》中记载，俊芿于建久十年（一一九九）四月赴宋，在宋十三年，建历元年（一二一一）归国之际，除带回佛舍利、佛画、法帖碑文等物之外，还带回了数量巨大的内外典籍，有"律宗大小部文三百二十七卷、天台教观文字七百一十六卷、華嚴章疏百七十五卷、儒道書籍二百五十六卷、雜書四百六十三卷"。这些典籍当是收藏于泉涌寺"教藏"中，以资僧众钻研②。其中，"儒道書籍二百五十六卷"的记载引人注目。具体书目未能流传下来十分可惜，若仅凭推测，这些典籍中除宋学儒学作品之外，应该还包括了道家《老子》旧注及唐宋注释作品，多数为宋刊本，河上公注本也应在其中。另外，根据记载，俊芿在宋期间一边广修三宗之学，同时兼修"孔夫老莊之教、相如楊雄之文、天文地理之籍、診脈漏刻之方"，甄"洞達深致"之境，以朱子学的带入者、日本的宋学首倡者之身份为世所重，而他又通晓老庄道家之学，归国后当对佛教界的学术动向产生了不小的影响③。

镰仓时代书写成卷的《高山寺圣教目录》（建长目录）中著录有"老子經二卷"④。这

---

① 下文所论参足利衍述《镰仓室町时代之儒教》第一编第二章第六节《俊芿法师携物归日》（足利衍述『鎌倉室町時代之儒教』第一編第二章第六節　俊芿法師の傳来）、芳贺幸四郎《中世禅林的学术及文学研究》第一篇第二章第二节《宋学的传入与禅僧的宋学观》（芳賀幸四郎『中世禅林の学問とおよび文学に関する研究』第一篇第二章第二節　宋学の伝来と禅僧の宋学観）、大庭修《古代、中世日中关系史研究》附篇第一章第三节《入唐僧、入宋僧的携典籍归日活动》（大庭脩『古代中世における日中関係史の研究』附編第一章第三節　入唐・入宋僧の典籍将来）等研究。

② 参平春生《泉涌寺版与俊芿律师》一文（收录于石田充之编《镰仓佛教创成之研究　俊芿律师》）（平春生「泉涌寺版と俊芿律師」，石田充之編『鎌倉仏教成立の研究　俊芿律師』所収）。俊芿带回的内外典籍中应有大量的宋刊本，而以宽永四年（一二四六）道玄刊行《佛制比丘六物图》（『仏制比丘六物図』。译者案：原书作『仏制比丘六物図』，误。"物"、"佛"，日语均为"ぶつ"的发音，当为作者输入时笔误。）为代表的初期泉涌寺版，其主体部分当即是对这些宋刊本的覆刻。参看川瀬一马《泉涌寺版研究——以泉涌寺藏律部七十三帖为中心》（载《书志学》复刊新十五号志）（川瀬一馬「泉涌寺版について一泉涌寺藏律部七十三帖を中心として一」、『書誌學』復刊新十五號）。

③ 关于俊芿兼学众学之事，《泉涌寺不可弃法师传》（据大日本佛教全书［大日本仏教全書］本）记载如下：
孔父老莊之教。相如楊雄之文。天文地理之籍。診脈漏刻之方。鎔二汰混淆一。洞二達深致一。不三普通二内外一。兼巧二操觚藝一。左行下行之勢。眞書草書之品。筆神墨妙。人多慕玩。
俊芿首倡宋学之说，福井康顺《俊芿律师的宋学初传之研究》（收录于石田充之编《镰仓佛教创成之研究　俊芿律师》）（福井康順「俊芿律師の宋学初伝について」，石田充之編『鎌倉仏教成立の研究　俊芿律師』所収）一文论之甚详。

④ 下文所论参据奥田勋所编《高山寺圣教目录（影印、录文　书名索引　事项索引）》《〈高山寺圣教目录〉解题》（收于高山寺资料丛书第十四册《高山寺经藏古目录》）（奥田勳編『高山寺聖教目録（影印、録文　書名索引　事項索引）』、「『高山寺聖教目録』解題」，高山寺資料叢書第十四冊『高山寺經藏古目録』所収）、小林芳规《镰仓时代高山寺外典接受情况研究》（小林芳規「鎌倉時代の高山寺における外典の受容について」）、奥田勋《高山寺经藏中的汉籍与明惠上人》（收于高山寺资料丛书第九册《高山寺古训点资料　第一》）（奥田勳「高山寺經藏の漢籍と明恵上人」，高山寺資料叢書第九冊『高山寺古訓點資料　第一』所収）之处甚多。《高山寺圣教目录》中著录了许多外典，总计一百零一箱的书籍中，"第九十五乙箱"至"第九十八乙箱"及"第一百一乙箱"当中有许多汉籍，"老子經二卷"是著录于"第九十六乙箱"的第一部书。

部目录系义渊房灵典(義淵房靈典)(治承四年[一一八〇]生,建长七年[一二五五]卒)奉后嵯峨院(承久二年[一二二〇]生,文永九年[一二七二]卒,仁治三年[一二四二]至宽元四年[一二四六]间在位)之命撰作进呈之作。此目录记载了当时高山寺所藏的、以华严学问为核心的典籍的情况,还收载了许多与"圣教"不直接相关的外典、汉籍、日本书籍。这些典籍如何为高山寺所得、所藏,今已不得而知,但通过将目录与现分散在各地的高山寺旧藏典籍实物进行比对我们可以知道,目录中著录的写本早自唐写本、晚至镰仓初期的日本写本,刻本则有南宋刻本,可见这批典籍当是院政期①至镰仓初期前后收集而得。"老子經二卷"今已不存,未详其为写本还是宋刊本,亦不知是否为河上公注本,但单就著录的书名来看,是旧时传钞的河上公注本的可能性较大。明惠上人推重研习外典、尤其鼓励兼修汉学的学风对高山寺的佛教之学发展影响很大,"老子經二卷"当是当时的高山寺僧侣为帮助解读佛教经典、提升教养而研习之书。江户初期,高山寺所藏典籍有过一次综合性的调查整理,书目也重新进行了编修,从当时编纂的宽永十年(一六三三)写本《高山寺圣教目录》(一轴)来看,"老子經二卷"此时已亡失,当是与其他多数汉籍一样,于室町时代,尤其是天文年间(1532—1555)寺院荒废间亡失,或流出寺院。

从前文所举具平亲王《弘决外典钞》之例已可以看出,外典的修养对于研习、理解佛教典籍及其章疏注释是必需的,为此,需要进一步对典籍中的典故及出处作出注释。镰仓时代亦如是,金泽称名寺(金沢称名寺)的学僧智照(建长六年[一二五四]生,卒年不详)、湛睿(文永六年[一二七一]生,贞和二年[一三四六]卒)在论疏著作引用外典的研究上做出了不错的成绩②,其中当然也包括《老子》相关的典籍,由此可一窥《老子》文本为佛家所接受的情况。作为东大寺凝然的高足,智照是最早将华严之学带到东国③的人,其所著《演义钞外典钞》对澄观《大方广佛华严经随疏演义钞》中所引外典进行了注释。传本已残,现存一卷一轴,根据纳富常天的研究,其中引《老子道德经》五次,《老子

---

① 译者注:院政期,日本史时代分期之一,指平安后期上皇通过院宣、院厅发放公文书,把持国政的时期,一般指白河、鸟羽、后白河三代上皇施行院政的百余年(应德三年 1086—建久三年 1192),有不计后白河上皇时代,计为七十余年者,也有将后三条天皇(治历四年 1068 即位)朝、后鸟羽上皇时代(承久三年 1221 退位)纳入,计为一百五十余年者。

② 参阿部隆一《金泽文库藏镰仓钞本〈周易注疏其他杂抄〉及〈老子述义〉的佚文》(收录于《田山方南先生华甲记念论文集》和《阿部隆一遗稿集》第二卷《解题篇一》)(阿部隆一「金沢文庫藏鎌倉鈔本周易注疏其他雜抄と老子述義の佚文」[『田山方南先生華甲記念論文集』、『阿部隆一遺稿集 第二卷 解題篇一』所收])、纳富常天《东国佛教的外典研究与接受(一)(三)》(分别刊载于《金泽文库研究》第二十一卷第三号、第二十二卷第四号)(纳富常天「東国仏教における外典の研究と受容(一)(三)」[『金沢文庫研究』第二一卷第三号・第二二卷第四号])。

③ 译者注:东国,近世以前日本的地理概念。古时指北陆地方以外的近畿以东地区,后指箱根、足柄、碓冰以东的诸国。又可指关东八国。

述义》五次。称名寺三世长老湛睿继承了智照未竟之业并建立了东国的华严之学，其所著《华严演义钞纂释》是对《大方广佛华严经随疏演义钞·总论部》的注释，指出其中所引用外典的典源，并从内容上相关的典籍中摘录出原文，工作颇为详密。根据纳富氏的研究，湛睿书中与《老子》相关的引用有五十七处，远超其他外典（数量第二的为《周易》，有三十三处引用）。澄观引用《老子》所据为王弼注本，而湛睿书中将河上公章句作为典源、引用河注的情况占绝大多数，且相当周密①。从湛睿的注释中可以看出其外典素养

---

① 《华严演义钞纂释》中除引用河上公注之外，还有三条《老子述义》的引文，是很重要的佚文。对此，纳富氏已作出介绍。此外还有引自"老子疏"者二条、"御製疏[玄宗御作]"、"王弼注"、"廣德先生廣正義"（"正"或为"聖"字之讹）者各一条，笔者将引自河上公注本的文句汇总条列于此。所据为《大正新修大藏经》第五十七卷所收本（底本为东大寺藏古写本），各条末以（ ）标出出文卷数、页数，以[ ]标明出文在河上公本中的章数，原文的双行小注亦以单行标准字号录出，以〈 〉标识。一如纳富氏所云，《大正藏》所收本文本难言精善，亟需校勘，此处采之实属为求便利的权宜之法。条列的顺序依引文在河上公本中出现的顺序。笔者校记附于条目之后。

1）河上公云。無名者謂道。又云。有名謂天地。又釋同謂之玄云。玄天也。（卷第二，五七上）[第一章]

2）同卷第一章云。玄之又玄衆妙之門（卷第二，五六中）[第一章]

3）老子經上[虛用第五]云。聖人不仁已上。河上公云。聖人愛養萬民。不以仁興。法天地行自然也（卷第三十五，三四四中）

"興"當為"恩"之讹。

4）老子上[天地章第五]云。多言數窮〈多事害神。多言害身。叩開舌舉。必有禍患也〉不如守中〈不如守德。於中育養精神。愛氣希言也〉（卷第四，七五上）

5）老子經上[視之不見章]第十四云。視之不見。名曰夷〈無色曰夷。言可無緣色不可得視而見之也〉聽之不聞。名曰希〈無音曰希。言可無音聲不可得聽而聞也〉搏之不得。名曰微〈無形曰微。言可無形體不可搏持而得之也〉此三者不可致詰〈三者謂夷希微也。不可致詰者。夫無色無聲無形。口不能言。書不能傳。當受之以靜。求之以神。不可強詰問而得也〉故混而爲一〈混合也。故合於三。名之而爲一也〉（卷第四，七五上）

注文"無音曰希"的"音"，{活Ⅰ·活Ⅱ·天理·阳Ⅰ·武内·东大·东洋·庆Ⅱ·龙门·书陵·梅泽·东急·斯Ⅰ·敦Ⅰ·宋版·世德·道藏}诸本中作"聲"。与此引文相同作"音"者有{庆Ⅰ·大东·筑波·弘文·足利·斯Ⅱ·无穷}本。此外，注文中三处"言可"，诸本均作"言一"，笔者所见中无作"言可"的版本。

6）老子經上[視之不見章十四]云。復歸於無物（卷第三十六，三五〇中）

7）老子經云。大道廢焉有仁義〈大道之時家家有孝子。戶戶有忠信仁義不見也。大道廢。惡逆生。乃有仁義。可傳道也〉智慧出焉有大偽〈智惠之君賤德而貴言。賤實而貴文。下則應之。爲大偽奸詐也〉六親不和焉有孝慈○國家昏亂焉有忠信○（卷第三十六，三五〇中）[第十八章]

"家家"、"戶戶"，诸本均作单字之"家"、"戶"。虽然有类似{无穷}本作"家々"者，然此类情况当是原文旁的后人批注混入了原文。引文末的"信"字诸本均作"臣"，当系引文音讹。

8）又云絶聖〈絶聖制作。反初守元。五畫像。蒼頡造書不如三皇結繩無文也〉棄智〈棄智慧反無爲也〉民利百倍〈農事修公無私也〉絶仁棄義〈絶仁之見恩惠也。棄之義尚花言也〉（卷第三十六，三五〇中）[第十九章]

"五畫像"一语，众本于"五"下有一"帝"字，当系引文脱误。"蒼頡造書"之"造"，{活Ⅰ·阳Ⅰ·武内·东大·庆Ⅱ·筑波·龙门·书陵·东洋·梅泽·敦Ⅰ·东急·斯Ⅰ·宋版·世德·道藏}中作"作"。此引文与{天理·活Ⅱ·庆Ⅰ·大东·弘文·足利·斯Ⅱ·无穷}本相合。唯"棄之義"诸本均作"棄義之"，当系引文误倒。

9）老子經上[絶聖章十九]云。絶巧〈絶巧言詐僞亂眞也〉棄利〈塞貪路門權門也〉盜賊無有（卷第三十七，三五一中）

"絶巧言"的"言"字，不见于{活Ⅰ·阳Ⅰ·庆Ⅱ·弘文·足利·斯Ⅱ·龙门·东急·治要}本中。引文与{活Ⅱ·天理·武内·东大·庆Ⅰ·大东·筑波·无穷·书陵·东洋·梅泽}本文本一致。"門權門也"的第一个"門"字系"閉"之讹。

10）老子經上卷第二十一章云。窈兮冥兮。其中有精。注云。道唯窈無形。其中有精實。同卷第一章云。玄之又玄。衆妙之門。（卷第二，五六中）

（转下页）

（接上页）"唯窈無形"，现存诸本及第11）则引文文本中于"窈"下有一"冥"字。此处引文误脱。

11）老子經上［孔德之容章第二十一］窈兮。冥兮。其中有精。〈道唯窈冥無形。其中有精。實神明相薄陰陽交會也〉其精甚眞〈言道精氣神妙甚眞。非有飾也〉其中有信〈道匿功名。其信在中也〉（卷第三十六，三四九下）

12）故同注釋有物混成先天地生之文云。謂道無形混沌而成。萬物乃在天地之前也。（卷第二，五七中）［第二十五章］

13）河公注云。謂道無形混純而成萬物。乃在天地之前也（卷第三十五，三四三中）［第二十五章］

14）今現見河公注云。道大者無不容。天大者無不蓋等云云（卷第三十五，三四四上）［第二十五章］

15）河上公注云。道大者無不容也。天大者無不蓋也。地大者無載也。王大者無制也（卷第三十五，三四四上）［第二十五章］

"地大者無載也。王大者無制也"二句中的两个"無"字下，诸本文本均各有一"不"字。引文误脱。

16）河公注釋云。八極之内有四大。王居其一也（卷第三十五，三四四中）［第二十五章］

17）老子經上卷［家元第二十五河上公注］云。人法地〈人當地安靜和柔也。種之得五穀。掘之得甘泉。有勞而不怨。有功而不宜者也〉地法天〈天湛泊不動。施而不求報。生號下物。無所收取以也〉天法道〈道法清靜。不言陰行精氣。萬物自成也〉道法自然〈道性自然無所可法也（卷第三十五，三四三上）

小字"家元"乃"象元"之讹。

"人當地"一语，现存诸本及第18）则引文文本中，"當地"二字间有一"法"字，引文误脱。"有勞而不怨"，{活Ⅰ・活Ⅱ・天理・阳Ⅰ・庆Ⅰ・大东・庆Ⅱ・筑波・弘文・足利・斯Ⅱ・无穷・龙门・书陵・梅泽・东急・斯Ⅰ・宋版・世德・道藏・治要}本文本中无"有"字。{武内・东大・东洋}本对应文句与引文一致，有"有"字。"生號下物"，文意不通，众本作"生長萬物"。"無所收取以也"，诸本无"以"字。"無所可法也"，{活Ⅰ・活Ⅱ・天理・阳Ⅰ・东大・庆Ⅱ・龙门・东洋・梅泽・东急・宋版・世德・道藏・治要}本文本无"可"字，{弘文・足利・斯Ⅱ・书陵・武内・庆Ⅰ・大东・无穷・斯Ⅰ}中则有"可"字，与此引文相合。

18）河上公注云。人當法地安靜和柔也。種之得五穀。掘之得甘泉。有勞而不怨。有功不宜者也。（卷第三十五，三四四中）［第二十五章］

"有勞而不怨"的"有"，参前一则中的说明。"有功不宜者也"，诸本文本及前一则引文中"功"字下均有一"而"字，此处引文误脱。

19）老子經上［善行章二十七］云。是以聖人常善救人〈聖人所以常教人忠孝者。欲以救人性命也〉故無棄人〈使貴賤各得其所也〉（卷第三十七，三五一上）

20）老子經上云。將欲取天下〈欲爲天下主也〉而爲之〈欲以有爲治民也〉吾見其不得已〈我見其不天道人心已明矣。天道惡煩惱濁。人心惡多欲也〉（卷第三十七，三五一上）［第二十九章］

"天道惡煩惱濁"，诸本均无"惱"字。

21）同經上卷云。常無欲可名於小矣〈道匿德藏名恒然無爲似若微小也〉（卷第二，五七中）［第三十四章］

"恒然無爲"之"恒"，古钞本中作"怕"，或系引文讹误？{宋版・世德}中此字亦作"恒"（{宋版}中缺末笔），郑成海以作"恒"为是。

22）老子經上云。道常無爲。而無不爲〈道以無爲爲常也〉（卷第三十七，三五一上）［第三十七章］

23）老子經下云。不欲琭琭如玉。落落如石。注云。琭琭喻少。落落喻多。玉少故見貴。石多見賤。言不欲如玉爲人所貴。如石爲人所賤。當處其中也。（卷第四，七二上）［第三十九章］

"石多見賤"，众本中"多見"二字间有一"故"字，此处引文误脱。

24）老子經下河上公注云。落落喻多。（卷第九，一一四下）［第三十九章］

25）老子經下［上士聞道章第四十一］云。大方無隅〈大方正之人若無委曲廉遇〉大器晚成〈大器之人若九鼎瑚璉不可卒成也〉大音希聲〈大音猶雷霆待時而動喻常愛氣希言也〉大象無形〈大法象之人質朴無形容也〉（卷第四，七四下）

26）老子德經云。大方無隅○已上彼河上公注云。大方正之人。無委曲廉隅（卷第七，九八下）［第四十一章］

27）老子經下卷［河上公注］云。道生一〈道始所生者一也〉一生二〈一生陰與陽也〉二生三〈陰陽生和清濁。三氣分爲天地人也〉三生萬物〈天地人共生萬物也。天施。地化。人長養之也〉萬物 負陰 而抱陽〈萬物無不負陰而向陽。迴心始就日也〉冲氣以爲和〈萬物中皆有無氣。得和氣。若胸中有藏。骨中有髓。草木之中有空虛。與氣通故得久生也〉（卷第三十五，三四四下）［第四十二章］

（转下页）

（接上页）"生和清濁"，{圣语·斯Ⅰ·道藏}本中"和清"二字间有一"氣"字，{宋版·世德}本作"生和氣濁"。"迴心始就
日也"一语，{活Ⅱ·武内·东大·杏Ⅱ·筑波·庆Ⅰ·大东·斯Ⅱ·东洋·梅泽·东急·圣语·斯Ⅰ}本中"始"作
"如"，引文文本与{活Ⅰ·阳Ⅰ·足利·书陵}相合。"萬物中皆有無氣"的"無"字，除{庆Ⅰ·大东}本中作"无"外，现存
诸本及28)则引文中均作"元"。

28) 老子經下卷云。道生一○三生萬物○萬物負陰而抗陽〈萬物無不負陰而向陽迴心始就日也〉沖氣似爲和〈萬物中
皆有元氣。得以和氣若胸中有藏。骨中有髓。草木之中有空虛與氣通故得久生也〉〈卷第二，六三上〉[第四十二章]

"抗陽"之"抗"，诸本及前第27)则引文中作"抱"，此处引文讹。"始就日也"之"始"的说明见第27)则。"沖氣似爲
和"之"似"，诸本及前第27)则引文中作"以"，此处引文讹。

29) 老子經下卷云。道者萬物之奥也〈奥藏也。道爲萬物之藏。無所不容也〉〈卷第一，五二中〉[第六十二章]

"奥也"，{活Ⅰ·活Ⅱ·阳Ⅰ·武内·东大·东洋·杏Ⅱ·无穷·书陵·梅泽·东急·圣语·斯Ⅰ·宋版·世德·
敦Ⅱ·道藏·治要}本中无"也"字，{筑波·庆Ⅰ·大东·弘文·足利·斯Ⅱ·六地}文本与此引文相合，有"也"字。

30) 老子經下[道者章六十二]云。古之所以貴此道者。何不日求以得。注云。不日日遠求索。近得之於身也〈卷三十
七，三五一中〉

"何不日求以得"，{武内·东大·东洋·杏Ⅱ·筑波·庆Ⅰ·大东·弘文·足利·斯Ⅱ}本于"何"字下有一"也"字，
{梅泽·圣语·宋版·世德}本中"求以"作"以求"，对应文句与此引文相合的版本有{活Ⅰ·活Ⅱ·阳Ⅰ·无穷·书陵·
六地·东急·斯Ⅰ·敦Ⅱ}。"不日日遠求索"，{活Ⅰ·活Ⅱ·阳Ⅰ·武内·东大·东洋·筑波·庆Ⅰ·大东·弘文·
足利·无穷·书陵·杏Ⅱ·斯Ⅱ·梅泽·东急}本中仅有一个"日"字，与此引文相同作"日日"者有{圣语·斯Ⅰ·宋
版·世德·敦Ⅱ·道藏}本，而{圣语}本于"不日"前有"以其"二字。现存众本中"遠"字下有一"行"字，引文误脱。

31) 老子經下云。其安易治〈治身治國。安靜者易守持也〉其未兆易謀〈情欲禍患。未有形兆時易謀止也〉其脆破〈禍
亂未動於縣。情欲未見於色。如脆弱易破除也〉其微易散〈其未彰着微少易散去也〉〈卷第三十七，三五一上〉[第六十四章]

"其安易治"的"治"，诸本作"持"，当为引文讹误。"未動於縣"之"縣"，诸本均作"朝"，当亦为引文讹误。"微少易散
去也"，{活Ⅰ·活Ⅱ·阳Ⅰ·足利·斯Ⅱ·无穷·弘文·梅泽·东急}本于"少易"二字间有一"時"字，{筑波·庆Ⅰ·大
东·武内·东大·东洋·杏Ⅱ·书陵·圣语·斯Ⅰ·宋版·世德·敦Ⅱ·道藏·治要}文本与此引文相同，无"時"字。

32) 老子經下卷[其安易持章六十四]云。爲者敗之。執者失之。上句注云。有爲於事廢於自然。有爲於義廢於仁息。
有爲於色廢於精神也已上下句注云。執利遇患。執道全身。堅持不得。退讓反還也已上 又經次下云。聖人無爲。故無
敗。無執故無失已上 上句注云。聖人不爲花文。不爲利色。不爲殘害。故無壞敗也已上 下句注云。聖人有德。以教愚人。
有財以與貧。無所執藏。故無所失於人也〈卷第三十七，三五一中〉

"爲者敗之"，{阳Ⅰ·筑波·庆Ⅰ·大东·弘文·足利·斯Ⅱ·书陵·六地}本中"者"作"則"，且{斯Ⅱ}作"者則"二
字，与此处引文相合的版本有{活Ⅰ·活Ⅱ·武内·东大·东洋·杏Ⅱ·无穷·梅泽·东急·圣语·宋版·世德·敦
Ⅱ·道藏·治要}。"廢於仁息"的"息"字，{活Ⅰ·活Ⅱ·筑波·庆Ⅰ·大东·弘文·足利·斯Ⅱ·无穷·梅泽}本中作
"恩"，{阳Ⅰ·武内·东大·杏Ⅱ·书陵·东急·圣语·斯Ⅰ·敦Ⅱ·宋版·世德·道藏}本则无此字，引文之"息"或为
"恩"之讹，或为误植。"執利遇患"之"患"，{杏Ⅱ·筑波·大东}本作"害"，与引文不同，其他众本则与引文一致，同作
"患"。"堅持不得"之"堅"，{活Ⅰ·活Ⅱ·阳Ⅰ·弘文·足利·斯Ⅱ·无穷·书陵·东急·治要}本作"妄"，{武内·东
大·东洋·杏Ⅱ·筑波·庆Ⅰ·大东·梅泽·宋版·世德·敦Ⅱ·道藏}本作"堅"，{斯Ⅰ}中作"妄堅"，{圣语}中作"堅
妄"。该引文中的"堅"当为"堅"之讹。"不爲殘害"，{东大·东洋·无穷·梅泽·东急}本中，"不"字前有一"故"字；
"害"，{活Ⅰ·阳Ⅰ}本中作"賤"，{活Ⅱ·筑波·足利·书陵·宋版·世德·道藏}本中作"賊"，{治要}本中作"敗"，与此
引文一致，同作"害"者有{东大·东洋·无穷·敦Ⅱ}本，{武内·杏Ⅱ·庆Ⅰ·弘文·斯Ⅱ·斯Ⅰ}本中无此句，各版本
间差异甚多。

33) 老子經下[天下皆謂章弟六十七]云。天下皆謂我大。似不肖。夫唯大。故似不肖已上 上句注云。老子言。天下皆謂
我德大。我則詳愚。似不肖也已上 下句注云。夫獨名德。大者爲身害。故詳愚似不肖。無所分別。無所割截。不賤人
而自責也已上 又云。肖善也云云〈卷第三十七，三五一中〉

"天下皆謂我德大"，{活Ⅰ·活Ⅱ·阳Ⅰ·筑波·庆Ⅰ·大东·弘文·足利·斯Ⅱ·书陵·斯Ⅰ·宋版·世德}本中无"皆"字，
{武内·东大·东洋·杏Ⅱ·无穷·梅泽·东急·圣语·敦Ⅱ·道藏}本中与引文一致，同有"皆"字。"似不肖也"，{武内·东
大·杏Ⅱ·圣语·敦Ⅱ}本于"似"字下有一"若"字，其他诸本则与此引文一致，无"若"字。"故詳愚似不肖"一句的"似"字下，
除{敦Ⅱ}本外，众本文本皆有一"若"字。"不賤人而自責也"之"責"，诸本均作"貴"，当系该处引文讹误。

极高,尤其是对《老子》一书有相当广博的知识。关于这一点,纳富氏在研究中引述了下面一段出自《华严演义钞纂释》卷三十五的问答注,已予以说明。

問。今云注者。何注乎　　答。魏王弼注也。其故者。前漢河上公加注釋來至於唐朝。總有六十二家之子注。然隨代代帝意。所用亦不同。且唐朝太宗高宗兩代立弘文館。安置十三經之時。各以勅被定可爲宗崇之注釋中。今老子經以河公注可爲指南云云仍賈太隱作述義一十三卷。弘河公宗致。即和國相承以此述義爲依憑。故雖時有不安。或是容有釋。或傍正釋。如是會通之云云然第七帝玄宗皇帝背先祖勅定。自裁用魏王弼注[有二卷也]即加疏解[有六卷也]廣德先生亦作廣正義四十卷。故玄宗已後數代帝王皆順此迹。然玄宗御即位明年。改先天號開元。總經二十九年。清涼大師開元十六年誕生。其後至第十帝德宗御宇。興元元年撰今大疏。其時清涼年四十七。故今亦引用王弼注也。但和國流傳老子經者。初自百濟以河公注。經相副博士送進之。其後吉備大臣入唐。即當開元第四年。在唐十八年。所學十三道。雖可傳當代所弘之王弼注等。而和國既先傳得河公注經。故今亦重渡同注經云云

　　　　　　　　　　　　　　　　　　　　　(《大正新修大藏經》第五十七卷,三四三頁下)

问,清凉大师澄观在所著《演义钞》中所引《老子》注为何注? 答曰王弼注,并论述了采用王弼注的理由。在这段有关河上公注本在中日两国的流传情况及其与王弼注关系的讨论中,可以看出答者湛睿学识之渊博。尽管其中提出的玄宗违背先帝定下的标准疏解王弼注本、此后历代帝王均重视王弼注的见解与当今的认识不合,但河上公注自百济传入日本的观点是值得重视的,由此可以推测在日本,河上公注盖过了王弼注、独此一家先行传入,并广泛流行。代入这一观点,并与湛睿书中引用的文本合而观之,可以在一定程度上对河上公注在日本的接受情况取得具体的认识。现存可以追溯到镰仓时代的古钞本传本只有圣语藏存卷下的残本和杏雨书屋藏卷上残卷两部,湛睿的引用留存了当时的河上公本文本,是校勘学上不可忽视的重要数据。

　　将视野转向现存古钞本可以发现,其中在所在地、书写、流传等方面与佛门有关联的版本不在少数。六地藏寺藏室町末写本、仁和寺藏室町末近世初写本自不待言,梅泽记念馆藏应安六年(一三七三)写本(重要文化财)、庆应义塾图书馆藏大永五年(一五一五)写本存卷上、斯道文库藏天文十五年(一五四六)写本、东洋文库藏室町末写本、庆应

义塾图书馆藏天正六年(一五七八)写本、大东文化大学图书馆藏天正六年(一五七八)写本等版本的书写者均为僧人,此外,以斯道文库藏南北朝写、康应二年(一三九〇)施入识语本为代表,宫内厅书陵部藏室町写本、大东急记念文库藏室町写本、筑波大学附属图书馆藏天文二十一年(一五五二)写本、现存地不详的户川滨男旧藏室町末写本等版本,从各本的奥书、识语中可以明确知道,这些版本均曾在佛门僧众间流传授受。不难看出,佛门确将《老子经》作为研习对象加以探究,并且可以推测他们所使用的文本一般是河上公注本,因为有与佛门关联甚密的河上公注本传本留存于世。

　　讨论河上公注的接受这一问题不可忽略的一点是其与神道的关系,尤其需要注意的是,道家思想对伊势神道理论逻辑的形成有着本质上的影响。关于此,高桥美由纪已通过对《大元神一秘书》引用典籍、《伊势二所太神宫神名秘书》和所谓"神道五部书"的文辞方面的研究予以论证①。高桥氏在研究中指出,《大元神一秘书》中引用河上公注和《老子述义》的条目占绝大多数,《神名秘书》和"神道五部书"中与神明观相关联的主体部分非常鲜明地反映出《老子》,尤其是河上公注中"道"的观念的影响。这一论断表明了河上公注对日本的影响不仅限于修辞修养、讲学学问之类的表层,还深入到了日本式思维的根基层面,必须作为思想史上重要的问题予以深入的关注和讨论。同时也能看出,这些神道社家②依据和采用的《老子》文本也必定是河上公注本。

　　综上所述,河上公注本在日本中古中世时期几乎是唯一的《老子道德经》文本,在公卿、地下和佛门禅林间广泛通行,并在以博士家为中心、师徒相续的《老子》讲学活动中全面承担了基础文本的任务,更是对可以称为日本式思想的渊源之一的神道思想、尤其是伊势神道基本理念的形成产生了极大的影响。再延伸一步来讲,在文学、艺术层面,尽管有很强的断章取义倾向,老庄或者说道家思想是始终浸润其中的。可以说日本对河上公注的接受产生的影响,从历史层面上看影响力绵延不绝,从学术、文艺层面来看影响面颇为广泛,从思想层面来看影响十分深远。

---

　　①　参高桥美由纪《伊势神道的形成与道家思想——以神明观为中心》(收录于《东北大学日本文化研究所报告》第一三集、《伊势神道的创立与展开》第一章第二节、《选集　道教与日本》第三卷)(高橋美由紀「伊勢神道の形成と道家思想─神観を中心として─」(「東北大学日本文化研究所報告」第一三集、「伊勢神道の成立と展開」第一章第二節、「選集　道教と日本」第三巻所収))、《伊势神道的形成与度会行中——以〈大元神一秘书〉的成书为中心的考察》(《日本思想史学》第一二号)(同「伊勢神道の形成と度会行忠─『大元神一秘書』の成立をめぐって─」(「日本思想史学」第一二号))二文。

　　②　译者注:社家,代代奉祀特定神社的世袭家族。

附:原书校勘所用各版本及其简称

1. 老子道德经二卷　旧题汉河上公章句　庆长刊　古活字　大二册(底本,简称"活Ⅰ")

2. 同　庆长刊　古活字(异植字版)　天理大学附属天理图书馆藏　大二册(简称"活Ⅱ")

3. 阳明文库藏　室町末近世初　写本　大二册(简称"阳Ⅰ")

4. 宫内厅书陵部藏　室町写　至德三年(1386)识语本　大二册(简称"书陵")

5. 阪本龙门文库藏　室町中期写本　存首一卷　大一册(简称"龙门")

6. 无穷会图书馆藏　近世初写　传钞天文五年(1536)书写、加点、跋语本　大一册(简称"无穷")

7. 足利学校遗迹图书馆藏　室町写本　缺卷下首一叶　半二册(简称"足利")

8. 杏雨书屋藏　室町中期写本　存卷下德经　半一册(简称"杏Ⅱ")

9. 筑波大学附属图书馆藏　天文二十一年(1552)写本　大一册(简称"筑波")

10. 川户滨男(川戶濱男)旧藏　室町末写本　现存不详　大合一册(简称"弘文")
昭和三十五年(1960)斯道文库摄影胶片。

11. 斯道文库藏　天文十五年(1546)　写本(简称"斯Ⅱ")

12. 梅泽纪念馆藏　应安六年(1373)　写本　重文　大二册(简称"梅泽")

13. 庆应义塾图书馆藏　天正六年(1578)　足利学校南春写本　大一册(简称"庆Ⅰ")

14. 大东文化大学图书馆藏　天正六年(1578)　足利学校真瑞写本　大一册(简称"大东")

15. 庆应义塾图书馆藏　大永五年(1525)　写本　存首一卷　大一册(简称"庆Ⅱ")

16. 泷川君山(瀧川君山)、武内义雄(武內義雄)递藏　室町写本　现存不详　大一册(简称"武内")
斯道文库影印副本。

17. 东京大学综合图书馆藏　室町末写本　大一册(简称"东大")

18. 东洋文库藏　室町末　甲州七觉山释亮信令(释亮信令)写本　大一册(简称"东洋")

19. 正仓院圣语藏　镰仓写本　存卷下　一轴(简称"圣语")

20. 大东急记念文库藏　室町写本　大二册(简称"东急")

21. 斯道文库藏　南北朝写　康应二年(1390)识语本　大二册(简称"斯Ⅰ")

22. 杏雨书屋藏　镰仓末宋钱塘吴氏写本　存卷上残本　一轴(简称"杏Ⅰ")

23. 六地藏寺藏　室町末　写本　单经　半一册(简称"六地")

24. 阳明文库藏　室町末近世初　写本　单经　枡形一册(简称"阳Ⅱ")

25. 仁和寺藏　室町末近世初　写本　大一册(简称"仁和")

26. 南宋　建安虞氏家塾刊本(简称"宋版")

27. 明嘉靖十二年(1532)　世德堂顾春刊本(简称"世德")

28. 道德真经注四卷　明正统十年(1445)　内府刊道藏本　道藏洞神部玉诀类知字号(简称"道藏")

29. 敦煌出土唐写本

(1) S.477　存第三章(前半缺)—二十章(后半缺)(简称"敦Ⅰ")

(2) S.3926　存第三十九章(前半缺)—八十一章(简称"敦Ⅱ")

(3) ① S.4681　存第三十八章(后半缺)② P.2639　存第三十八章(前半缺)—第七十七章(后半缺)(简称"敦Ⅲ")

(4)四天王寺大学藏 A.26(第二十五章残本等数片残片)(参考,未参与校勘)

大渊忍尔《敦煌道经Ⅰ·目录篇Ⅰ》著录。其中最大一片从二十五章经文"不知其名字"到"地法天"下注文"天湛泊";其余残片系第二十三章注文的一部分。注文双行小字。

30. 群书治要卷三十四所收本(简称"治要")

31. 老子道德经河上公解(抄)　宽永四年(1618)　写本　存道经三十七章(简称"天理")

天理大学附属图书馆藏,原书为《老子河上公注》的注释书,收录了《老子》经文和《河上公章句》原文。

(作者山城喜宪,日本庆应义塾大学附属斯道文库荣休教授,东京 108—8345。

译者李蕾,日本早稻田大学文学研究科博士生,东京 169—8050)

"于吉"还是"干吉"？

——《三国志》校读札记

鲁　明

摘　要：道教名人"于吉"或名"干吉"，其姓氏在文献中记载不一。中华书局点校本《三国志》作"于吉"，影响广泛。吴金华、李剑国等学者认为当作"干吉"，正确可从，但论述较为简略，接受度有限，且存异议，诸多辞书仍以"于吉"立目。本文综考《三国志》重要版本异文、道教与姓氏谱牒文献，以及相关地名线索，辨析诸说，确定"于吉"实为传写、刊刻之讹。

关键词：于吉　干吉　《三国志》　道教文献

缘　　起

　　《三国志》裴松之注引《江表传》《志林》和《搜神记》都提到了"于吉"[①]，他后来在《三国演义》小说中被塑造成"于神仙"，为大众熟知[②]。此人是道教史上重要人物，一般认为，他是太平道经典《太平经》的作者之一[③]。唐长孺说"在道教中，干吉一直是被尊敬的

---

　　① 《三国志》卷46《吴书·孙策传》，北京：中华书局，1959年，第1110、1112页。

　　② 见罗贯中：《三国志通俗演义》卷6《孙策怒斩于神仙》，影印嘉靖壬午本，北京：人民文学出版社，1974年；《三国志通俗演义史传》卷3《孙策怒杀于神仙》（该卷正文已佚，但回目尚存），影印西班牙马德里埃斯克里亚尔修道院王宫图书馆藏嘉靖二十七年叶逢春刊本，上海：上海古籍出版社，2009年，第8页；毛宗岗父子批改本《三国演义》第二十九回《小霸王怒斩于吉，碧眼儿坐领江东》，日本早稻田大学图书馆《四大奇书第一种》本。

　　③ 《太平经》的作者问题较为复杂，可参考熊德基：《〈太平经〉的作者和思想及其与黄巾和天师道的关系》原刊《历史研究》，1962年第4期，收入其著《六朝史考实》，北京：中华书局，2000年，第1—34页，亦收入《熊德基集》，北京：中国社会科学出版社，2008年，第1—29页；唐长孺：《太平道与天师道——札记十一则》，遗稿原刊《中华文史论丛》2006年第3期，收入其著《山居存稿续编》，北京：中华书局，2011年，第256—288页；刘屹：《排拒与容纳——六朝道教与〈太平经〉关系的考察》，原刊郑开编：《水穷云起集——道教文献研究的旧学新知》，北京：社会科学文献出版社，2009年，（转下页）

神仙"①。关于他的姓，文献中或作"于"，或作"干"。不论是《辞海》③、《大辞海》④、《中国大百科全书》④这类权威工具书，还是更加专门的《宗教大辞典》⑤、《三国志辞典》⑥，多以"于吉"立条目，又注明"一作干吉"，只罗列异说，模棱两可，以至于学者撰文提及此人时不得不括注异文。也偶有学者试图裁断是非，但结论不一，或主张"于"字、或认可"干"字。当代吴金华、李剑国先生认为当作"干吉"（详下），本文赞同其说。有鉴于两位学者的考证较为简略，其结论传布未广，且存异议，本文拟在前人意见的基础上，综考《三国志》重要版本异文、道教与姓氏谱牒等文献，以及相关地名线索，详加分梳，力求定谳。

为方便讨论，先将《三国志》裴注中相关文字逐录于下：

《江表传》曰：时有道士琅邪于吉，先寓居东方，往来吴会，立精舍，烧香读道书，制作符水以治病，吴会人多事之。策尝于郡城门楼上，集会诸将宾客，吉乃盛服杖小函，漆画之，名为仙人铧，趋度门下。诸将宾客三分之二下楼迎拜之，掌宾者禁呵不能止。策即令收之。诸事之者，悉使妇女入见策母，请救之。母谓策曰："于先生亦助军作福，医护将士，不可杀之。"策曰："此子妖妄，能幻惑众心，远使诸将不复相顾君臣之礼，尽委策下楼拜之，不可不除也。"……即催斩之，县首于市。诸事之者，尚不谓其死而云尸解焉，复祭祀求福。

《志林》曰：初顺帝时，琅邪宫崇诣阙上师于吉所得神书于曲阳泉水上，白素朱界，号《太平青领道》，凡百馀卷。顺帝至建安中，五六十岁，于吉是时近已百年，年在耄悼，礼不加刑。又天子巡狩，问百年者，就而见之，敬齿以亲爱，圣王之至教也。吉罪不及死，而暴加酷刑，是乃谬诛，非所以为美也。

《搜神记》曰：策欲渡江袭许，与吉俱行。时大旱，所在熇厉。策催诸将士使速引船，或身自早出督切，见将吏多在吉许，策因此激怒，言："我为不如于吉邪，而先趋务

（接上页）第 3—8 页，修改后收入其著《神格与地域——汉唐间道教信仰世界研究》，上海：上海人民出版社，2011 年，第221—243 页。

① 唐长孺：《太平道与天师道——札记十一则》，第 271 页。

② 《辞海》（第 6 版），上海：上海辞书出版社，2011，第 5454 页。

③ 《大辞海·宗教卷》，上海：上海辞书出版社，2013 年，第 757 页。

④ 《中国大百科全书·宗教卷》，北京：中国大百科全书出版社，1988 年，第 494 页；《中国大百科全书》第 2 版改以"干吉"为正，北京：中国大百科全书出版社，2009 年，第 7 册，第 192 页；《中国大百科全书》第 3 版（官方网络版）仲佰撰，盖建民、盖菲修订之辞条，则又改以"于吉"立目（https://www.zgbk.com/ecph/words? SiteID=1&ID=79229&Type=bkzyb&SubID=54865）。

⑤ 任继愈主编：《宗教大辞典》，上海：上海辞书出版社，1998 年，第 1003 页。

⑥ 张舜徽主编：《三国志辞典》，济南：山东教育出版社，1992 年，第 15 页。

之?"便使收吉。至,呵问之曰:"天旱不雨,道涂艰涩,不时得过,故自早出,而卿不同忧戚,安坐船中作鬼物态,败吾部伍,今当相除。"令人缚置地上暴之,使请雨,若能感天日中雨者,当原赦,不尔行诛。俄而云气上蒸,肤寸而合,比至日中,大雨总至,溪涧盈溢。将士喜悦,以为吉必见原,并往庆慰。策遂杀之。将士哀惜,共藏其尸。天夜,忽更兴云覆之;明旦往视,不知所在。

案《江表传》《搜神记》于吉事不同,未详孰是。

《搜神记》曰:策既杀于吉,每独坐,彷佛见吉在左右,意深恶之,颇有失常。后治创方差,而引镜自照,见吉在镜中,顾而弗见,如是再三,因扑镜大叫,创皆崩裂,须臾而死。①

一、《三国志》宋元明版刻多作"干吉"

《三国志》诸版本作"于吉"者,主要有旧称"咸平专刻本"《吴书》②、北监本③、西爽堂本④、汲古阁本⑤、武英殿本⑥、金陵活字本⑦、金陵书局刻本⑧。此外,《东莱先生标注三国志详节》亦作"于吉"⑨,此书属史钞类,乃南宋书贾为射利而托名吕祖谦之书,但成书时代较早,也略有校勘价值。

《三国志》诸版本作"干吉"者,主要有绍熙本⑩、百衲本⑪、大德本⑫、南监本⑬,等等。需要说明的是,南宋绍兴初衢州州学刻本其实也作"干吉"。今存衢州本绝少宋刻叶,大都为明代补版叶⑭。由于递修补版,情况复杂,衢州本中作"干吉""于吉"不一。笔者曾

①　《三国志》卷46《吴书·孙策传》,第1110—1112页。

②　《三国志》卷46,"古典研究会丛书·汉籍之部6",东京:汲古书院,日本昭和六十三年,第42—44、47页。

③　《三国志》卷46,中华书局图书馆藏明北京国子监刊康熙二十五年修补本,第14b、15a—b、16b叶。

④　易培基《三国志补注》卷46,影印明吴琯西爽堂本,台北:艺文印书馆,1995年,第700—701页。

⑤　《三国志》卷46,日本早稻田大学图书馆藏汲古阁本,第8b、9a—b叶。

⑥　《三国志》卷46,光绪五洲同文书局石印乾隆四年校刊武英殿本,第14b、15a—b、16b叶。

⑦　《三国志》卷46,中华书局图书馆藏金陵活字本,第26a—b、27a—b、28a、30b叶。

⑧　《三国志》卷46,早稻田大学图书馆藏同治九年正月金陵书局刊本,第8b、9a—b叶。

⑨　《东莱先生标注三国志详节》卷16,台湾"国家图书馆"藏宋末元初间建刊本,第2b叶。

⑩　《三国志》卷46,《中华再造善本》影印中国国家图书馆藏南宋中期建刊本,北京:北京图书馆出版社,2003年,第14b、15a—b、16b叶。

⑪　《三国志》卷46,重印上海涵芬楼景印中华学艺社借照日本帝室图书寮藏宋绍熙刊本,台北:商务印书馆,2011年,第547—548页。

⑫　《三国志》卷46,台湾"国家图书馆"藏元大德十年池州路刊本(书号01429),第14a—b、16a叶。

⑬　《三国志》卷46,中华书局图书馆藏万历二十四年南京国子监刊本,第19a—b、20a—b、22b叶。

⑭　参尾崎康著,乔秀岩、王铿编译:《正史宋元版之研究》,北京:中华书局,2018年,第418页。

检五部衢州本,其中四部的相关叶均为明代嘉靖九年至三十八年补刊①,唯有北京大学图书馆藏残二十卷衢州本《吴书》中相关叶尚存宋刻原版,版心下方有宋代刻工王琏、何泽②,衢州本宋刻叶皆作"干吉"③。

此外,前代校勘《三国志》的学者皆未曾注意的一部书——南宋钱端礼编《诸史提要》亦作"干吉"④。《诸史提要》从《史记》《前汉书》《后汉书》《三国志》《晋书》《南史》《北史》《唐书》《五代史记》这九部正史中依各史本文顺序选取妙词隽语,作为大字标题,在大字标题之下,又以小字注文的形式较为忠实地抄录大字标题前后的史文,卷六全是摘抄《三国志》,相当于宋本。钱端礼,钱惟演六世孙,其曾祖、祖、父皆封国公。政和初以恩荫补官,官至参知政事兼权知枢密院事⑤,隆兴二年,以参政权监修国史⑥。其女嫁孝宗长子,被册太子妃⑦,其孙象祖嘉定元年为左丞相⑧。楼钥为钱端礼撰行状云"又先世自文僖公(钱惟演)以来文献相继,故公曰自少多识前言往行,熟于典章……耽玩经史,未尝一日去手。少时尝手节十七史甚备,晚又著《史提要》,行于世"⑨。钱端礼出身名门,仕宦显达,嗜好经史,又曾监修国史,有条件见到当时最善之本。《诸史提要》今存宋刻孤本,曾经周叔弢、傅增湘递藏,其避讳至孝宗,亦避钱氏家讳⑩,版本甚佳,校勘价值更在宋元书贾托名吕祖谦《详节》之上。

之前学者所追溯到作"干吉"的《三国志》最早版本是绍熙本,张元济云:"(绍熙本)时有道士琅琊'干吉',下同。"⑪易培基云:"'于吉',绍熙本作'干吉'。"⑫吴金华先生说"绍熙本、冯本作'干吉',渊源有自"⑬,皆在版本方面限于物质条件,所见未广。衢州本

①　这四部分别是:中华书局图书馆藏本、台湾"国家图书馆"藏本(书号 01428)、又同馆另一藏本(书号 01431)、日本国立公文书馆内阁文库藏本。

②　二人系南宋绍兴时杭州地区刻工,除了这部《三国志》以外,他们还曾合作雕版过《通典》《南齐书》等(参王肇文编《古籍宋元刊工姓名索引》,上海:上海古籍出版社,2012 年,第 33、82 页)。

③　《三国志》卷 46,《中华再造善本》影印北京大学图书馆藏宋衢州学刻宋元明递修本,北京:北京图书馆出版社,2006 年,第 14a—b、15a—b 叶。

④　钱端礼:《诸史提要》卷 6,影印中国国家图书馆藏宋乾道绍兴府学刻本,北京:北京图书馆出版社,2003 年,第 25a 叶。

⑤　《宋史》卷 385《钱端礼传》,北京:中华书局,1977 年,第 11830 页。

⑥　《宋史》卷 164《职官志·秘书省》,第 3878—3879 页。

⑦　《宋史》卷 246《宗室传》,第 8732 页。

⑧　《宋史》卷 385《钱端礼传》,第 11831 页。

⑨　顾大朋点校:《楼钥集》卷 97《观文殿学士钱公行状》,浙江古籍出版社,2010 年,第 1698—1699 页。

⑩　傅增湘:《藏园群书经眼录》,北京:中华书局,2009 年,第 440—441 页。

⑪　张元济:《百衲本二十四史校勘记·三国志校勘记》,北京:商务印书馆,1999 年,第 246 页。

⑫　易培基:《三国志补注》,第 705 页。

⑬　吴金华:《〈三国志〉觏议》,收入其著《三国志丛考》,上海:上海古籍出版社,2000 年,第 166 页。

刊刻于高宗绍兴初,《诸史提要》刊刻于孝宗朝,二者版刻时代皆比绍熙本更早。

　　近人卢弼《三国志集解》认可"于吉",云:"冯本'于'作'干',误。"①其所谓"冯本",指明南京国子监祭酒冯梦祯校刻本。《集解》的长处是蒐罗汇聚前代诸家论说,缺点是在版本方面所见未广,且在版本源流、优劣方面认识较浅,校雠不精。吴金华先生指出,卢弼"从笃信清代局本发展到无视百衲本乃至否定出土晋写本残卷的程度……从而使《集解》的版本校勘工作出现了许多不应有的空阙"②、"卢弼由于疏于版本汇校,有时近乎信口开河"③。卢弼对"于吉"的校勘,就是一个例子。除了冯本,尚有数个重要版本和不少相关文献都作"干吉",卢弼似全然未知。在不能提出任何依据的情况下,遽然判断,难以令人信服,确如吴金华先生所说:"卢弼认定'干'是误字,未免武断。"④

　　巴蜀书社《今注本二十四史》之《三国志》,校注者云:"于吉:'百衲本'作'干吉',殿本、卢弼《集解》本、校点本作'于吉'。卢弼云:'冯本于作干误。'今从殿本等。"⑤巴蜀版亦定作"于吉",依据是殿本、卢弼《集解》本和中华书局点校本。虽然《今注本二十四史》希望"为二十四史创造出一整套代表当代学术水准的、权威的现代善本",但从这条校记来看,校注者对《三国志》版本缺乏了解。殿本出于北监本,时代很晚,并非善本。卢弼《集解》本是以毛氏汲古阁本为依据,并据金陵书局翻刻毛本多所校改⑥,其认定"干吉"为误,并无依据。中华书局点校本是以武英殿本、金陵活字本、江南书局本⑦、百衲本这四个版本彼此互校,即所谓不主一本、择善而从。不论是卢弼《集解》本还是中华点校本,在制造新文本的过程中又都衍生出了一些新的错误,在其所依据的各种版本都完整存世的情况下,卢弼《集解》本和中华点校本没有校勘学意义上的版本价值。而百衲本是影印日本帝室图书寮藏南宋绍熙建刊本,在缺乏充分依据的情况下,轻易地以明清本校改宋本,显非明智之举。更何况还有南宋衢州州学刻本、元大德池州路刻本等重要的早期版本及其他相关文献,校注者全未留意。

　　① 卢弼集解、钱剑夫整理:《三国志集解》,上海:上海古籍出版社,2009年,第2877页。

　　② 吴金华:《〈三国志集解〉笺记》,《三国志丛考》,第54页。

　　③ 吴金华:《易氏〈三国志补注〉评述》,《复旦学报》(社会科学版)2000年第6期。

　　④ 吴金华:《〈三国志〉斠议》,《三国志丛考》,第166页。

　　⑤ 杨耀坤、揭克伦校注:《三国志》,成都:巴蜀书社,2013年,第2097页。

　　⑥ 卢弼云"余是书虽依据毛本,然局本校改之善者多从之",见《三国志集解》书前"陈寿三国史总目"下注语。另参刘奉文《卢弼〈三国志集解〉所据底本考辨》,《中国史研究》2010年第2期,第70页。

　　⑦ 江南书局本,即同治九年(1870)金陵书局翻刻毛氏汲古阁本。金陵书局于光绪初年改名江南书局,故此本又习称江南书局本。

二、重要相关文献多作"干吉"

《抱朴子·勤求》:"故后之知道者,干吉容嵩桂帛诸家,各著千所篇。"①《后汉书·襄楷列传》"臣前上琅邪宫崇受干吉神书",李贤注:"干姓,吉名也。"②又云"顺帝时,琅邪宫崇诣阙,上其师干吉于曲阳泉水上所得神书百七十卷",李贤注引《江表志》"时有道士琅邪干吉"云云③。宋本《建康实录》引《搜神记》作"干吉"④。李剑国《新辑搜神记》即据点校本《三国志》,将《吴书》裴注引《搜神记》辑入,同时据《后汉书·襄楷传》等文献将"于吉"校改作"干吉"⑤。

干吉是早期道教名人,道教文献作"干吉"者甚夥。如英藏敦煌文献 S.4226《太平部》第二:"干君讳室,涉乱迁移。易名为吉,寓居东方,往来吴会。"⑥法藏敦煌文献 P.4562、P.4731《老君一百八十戒序》"瑯琊干君得见老子"⑦、"老子至瑯琊,授道与干君"⑧,字皆作"干"⑨。成书于南朝的《洞仙传》⑩、唐代道士王悬河《三洞珠囊》与五代王松年《仙苑编珠》所引《神仙传》之传记皆作"干吉"⑪。韩吉绍总结元《玄都宝藏》本与明《正统道藏》本《云笈七签》之内容差异,其中一条即"卷111 首传,元本作'干吉',而明本作'于吉'",并谓元本是"是现存最古之本,价值甚高"⑫;又陈国符云"《道藏》多作'干吉'"⑬、"(于吉)按乃'干吉'之讹"⑭。

---

① 葛洪:《抱朴子内篇校释》卷 14,北京:中华书局,1985 年,第 255 页。

② 《后汉书》卷 30 下,北京:中华书局,1965 年,第 1080 页。

③ 《后汉书》卷 30 下,第 1084 页。

④ 许嵩:《建康实录》卷 1,《中华再造善本》影印中国国家图书馆藏宋绍兴十八年荆湖北路安抚使司刻递修本,北京:北京图书馆出版社,2003 年,第 4b 叶。中华书局和上海古籍点校本《建康实录》皆据晚出版本误作"于吉"。按曹金华《后汉书稽疑》反而在"干吉"之下备列"于"字异文(中华书局,2014 年,第 432、1516 页),并无必要。

⑤ 干宝撰,李剑国辑校:《新辑搜神记》,北京:中华书局,2007 年,第 50—51 页。

⑥ 《英藏敦煌文献》第 6 册,成都:四川人民出版社,1992 年,第 1 页。

⑦ 《法国国家图书馆藏敦煌西域文献》第 32 册,上海:上海古籍出版社,2005 年,第 71 页。

⑧ 《法国国家图书馆藏敦煌西域文献》第 33 册,第 138 页。

⑨ 《老君一百八十戒序》文字亦载宋张君房编《云笈七签》卷 39,北京:中华书局,2003 年,第 846 页。

⑩ 《云笈七签》卷 111,第 2415 页。

⑪ 王悬河:《三洞珠囊》,《道藏》第 25 册,文物出版社、上海书店、天津古籍出版社,1988 年,第 298 页;王松年:《仙苑编珠》卷中,台湾"国家图书馆"藏清康熙间乌丝栏钞本(书号 09172),第 12b 叶。《道藏》第 11 册亦收《仙苑编珠》,但误"干"为"于"(第 32 页),今不取。

⑫ 韩吉绍:《〈云笈七签〉版本源流考》,《文史》2021 年第 4 辑,第 158、164 页。

⑬ 陈国符:《道藏源流考》,北京:中华书局,1963 年,第 79 页。

⑭ 陈国符:《道藏源流考》(新修订版),北京:中华书局,2014 年,第 68 页。

讨论姓氏，诸姓氏谱牒的记载自然当予重视，《元和姓纂》"干姓"有"吴军师干吉"[①]，《姓氏急就篇》卷上有"后汉干吉"[②]，《希姓录》云"干吉，吴人，晋有干宝，战国干子之后"[③]。《古今万姓统谱》云"三国干吉，瑯琊人，吴军师，为孙策所杀，俄失其尸，周旋人间，又百馀年仙去"[④]。《姓觿》云"《汉书》有干吉"[⑤]。《姓氏谱纂》云"汉干吉，瑯琊人，精修苦道，谒老君，授以仙经，化行天下。孙策忌而杀之，竟失其尸"[⑥]。以上诸姓氏谱牒，自唐宋以迄明代，虽陈陈相因，但亦见渊源有自，皆将干吉作为干氏名人加以收录。

需稍加说明的是，梁元帝萧绎所撰《古今同姓名录》云"二于吉。一北海人就帛公得素书者（原注：《神仙传》），一吴孙策慊惑众杀之，后见头于镜中者"[⑦]，此书摘录古今同姓名者，不仅字作"于吉"，而且还认为《后汉书》所称顺帝时人与《三国志》裴注所云建安中人，非是同一人。陈国符以为后者是假托前者之名："按顺帝至献帝建安中五六十年，干吉如仍在世，是时当已近百岁，或逾百岁。享寿过长，不合常理，干吉盖已去世，孙策所杀，非干吉本人……假托为干吉耳。"[⑧]在陈国符之前，小柳司气太和汤用彤都已发表过类似观点[⑨]。但熊德基反对说："顺帝末年为建康元年（144），至建安五年不过五十六年。设使此时干吉年三十，其弟子宫崇上书，则干吉死时，亦不过八十六岁。即如《文献通考·经籍考》推算干吉死时过百岁，仍没有怀疑干吉其人的依据。"[⑩]熊氏所驳不无道理。退一步讲，即便孙策所杀者果真是冒名，人虽为二，但名却唯一。在校订其人姓氏用字时，记载顺帝时和献帝时干吉的文献完全可以互相参证校雠。正如唐长孺所说："不管怎样，于吉自即干吉。孙策所杀者不管是否假托，其所奉必为干吉、宫崇、襄楷所传之《太平经》。"[⑪]排除了"二于吉"的干扰，再来校理《古今同姓名录》的文字：此书时代虽早，

① 林宝撰，岑仲勉校记，郁贤皓、陶敏整理，孙望审订：《元和姓纂（附四校记）》卷4，北京：中华书局，1994年，第503页。

② 王应麟：《姓氏急就篇》卷上，《中华再造善本》影印中国国家图书馆藏元至元六年庆元路儒学刻本，北京：北京图书馆出版社，2006年，第14b叶。

③ 杨慎：《希姓录》卷1，台湾"国家图书馆"藏明吴郡范允临校刊本（书号03049），第5b叶。

④ 凌迪知：《古今万姓统谱》卷25，台湾"国家图书馆"藏明万历七年吴兴凌氏原刊本（书号03055），第19b叶。

⑤ 陈士元：《姓觿》卷2，《四库存目丛书》影印明万历间归云别集本，济南：齐鲁书社，1995年，第612页。

⑥ 李日华：《姓氏谱纂》卷4，《四库存目丛书》影印明崇祯元年武林鲁氏刻四六全书本，济南：齐鲁书社，1995年，第282页。

⑦ 萧绎：《古今同姓名录》，《景印文渊阁四库全书》第887册，台北：商务印书馆，1986年，第20页。

⑧ 陈国符：《道教源流考》（新修订版），第68页。

⑨ 小柳司气太：《后汉书襄楷传之太平清领书与太平经之关系》，原刊《桑原博士还历纪年 东洋史论丛》，京都：弘文堂书房，1931年，第141—171页，收入其著《东洋思想之研究》，东京：森北书店，1942年；汤用彤：《读〈太平经〉书所见》，原刊《国学季刊》1935年3月五卷一号，收入其著《往日杂稿》，北京：三联书店，2011年，第81页。

⑩ 熊德基：《〈太平经〉的作者和思想及其与黄巾和天师道的关系》。

⑪ 唐长孺：《太平道与天师道——札记十一则》，第271页。

但世无善本,一度亡佚,清人又从《永乐大典》中辑出,方隐而复显,今日所能得见最早的版本是《四库全书》本,其注引《神仙传》作"于吉",实误。但已无法分辨是明《永乐大典》中已误抑或清四库馆誊抄时致误。五代王松年《仙苑编珠》卷中同样注引《神仙传》即作"干吉"①,据此《古今同姓名录》原文当作"二干吉"。

三、地名信息中的蛛丝马迹

有学者从郡望、地理角度,谓:"干姓望出荥阳、颍川,于姓望出东海、南阳,《江表传》《洞仙传》说于吉是琅邪人,《神仙传》说他是北海人,都在山东,地近东海,似应以'于吉'为其原本姓名,'干吉'为误传。"②因为琅邪或者北海稍接近于姓的郡望之一东海,便认为当以"于吉"为正,立说仍显薄弱,经不起推敲。琅邪和北海,二者其实既非干姓郡望,也非于姓郡望。即使"都在山东,地近东海",也无法因为这一点就坐实为于姓,比如《汉书·地理志》《汉书·王子侯表》东海郡下"于乡"侯国,据尹湾汉简乃是"干乡"之讹③。前引《后汉书·襄楷列传》云顺帝时,琅邪宫崇诣阙,上其师干吉于曲阳泉水上所得神书。周运中指出:"《汉书·地理志》泗水国于县,连云港尹湾汉简作干县。干县在今泗阳北部,靠近曲阳县(今东海曲阳镇),所以很可能是干吉而非于吉。"④

王松年《仙苑编珠》卷中引《神仙传》云:

> 干吉,北海人也。患癞疮数年,百药不愈。见市中有卖药公,姓帛名和,因往告之。乃授以素书二卷,谓曰:'此书不但愈疾,当得长生。'吉受之,乃《太平经》也。行之,疾愈。乃于上虞钓台乡高峰之上演此经成一百七十卷,至今有太平山干溪在焉。⑤

此段干吉传记不见于今本《神仙传》,值得注意者,不但明云"干吉",而且提到"干溪",干溪之得名或与干吉有关。成书于唐初的《太平经复文序》⑥,叙此事略同,谓干吉"当东汉

①　王松年:《仙苑编珠》卷中,第12b叶。
②　刘屹:《神格与地域:汉唐间道教信仰世界研究》,上海:上海人民出版社,2011年,第225页。
③　参马孟龙:《西汉侯国地理》,上海:上海古籍出版社,2013年,第94页。
④　周运中:《汉代道士航海史钩沉》,《中国港口》2019年增刊第1期,第51页。
⑤　王松年:《仙苑编珠》卷中,第12b叶。
⑥　陈尚君:《全唐文补编》卷136据《道藏提要》系此序于唐太宗贞观六年壬辰岁,北京:中华书局,2005年,第1660页。

末,中国丧乱,赍经南游吴越,居越东一百三十里,山名太平,溪曰干溪,遗迹见存"①,则唐代仍有干吉旧居遗迹及干溪之名。陆游诗《早饭干溪,盖干吉故居也》云"竹暗仙人旧隐村"②,又有诗云"朝游支遁寺,暮涉干吉溪"③。吴金华先生以为"陆游时代的传说仍为'干吉','干'变作'于',大概在南宋以后"④。按南宋施宿《(嘉泰)会稽志》云"干溪在(诸暨)县东北六十二里,以吴干吉故居于此,故名。俗呼'乾溪',非也"⑤,又云"干溪桥在(诸暨)县东北六十二里,传以为吴方士干吉所居"⑥,施宿与陆游大致同时,则在陆游当世,"干溪"之名,俗呼已误⑦。吕祖谦《入越录》云"乾溪,溪桥榉柳数百株,有十围者"⑧,可证施宿之说。明魏骥《诸暨县重修干溪桥记》云"干溪桥者,在绍兴诸暨县干溪之上,故名之曰'干溪桥'焉……肇工于成化五年之月日,而毕工于成化七年之月日"⑨,则干溪之名,至明代仍沿用不变。至今浙江诸暨枫桥镇有大干溪村,村名尚存古意⑩。

结　　论

综上,中华书局点校本《三国志·吴书·孙策传》裴注数次称引之"于吉",实是传写、刊刻之讹。目前所有持"于吉"说者,皆难以证成其说。通观《三国志》重要版本、道教与姓氏谱牒文献,以及地名信息中的蛛丝马迹,皆当以"干吉"为是。点校本《三国志》修订本预期能在未来几年内出版,届时修订组应有充分的依据为其正名。

---

①　陈尚君:《全唐文补编》卷 136,第 1659—1660 页。

②　陆游撰,钱仲联校注:《剑南诗稿校注》卷 10,上海:上海古籍出版社,1985 年,第 837 页。

③　陆游撰,钱仲联校注:《剑南诗稿校注》卷 54,第 3181 页。

④　吴金华《三国志丛考》,第 166 页。

⑤　施宿:《(嘉泰)会稽志》卷 10,《宋元方志丛刊》影印清嘉庆十三年刻本,北京:中华书局,1990 年,第 6884 页。

⑥　施宿:《(嘉泰)会稽志》卷 11,第 6920 页。

⑦　审稿专家提示:《春秋》庄公九年"八月庚申,及齐师战于乾时","乾"音干。乾时,齐地。"乾溪"之"乾"作地名时或亦如"乾时"音干。又"干"通"乾","干溪"写作"乾溪"亦有其因。

⑧　吕祖谦:《东莱吕太史文集》卷 15,《中华再造善本》影印中国国家图书馆藏宋嘉泰四年吕乔年刻元明递修本,北京:北京图书馆出版社,2005 年,第 3b 叶。

⑨　魏骥:《南斋先生魏文靖公摘稿》卷 6,《四库存目丛书》影印北京图书馆藏明弘治十一年洪钟刻本,济南:齐鲁书社,1997 年,第 404 页。

⑩　地名与历史人物相联系,且稳定性较强的例子,又如三国东吴张昭、薛珝家族墓地近年陆续被发现,据新闻报道,张昭墓"所在地过去有一个旧地名——'娄湖',如今看来,此地名应源于'娄侯'张昭葬于此地";薛珝墓则在今南京市江宁区"薛家边"(《南京发现三国重臣张昭墓》,《新华日报》2024 年 11 月 1 日第 14 版),此二例可与"干溪"之名一并观之。

附记：本文初稿完成于 2016 年 1 月 26 日，并于同年 3 月 31 日刊登在中华书局内部传阅资料《点校本"二十四史"及〈清史稿〉修订工程简报》第 91 期上。近时整理修订旧稿，检见朱永清先生《汉末高道干吉生平事迹杂考》（刊《衡水学院学报》2020 年第 6 期）第一节"姓氏之争考辨"认为"'于姓说'似乎有误"，此结论与本文相近，可资参考。但朱文该章节较为简略，本文所用材料多有溢出其外者，故仍拟公开发表。定稿吸收了审稿专家和中华书局历史编辑室（二十四史修订办）胡珂编审提示的修改意见，谨致谢忱。

（作者鲁明，中华书局学术中心编辑，北京 100073）

论元遗民何景福之诗文[*]

张　良

摘　要：淳安人何景福为"睦州诗派"入元后的代表人物，在文学史上自有不可忽视的地位。诚如是言，其生平行迹却格外混沌不明，传世诗文亦极为有限，流传于今者，多结集于《铁牛翁遗稿》行世，而追根溯源，此本实过录自顾嗣立《元诗选三集》。幸天壤间尚有清初鲍楹所刻《青溪何介夫诗集》一部存世，所收诗篇除《元诗选》《铁牛翁遗稿》全部选目之外，还囊括了大量前修今贤见所未见之遗珠，不仅对于品题睦州诗学之佳构具有重要意义，也可据以勾稽元明易代背景下诗人生平行迹的诸多细节。

关键词：何景福　《青溪何介夫诗集》　鲍楹

一、前　言

何景福，字介夫，号铁牛翁，元建德路淳安人，宋大理寺卿何梦桂族孙。为"睦州诗派"入元后的代表人物^①。清修《四库全书》收其《铁牛翁遗稿》一卷，附于何梦桂《潜斋集》之末，底本为鲍廷博知不足斋旧藏抄本。四库馆臣称其"诗颇奇伟，气格在梦桂上"^②，在文学史上自有不可忽视的地位。

今何景福集多冠以《铁牛翁遗稿》之名行世，首为《铁牛翁小传》^③，正文存诗五十二首，并《锡策楼赋》一篇。或别本单行，或附于何梦桂文集之末，一如四库馆臣目见之本。顾嗣立《元诗选三集》亦收其诗，篇目、顺序与诸本《铁牛翁遗稿》完全一致。四库馆臣所谓"诗颇奇伟"，实据书前《小传》立说，而追本溯源，这一按断又见于顾嗣立《元诗选》所

---

* 本文系国家社会科学基金青年项目"《元史》纂修与版本研究"（22CTQ003）的阶段性成果。

① 邓绍基：《元代文学史》，北京：人民文学出版社，1991年，第506页。

② 《四库全书总目》卷165，北京：中华书局1965年影印浙刻本，下册，第1414页上栏。

③ 今存世诸本中，文渊阁、文津阁《四库全书》本删去《小传》。

引《睦州诗派》逸文。据此，《元诗选》同《铁牛翁遗稿》之间的文本传承关系隐然可见。此外还有不少零篇散见于各类地方文献、诗文总集当中。然上述材料尚不能填补何景福生平记载上的诸多空白。

不过鲜为人知的是，华东师范大学图书馆藏有一部孤本《青溪何介夫诗集》，此本为清初余杭人鲍楹所刻，收诗数目远超前书。这些篇什无疑为梳理何景福生平交游提供了绝佳的第一手资料。然而这部诗集尚未得到应有重视，后人校理其诗，仍以《元诗选三集》《铁牛翁遗稿》为祖本。① 沧海遗珠尚待重新挖掘，故不揣谫漏，梳理何景福集传本源流，在此基础上发掘、表彰鲍楹刻本的价值，并从中发掘有关何景福生平仕履的点滴线索。

二、传世《铁牛翁遗稿》溯源

今传世《铁牛翁遗稿》可供目验者计十种：（一）南京图书馆藏清抄本（后文简称"南图甲本"）；（二）南京图书馆藏四库递抄本（后文简称"南图乙本"）；（三）上海图书馆藏民国间张葱玉适园抄本（后文简称"上图张本"）；（四）上海图书馆藏杭州杨复丰华堂抄本（后文简称"上图杨本"）；（五）国家图书馆藏清雍正六年蒋继轼抄本（后文简称"国图本"）；（六）民国三年李之鼎宜秋馆校刻本（后文简称"宜秋馆本"）；（七）文渊阁《四库全书》本（后文简称"文渊阁本"）；（八）文津阁《四库全书》本（后文简称"文津阁本"）；（九）文澜阁《四库全书》本（后文简称"文澜阁本"）；（十）民国十二年张宗祥补抄文澜阁《四库全书》本（后文简称"文澜补本"）。

《铁牛翁遗稿》传存谱系较简单。在南图甲本以下，传本内容之间大致体现出一种简洁明快的线性传抄关系。排布对勘诸本文字，可大致划分为前、中、后三种形态：前期包括南图甲本、宜秋馆本、上图张本；后期包括文澜阁本、上图杨本、文澜补本及南图乙本；而国图本、文渊阁本、文津阁本则代表了承前启后的过渡形态（参见表1）。

---

① 《全元诗》收何景福诗五十二首，以《元诗选三集》为底本，校以文渊阁《四库全书》本《铁牛翁遗稿》（中华书局2013年版，第41册，第430—442页）；《淳安古籍文献丛书》本《铁牛翁遗稿》附于《潜斋文集》后，以文渊阁《四库全书》本为底本（淳安县政协文史和教文卫体委员会2009年版）；浙江文丛本《何梦桂集》附录二《铁牛翁遗稿》，以民国三年李之鼎宜秋馆校刻本为底本（赵敏、崔霞点校，浙江古籍出版社2011年版）。

表1　《铁牛翁遗稿》前期、中间及后期文本形态举隅

题　目	前期形态	中间形态	后期形态
伤田家二首	缫车未歇取丝分	缫车未歇取丝**公**	缫车未歇取丝公
六月十七日夜坐	对语头俱黑	对语头俱黑	对雨头俱黑
次陈湖韵	思乘下濑船	思来下濑船	思来下濑船
画鱼	粉垣皎皎雪不如	粉垣皎皎雪不如	粉坦皎皎雪不如
五月五日对雨有作	客中况值天中节	客守况值天中节	客守况值天中节

　　首先需要明确区分内容早晚的标准。书本的外在物质形态仅可框定其抄刻时间下限,承载其上的文本内容,则与作为物质载体的书本分属不同层次。至于文本原始程度,则与其"自然偏移"以及"劣化"程度密切相关。文本在流传过程中,后出本势必存在文本"自然偏移",更进一步,则会发生"劣化"的情况。如字形层面的偏移和讹变,所谓音讹、形讹等等;另有文法层面发生变化,文本脱、倒、衍即属此类;而随着"偏移""劣化"程度加深,则愈发背离原书的产生情境。对照前后期文本,能够明显看到"偏移""劣化"的趋势。以《伤田家二首》之二为例,前期文本"缫车未歇取丝分"一句,在后期变为"缫车未歇取丝公","公"字于义未安,显然是字形层面偏移讹变的产物。而国图本"公"字写作"**公**",形体与"分"已非常接近,后出传本不审产生形讹,也是理所当然的。

　　当然,判定文本"自然偏移"和"劣化"的前提,还需要尽量从诸多传本中辨识出"校勘本",剥离后世抄刻者对文本的扰动。虽然文渊阁本可明确归入"校勘本"范畴,但在传存谱系中较为枝节,又常年深藏宫禁,对后来传本影响非常有限;[①]即便同属"四库"系统的文津、文澜二本,与文渊阁本之间并不存在线性传承关系,而是更多体现了所据底本的特征。如《花时苦雨》末句"江湖□困",南图甲本、宜秋馆本、上图张本、国图本均空缺一字,惟四库诸本分别补作"江湖愁困"(文渊)、"江湖饥困"(文津)、"江湖苦困"(文澜),从字形、字音看,四库诸本之间显然没有可能相互"借鉴",而只能是源自一种第三字阙文的本子。

　　前期文本内部,南图甲本、宜秋馆本、上图张本关系较为清晰。南图甲本钤李之鼎私印"振唐",而宜秋馆本所附李之鼎跋称:"此集原附《潜斋集》后,善本书室旧钞,似是单行。"二者渊源有自。又南图天头校识多互见于宜秋馆本校勘记,如《锡策楼赋》"人神而突立"句,南图甲本天头批注:"人神上疑脱梦字,即突立二字亦疑颠倒。"宜秋馆本校

---

　　①　文澜阁本因开放民间传抄,反而和不少后出传本存在极为紧密的关联。

记云：“人神而突立，疑梦神人而突立。”又“斫楄丹楹”天头批注：“斫楄丹楹，下疑有脱句。”宜秋馆本校记云：“斫楄丹楹，句下疑有脱句。”“士当庙食兮生封侯”天头批注：“士，疑是死字。”宜秋馆本校记云：“士，疑死之误。”宜秋馆本亦据部分天头批注改字，如《禽名》“姊妇深恨白头翁”句，南图甲本天头批注谓“妇字疑是归字”，而宜秋馆本、上图张本均改作“姊归深恨白头翁”（参见表2）。南图甲本显然是宜秋馆本的底本。

表2　南图甲本天头批注

题　名	南图甲本		宜秋馆本 上图张本
	正文	天头批注	
禽名	姊妇深恨白头翁	妇字疑是归字	姊归深恨白头翁
画鱼	僧钟繇	僧钟繇，据下文似当作张僧繇	张僧繇
和李鹏飞紫童歌韵	毋乃梓橦	橦疑是潼	毋乃梓潼

通过对照文本可知，上图张本同南图甲本关系更为疏远，文本呈现出明显“偏移”“劣化”特点。主要表现在两个方面：第一，字形偏移讹变，如《偶成寄王伯玉》，南图甲本、宜秋馆本“吴蚕眠未足，蜀鸟怨难禁”一句，上图张本则作“吴蚕眠未定，蜀鸟怨难禁”，“定”字文意不通且韵脚不协，显然不该诗原貌；另《武林偶成》“姓名震地一声雷”句，唯上图张本作“性名震地一声雷”，首字显然不通。第二，文本脱落，如《伤田家二首》，上图张本均题作“伤田家”；《和克旻孙秋日感兴》《和李鹏飞紫童歌韵》二诗，上图张本一律脱去题下注。

后期文本为文澜阁本及其递抄本。其中，上图杨本、文澜补本属于同一递抄谱系（支系A），南图乙本则是另一支派生于文澜阁本的传本（支系B）。理论上说，文澜补本自然不会直接抄自文澜阁原本，而对照文本可见，上图杨本显然是衔接文澜阁原本、补本之间的“桥梁”：如《和希尧侄秋夜长韵》“听彻幽斋夜更长”“露下鹤轩萤火湿”为前后句，文澜阁本、南图乙本同，而上图杨本“长”“露”二字颠倒，文澜补本同误；《花时苦雨》末句，文澜阁本作“江湖苦困”，南图乙本同，而上图杨本、文澜补本均误作“江湖苦困”，“苦”显然是“苦”字劣化转讹的结果。相对而言，南图乙本同上图杨本、文澜补本的“亲缘”关系并不显著，文字互有异同。四本当中，南图乙本文字“劣化”程度最为严重，文字倒、衍尤多（参见表3）。

表3　《铁牛翁遗稿》后期文本"劣化"例

题　目	文澜阁本	支系A		支系B
		上图杨本	文澜补本	南图乙本
上家君	攀龙期对三千字	攀龙期对三千字	攀龙期对三千字	攀能期对三千字
和希尧姪秋夜长韵	听彻幽斋夜更长。露下鹤轩萤火湿	听彻幽斋夜更露长下鹤轩萤火湿	听彻幽斋夜更露长下鹤轩萤火湿	听彻幽斋夜更长。露下鹤轩萤火湿
花时苦雨	江湖苦困只忧民	江湖苦困只忧民	江湖苦困只忧民	江湖苦困只忧民
和李鹏飞紫童歌韵	讵知穷途阮子空猖狂	讵知穷途阮子空猖狂	讵知穷途院子空猖狂	讵知穷途阮子空猖狂

　　至于国图本、文渊阁本、文津阁本，则情况略复杂，三者间并不存在严格的线性传抄关系，而是共享同一个源头版本。考《四库总目》所载，极有可能就是鲍廷博进呈本。相对而言，国图本更接近前期文本的面貌，文渊阁、文津阁二本均存在文本"游移""劣化"的现象，又以后者情况尤为严重（参见表4）。

表4　《铁牛翁遗稿》中间文本举隅

题　目	国图本	文渊阁本	文津阁本
梅魂	标格犹存水石间	标格猫存水石间	标格猫存水石间
感兴	百石强弓每自弯	百石强弓每自弯	百石强弓每自湾
东安即事	小儿争戏午桥坡	小儿争戏午桥波	小儿争戏午桥坡
题分阳麻姑仙祠壁	琅玕楮树率苗裔	琅玕楮树率苗裔	琅玕楮树率留裔

　　文渊阁本则属于典型的"校勘本"，不少文本存在明显的后人改编痕迹。如文渊阁本《咏李鹏飞庭下瑞香》"处女暖熏沉水脑"，核《铁牛翁遗稿》他本及《元诗选三集》，均作"处女暖熏沉水恼"，"脑"字宜为馆臣所改；又宜秋馆本校记此处云："恼，疑脑之误。"与文渊阁本的处理方式相合。类似校改痕迹尚多，然亦有妄断之处，反而偏离了历史语境。如《伤田家》第一首"昨日街头穷米价，三钱一斗定何时"，唯文渊阁本改"穷"为"穷"字。此处"三钱一斗"，实举出贞观故事①，与当下米价腾贵的现象形成对照。仇远《寄张伯雨答问近况》："去夏曾吟喜雨诗，今年苦雨溧人饥。三钱可得米一斗，恨不身生贞观

---

　　① 吴兢：《贞观政要》卷8："贞观十六年，太宗以天下粟价率计斗直五钱，其尤贱处计斗直三钱。"（谢保成集校，中华书局，2003年，第426页。）又《新唐书》卷97《魏徵传》："于是帝即位四年，岁断死二十九，几至刑措，米斗三钱。"（中华书局，1975年，第12册，第3869页。）

时。"①舒頔《百牛图歌》："斗米三钱户不扃，四海苍生无菜色。"②同样化用了这一典故。因此，《伤田家》原作"穹"字无误，文渊阁本实属妄改（参见表5）。

表5　文渊阁本校改之处

题　目	文渊阁本	其他传本
伤田家二首	昨日街头穷米价，三钱一斗定何时。	昨日街头穹米价，三钱一斗定何时。
六月十七日夜坐李宁之忽得风急落流萤之句遂命足成一律	对语头俱白，相看眼并青。	对语头俱黑，相看眼更青。
咏李鹏飞庭下瑞香	处女暖熏沉水脑，侏儒新顶紫霞冠。	处女暖熏沉水恼，侏儒新顶紫霞冠。
买犊歌	西顾忽来达尔罕，却恨牵逃逃不远。	西来忽来答刺罕（一作"达尔罕"），却恨牵逃逃不远。

综上所述，南图甲本为存世《铁牛翁遗稿》诸本之祖，其他本子均辗转派生于此本。

《铁牛翁遗稿》诸本末尾均附有何钟锡跋，清楚地揭示了此书由来：

> 余尝于遗谱中读家介夫公此赋，而所谓《铁牛翁诗集》者，知其名而惜未见也。今得于石仓先生处借钞，甚幸甚喜。先生亦欲得兹赋焉，遂不辞而为之书。乙巳夏六月，何钟锡记。

跋文撰写于雍正三年（1725），石仓先生宜为钱塘吴允嘉。据此可知，在何钟锡之前，尚有《铁牛翁诗集》单行本行世，其中一本为吴允嘉传于何钟锡，经后者改编，才有了拼合诗、赋而成的《铁牛翁遗稿》。其书最初别本单行，在此后流传过程中，方见附于何梦桂集之末。

那么吴允嘉经手的《铁牛翁诗集》又源自何处呢？

《全元诗》整理者已经注意到，《元诗选三集》同《铁牛翁遗稿》"收录之诗，篇目、顺序均一致，仅有少量异文"③。今南图甲本卷首《铁牛翁小传》与《元诗选》附传一字不爽。诗篇部分除了篇目顺序完全一致外，文字几乎全同。前述何景福《花时苦雨》一诗，"江湖□困只忧民"句前期文本均阙第三字，核《元诗选》原文亦阙。二者文本罕有异同，偶

---

① 仇远：《金渊集》卷6，清乾隆间武英殿聚珍版本。
② 舒頔：《华阳贞素斋文集》卷3，国家图书馆藏清抄本（索书号：03618）。
③ 《全元诗》，第41册，第430页。

见一二,往往《元诗选》文本更擅胜场:如南图甲本《买犊歌》有"一人扶来两人拖"句,《铁牛翁遗稿》诸本均同,而《元诗选》则作"一人扶末两人拖","来"作衬字或可通,然"末"与"一人扶""两人拖"的劳作场景更为契合,从文义上讲,"来"字更有可能是"末"字形讹。

　　顾嗣立《元诗选三集》纂成于康熙五十九年(1720)①。而《铁牛翁遗稿》诸本的抄刻时间均要在此之后:第一,何钟锡于雍正三年编定此集;第二,南图本为目前所见最早的传本,内文不避孔子讳,若非无意疏失,应属雍正朝早期抄本②,而且从文本自然演化过程中"游移""劣化"角度,不会晚于雍正六年(1728)抄成的国图本,因此南图本即便不是何钟锡手定,必然和最初的祖本存在极为密切的亲缘关系;第三,四库诸本均成于乾隆朝,其他衍生本的形成时间自然更要靠后。显而易见的是,《铁牛翁遗稿》所存五十二首录自《元诗选三集》,本身并没有独立的文本校勘价值。

　　在编纂《元诗选》之前,顾嗣立亦参与编修《御选宋金元明四朝诗》,其书收录的何景福诗同样不出《元诗选》采择范围③,文字也别无二致。因此,《元诗选》显然也是《御选宋金元明四朝诗》所收何景福诗的文本来源。

三、鲍刻本何景福集发覆

　　顾嗣立《元诗选三集》所载宜由来有自。何景福诗自元以后即有单篇行世,散见于各类地方文献、诗文总集,如徐楚《清溪诗集》收其《柳絮》一首④,《睦州诗派》增补本亦散见铁牛翁零篇,⑤顾嗣立编订《元诗选》附传时引其原文,其中截取了《柳絮》《鼓角楼》《太

---

① 罗鹭:《〈元诗选〉与元诗文献研究》,南京大学博士学位论文,2005 年。

② 叶名沣《桥西杂记》"避孔子讳"条:"我朝申令极严。雍正三年,奉上谕:孔子圣讳理应回避,令九卿会议。九卿议:以凡系姓氏,俱加'阝'为'邱'字;凡系地名,皆更易他名;书写常用,则从古体'□'字。议上,上谕:朕细思今文出于古文,若改用'□'字,是未尝回避也。此字本有'期'音,查《毛诗》古文作'期'音甚多,嗣后除四书、五经外,凡遇此字,并加'阝'为'邱',地名亦不改易,但加'阝'旁读作'期'音,庶乎允协,足副尊崇先师至圣之意。"(清同治十年滂喜斋刻本)

③ 《御选宋金元明四朝诗·元诗》收录《和散里平章游东安汪伯谅半山亭诗韵》《画鱼》(卷 31)、《暮春王茂叔相过》《六月十七日夜坐李宁之忽得风急落流萤之句遂命足成一律》(卷 39)、《鼓角楼》《感兴》《童尧夫招饮回途偶成》(卷 53)、《水石为陈太初赋》(卷 66)、《惜花》(卷 74)九首。

④ 徐楚:《清溪诗集》卷 5,国家图书馆藏明嘉靖刻本(索书号:16492)。

⑤ 谢翱《晞发集》卷 8 收《睦州诗派序》:"新定自元和至咸通间以诗名凡十人,视他郡为最。"方象瑛《青溪先正诗集序》:"李唐之世,吾家白云处士泊皇甫湜、徐凝、李频、章孝标、施肩吾之徒先后皆以诗名。宋元迄明,代有作者。《睦州诗派》一书至今传焉。"(《健松斋续集》卷 1,国家图书馆藏清康熙刻本,索书号:A03093。)则所收诗人未必限于唐代,宜有后世增补。查洪德指出:"明清人均辑有《睦州诗派》,但均不传。"《中国大百科全书》第三版网络版"睦州诗派"条(https://www.zgbk.com/ecph/words? SiteID=1&ID=127121&Type=bkzyb&SubID=44290)。

白墓》《武林春望》名句①，与正文多有龃龉(参见表6)，而顾嗣立在编纂时存其两端，因此，没有理由认为《元诗选》对原始材料做了大刀阔斧的改编。总体来说，《睦州诗派》《清溪诗集》显然不太可能是《元诗选》的材料来源。

表6　何景福零篇存世之诗

	元诗选三集	同源文献
柳絮	风搅晴空日色和，柳花故故恼诗魔。绣床渐觉香毬满，渔艇初疑雪片多。随意飞来无定着，卷春归去欲如何。颠狂到底风流在，又化浮萍漾绿波。	风静烟轻日正和，无端柳絮恼诗魔。绣床渐觉香毬满，渔艇初疑雪片多。随意飞来浑不定，卷春归去欲如何。颠狂到底风流在，又逐绯英点绿波。(《清溪诗集》)绣床渐觉香毬满，鱼艇初疑雪片多。(《元诗选三编》附传引《睦州诗派》；《万历严州府续志》卷一九引《睦州诗派录》"雪片"作"雪月")
鼓角楼	龙吟一奏霜飞瓦，鼍吼三通月满城。	龙吟五夜霜飞瓦，鼍吼三更月满城。(《元诗选三编》附传引《睦州诗派》)
太白墓	荒祠昼掩无人到，苦竹丛深春鸟啼。	荒祠昼掩无人到，苦木丛中春鸟啼。(《元诗选三编》附传引《睦州诗派》；《万历严州府续志》卷一九引《睦州诗派录》作"苦竹丛中")
武林春望	风景不殊豪杰尽，新亭谁复泪沾襟。	风景不殊豪杰尽，新亭谁复泪沾衣。(《元诗选三编》附传引《睦州诗派》)

陶樑《词综补遗》收录何景福一首，题注曰："有《介夫文集》四卷，词附。"②遗憾的是，这部四卷本文集迄今下落不明，难以确知其本来面目。

幸运的是，华东师范大学图书馆古籍特藏阅览室藏有一部《青溪何介夫诗集》，迄今为止鲜见关注。馆内另藏邵桂子《青溪玄同子雪舟胜诗》一卷、鲁渊《青溪鲁道原先生诗集》六卷，三者行款一致，半页均十行二十一字，清康熙年间余杭鲍楹刻本。卷首钤"愚斋图书馆藏"朱文大方印，为盛宣怀旧藏。除华东师大三种之外，宁波天一阁图书馆还藏有三种递抄本，分别是徐尊生《青溪赘翁诗集》、徐昳《青溪巢松诗集》、商辂《青溪素庵诗集》、徐楚《青溪万花草堂诗集》各一卷，装为一册，为朱鼎煦旧藏。以上均为《青溪先正诗集》零种。

鲍楹，字觉庭，余杭人。善书法，于诗教颇有造诣。康熙十四年(1675)莅职淳安训导，期间专事搜集当地遗诗，编集《青溪先正诗集》③。康熙三十年(1691)，自序述其本末云：

___

① 顾嗣立：《元诗选三集》，北京：中华书局，1987年，第572页。
② 陶樑：《词综补遗》卷20，国家图书馆藏清道光刻本(索书号：A03376)。
③ 《乾隆淳安县志》卷6，日本内阁文库藏清乾隆二十一年(1756)刻本。

　　楄猥以庸虚，司训是邑，山高水深，景仰前哲，兴千载之思。然其遗文旧集多半不存，又或传刻失真，移易面目，几令声光闇然，风流顿尽，仆甚惜焉。课读之余，勤心采辑，于是故家子孙间出所藏以相示，而道原、玄同、大年诸集一皆覆酱瓶、障纬萧之余，漆污油渍，编绝纸弊，不可竟读。为手自誊写，正其讹谬，不可意解者，则仍其旧本以阙疑，不敢辄为删改。久之，稍稍成帙，而官寒俸薄，乏赀锓刻，以广其传。……汇集所得，总为一部，题目《青溪先正诗集》。卷帙不多，印本差易。或者存什一于千百，因其诗以见其人，则前哲之性情风概，犹可以不尽泯也。①

　　又康熙三十一年(1692)，周召所撰《青溪先正诗集序》云：

　　觉庭甫下车，即与二三都讲抱琴载酒，日于沙村梅岭锦石素波之间搜求遗迹，久之，得其先正十五家诗，手自缮录，正其讹谬，共若干卷裒为一集。集成，皆为之序，且捐俸以付梓人，称善本焉。②

　　惟周召所见并非全本。据《乾隆淳安县志》卷六记载："公力事搜罗，得不传者三十九人，辑其遗诗，总题曰《青溪诗集》，复次小传以冠篇端，捐俸刊布。秀水朱太史竹垞先生亟称之，其选《明诗综》多采掇焉。"③此书编订后曾进呈御览，除《明诗综》之外，清初几种重要的官定诗选，如《元诗选》《御选宋金元明四朝诗》均予以采择。按《四库全书总目》卷一九四《青溪先正诗集》条："是编采淳安之诗，合为一编。以淳安古青溪地，故以为名。凡唐一人，宋六人，元五人，明十人，国朝二人。……《总目补遗》又有宋方有开等六人，元汪云[留]等二人，明余溥等七人。"④合《总目》并《总目补遗》，恰为三十九人，与志书所记相符。至于《总目补遗》所载人数，恰好也符合周召《序》中所陈十五人之数。然而鲍楄编录本存世极少，不少沧海遗珠仅此一见，为官定诗选删落的大量篇目，又再次没入时间之河。进呈本仅仅收入《四库》存目，未经馆臣誊抄；其后历经流散兵火，原本已难觅其踪迹，三十九人之目亦难确知。

　　① 鲍楄：《青溪先正诗集序》，《厚屏福派徐氏宗谱》卷10(淳安县图书馆藏民国十三年活字印本)；并收入《乾隆淳安县志》卷14，文字略有删节。

　　② 周召：《青溪先正诗集序》，《厚屏福派徐氏宗谱》卷10。华东师范大学图书馆所藏《青溪玄同子雪舟腔诗》书前见有此篇残叶，重合部分文字一致。

　　③ 《乾隆淳安县志》卷6。"综"字原误作"总"，径改。

　　④ 《四库全书总目》卷194《青溪先正诗集》条，第1774册上栏一中栏。

这部《青溪何介夫诗集》卷首存《何介夫传》一篇，后接正文一卷，题"元何景福介夫著，后学禹航鲍楹订正，后裔何景明、何留庆、何性初全订"。收诗八十二首，以五绝、七绝、五律、七律、歌行为序，《元诗选三集》收录的五十二首诗均包括在内。其中，五言律诗较《元诗选》多出《社日赠王叔京》《游华林寺次韩益谦韵》二首，七言律诗多出《灯树》《谷雨茶》《和鲁道源保真道院有作韵》《送方以愚会试》等二十八首，总计三十首。其中，《送方以愚会试》还收录在了嘉靖、顺治、乾隆、光绪等淳安地方志当中，题"送方道靅赴春闱"，文字陈陈相因，署何景福之名；《和鲁道源保真道院有作韵》则明确无误地与鲁渊《寓保真道院》韵脚相配（幽、游、牛、丘。参见附录）。如此看来，《青溪何介夫诗集》多出这三十首诗宜为何景福本人笔墨。

对照《青溪何介夫诗集》及《元诗选三集》所收共同篇目，可以看出二者存在极为密切的线性传承关系：如同样是《花时苦雨》"江湖□困只忧民"句，《青溪何介夫诗集》亦阙第三字；《禽名》一首，《元诗选》"姑恶久嗔乌面妾，姊妇深恨白头翁"，《青溪何介夫诗集》后句"妇"作"归"，与前句"恶"词性相衬，而《元诗选》属流传过程中的形讹；另《寒食和友人韵》一首，《元诗选》"江湖清眼如公少，道路黄尘奈我何"句，《青溪何介夫诗集》"清眼"作"青眼"，无论是词意还是对仗，均较前者为优。其他异文全然不出字形异体的范畴。因此，《元诗选》文本较《青溪何介夫诗集》后出。有趣的是，若删去《青溪何介夫诗集》较《元诗选》多出的三十首，所余篇目及排列次序同《元诗选》完全一致，可见《元诗选》在编辑过程中，无疑按照了《青溪何介夫诗集》篇目顺序加以迻录。综上所述，《青溪何介夫诗集》就是《元诗选》的直接材料来源。

值得注意的是，《铁牛翁遗稿》卷首《小传》实出自《元诗选三集》，而《元诗选》附传的绝大部分篇幅几乎可以和《青溪何介夫诗集》卷首的《何介夫传》（参考表7-1）逐句对应，其中第(2)(4)句几乎就是后者翻版。唯第(1)句参酌史志增加何梦桂职衔，第(1)(3)句的部分表述显然又直接因袭了地方志所附《何景福传》①。而末段诗话亦据《睦州诗派》（一作"睦州诗派录"，参考表7-2）立说。由此可见，《元诗选》附传大致因袭了《青溪何介夫诗集》的架构和主旨，部分表述参酌史志予以穿插抽换，文末又增加了一段源自《睦州诗派》的文本。

---

① 最早可追溯到《弘治严州府志》卷16（上海图书馆藏明弘治刻本，索书号：线善829401-08）；并参《嘉靖淳安县志》卷12（明嘉靖刻本），二者同源。本文制表即以《弘治严州府志》文本为准。

表 7　《元诗选三集》附传的文本来源

	《元诗选三集》附传	参考文本
7-1	(1) 景福,字介夫,睦之淳安人。宋大理寺大卿梦桂族孙。	【何介夫传】淳安之何,右族也。前宋时,潜斋先生梦桂、毅斋先生景文同年登第,蔚为儒宗。二先生没,而介夫先生景福生于元之中叶,家学文章与前辈相上下。 【弘治严州府志】何景福,字介夫,淳安人。
	(2) 常以任重致远自期,故自号曰"铁牛子"。	【何介夫传】常以任重致远自期,故自号曰"铁牛子"。 【弘治严州府志】别号"铁牛子"。
	(3) 以所遇非其时,累辟不赴。晚年避地武林,兵定后,始归乡里。诗酒自娱,以终其身。	【何介夫传】屡蹶场屋,或求先生之文于遗珠中,知以时务策指摘当道,主文者不敢荐故也。晚年避地武林,数年兵定后,始得归里。 【弘治严州府志】为人学博行修。以所遇非其时,累辟不赴。惟诗酒自娱,以终其身。
	(4) 有《铁牛翁诗》一卷,多所散失。卒后十余年,从孙如晦为集其遗稿,传于家。尝因乩仙降笔自作序,有"死犹不死""千载犹一日""幽冥中不胜欣喜"之语。	【何介夫传】诗文多散失,卒后十余年,从孙如晦为集其遗稿,传于家。后因乩仙降笔自作《序》,有"死犹不死""千载犹一日""幽冥中不胜欣喜"之语。嗟乎!慧业文人,自不与草木同朽腐,顾犹沾沾身后名若是,故不脱措大本色耶。 【弘治严州府志】所著有《铁牛翁诗集》一卷,行于世。
7-2	(5) 介夫诗甚奇伟。其《咏柳絮》云:"绣床渐觉香毯满,鱼艇初疑雪片多。"极体物之妙。他如:"龙吟五夜霜飞瓦,鼍吼三更月满城。""青山自此诗名重,采石如今酒价低。""荒祠昼掩无人到,苦木丛中春鸟啼。""风景不殊豪杰尽,新亭谁复泪沾衣。"亦铮铮皎皎者。《睦州诗派》论之如此。	【万历严州府志】何景福介夫屡辞徵辟,雅好作诗。其集号"铁牛翁",诗亦奇伟。其《咏柳絮》云:"绣床渐觉香毯满,鱼艇初疑雪月多。"极体物之妙。他如:"龙吟五夜霜飞瓦,鼍吼三更月满城。""青山自此诗名重,采石如今酒价低。""荒祠昼掩无人到,苦竹丛中春鸟啼。""风景不殊豪杰尽,新亭谁复泪沾衣。"亦铮铮皎皎者。(《睦州诗派录》)。

　　以上大略勾勒出何景福平生概貌。后世选本、题识陈陈相因,均基于前述几种"素材"略作改编而成。在这种情况下,何景福生平仕履依旧存在诸多空白与模糊之处,如其生卒年即难以确知。幸运的是,据鲍楹刻《青溪何介夫诗集》所附逸诗,这些疑窦大部分可以一举廓清。逸诗中有《寿袁翔甫(庚子正月,生先生。辛丑)》一首:

　　　　我小于君仅一龄,雌雄何必论庚辛。梦探五色怀中笔,醉挂三花头上巾。步近日边金腰褭,瑞征天上石麒麟。传经有子飞腾易,太极存心物物春。

按，此诗题下注"庚子正月，生先生"，首句云"我小于君仅一龄"，如此何景福生年必为辛丑。至于可能的选项，则不出宋理宗淳祐元年(1241)、元成宗大德五年(1301)、顺帝至正二十一年(1261)三者。考虑到从祖何梦桂生于理宗绍定二年(1229)[①]，淳祐元年时方十二岁，自然可以排除第一个选项。又《送方以愚会试》有"凤阙今年新进士，蛟峰此日大方家"句，按《嘉靖淳安县志》，方道叡，字以愚，蛟峰先生方逢辰之曾孙，登至顺元年(1330)进士第[②]。兼与何景福唱和者多生活在元朝中后期，显然第三个选项也可以排除。因此，何景福生年无疑就是大德辛丑了。传记称其自号"铁牛子""常以任重致远自期"，应当和生于辛丑岁密切相关。

《元诗选三集》附传又称何景福壮岁"所遇非其时，累辟不赴"，俨然前朝遗民做派。这种说法直接照录了地方志所附《何景福传》，然而从文本内在逻辑来看，又和前句——直接迻录自《青溪何介夫诗集》的"常以任重致远自期"相悖。若回过头来看《青溪何介夫诗集》附传对应文本，"屡蹶场屋，或求先生之文于遗珠中，知以时务策指摘当道，主文者不敢荐故也"，表现出何景福积极入世的态度，文本前后逻辑无疑要合理许多。正如他在《答友人惠扇》中剖露心曲："弃捐箧笥非吾意，自是商飚不世情。"如此一来，纵然科场塞滞，入仕无门，诗篇亦不失昂扬之风。《寒食和友人韵》直言："江湖青眼如公少，道路黄尘奈我何。"《袁翔甫示宪椽有诗回次其韵》则云："将相于人宁有种，山川何地不生才。男儿上下四方志，未必英雄滞草莱。"即便偶见方外之思，亦有一番用舍行藏的心曲。何景福诗中多以东汉初隐士严光自比。如《秋江旅怀》"何日束装同买棹，片帆东过子陵矶"，《和洪伯英感怀》"莫怪春山风雨恶，烟蓑曾有子陵耕"，《桐江怀古》"严子台高烟树暗，桐君塔映浪花明"，《次王千户韵》"腰缠用尽难骑鹤，意钓投深未获鳞"，《画鱼》"嗟予久缩钓鳌手，卒见欲理长竿丝"，《虞美人别鲁道原》"青溪溪上钓鱼矶。纵使无鱼，还有蟹螯肥"，均借严子陵抒怀。严光，字子陵，耕于富春。后人名其钓处为严陵濑[③]。据《后汉书》记载，子陵尝"变名姓，隐身不见"，"披羊裘钓泽中"，赖光武帝思其贤，物色访之，"乃备安车玄纁，遣使聘之。三反而后至"[④]。因其遗迹子陵台地处淳安，俨然构成了睦州诗人歌咏酬酢的重要"母题"。何景福以严光行实抒发心境，绝非冷眼避世者所为。

---

①　牛海蓉：《元初宋金遗民词人研究》，北京：中国社会科学出版社，2007年，第384页。
②　《嘉靖淳安县志》卷10《科贡》(明嘉靖刻本)；又同书卷11《人物》作至顺二年，宜属传写讹误。
③　《初学记》卷8《州郡部》引《东观汉记》，北京：中华书局，1962年，第188页。
④　《后汉书》卷83《逸民列传》，北京：中华书局，1965年，第10册，第2763页。

何景福虽处江湖之远,亦时刻以天下生民为念。在《伤田家》之二中,他写道:"缫车未歇取丝分,私债官逋夜打门。里正不慈胥吏酷,穷民空感半租恩。"《答友人惠扇》云:"指使三军谈笑易,驱除酷吏动摇轻。"《买犊歌》中又有"西来忽来答剌罕,却恨牵逃逃不远"这样生动的描写,此处"答剌罕"实际上是"答剌罕军",亦即"乾讨虏军""无籍军""无籍自效军"①,这里生动地写出了乾讨虏军劫掠下农民生计无着的惨状,可谓一代诗史。

而本质上来说,何景福在诗中屡屡抨击贪残苛政,但对于元朝皇帝依然怀抱着善意的温情,《伤田家》一诗中所谓"半租恩",实属元朝荒政之通例。这背后的感情底色,毋宁说还是对元朝统治抱有根本上的认同。《和君文兄自述》即直言:"文轨相同任南北,岂论被发与雕题。"《次不花姪所寄》又云:"转徙无方嫌地隘,升平有日待河清。"《青溪鲁道原先生诗集》又载何景福联句:"天心如好还,皇图期永昌。"②惟其如此,其家国之志方能有所依凭。因此,称其"所遇非其时,累辟不赴"绝不符合事实,乃是明人误读《青溪何介夫诗集》附传原文所致。考虑到这种改编最早见于弘治年间所刻《严州府志》,在北方边情压力下,"夷夏大防"较元明易代之际更盛,当时人回看元朝,也难免以今律古。

何景福亲历元末变乱,其间曾"避地武林",惟具体时间尚无定论。避乱期间,与同样隶籍淳安的鲁渊(字道源)唱和酬酢,陶樑《词综补遗》卷二十收录何景福《虞美人》一首,题下注"别鲁道源",词云:

> 三年奔走荒山道,喜说苕溪好。苕溪秋水漫悠悠,载将离恨上杭州。干戈未已身如寄,安乐知何处。青溪溪上钓鱼矶,纵使无鱼,还有蟹螯肥。

另外《青溪何介夫诗集》亦收录《和鲁道源保真道院有作韵》一首。查华东师范大学图书馆《青溪鲁道原先生诗集》,卷首附有一篇《鲁道元先生自序》③,依年月缕述其生平事迹。值得注意的是,何景福在酬作中提到了"苕溪""保真道院"两处地名,恰好可以在鲁渊这篇自述生平中找到对应记载:

---

① 参考韩儒林《蒙古答剌罕考》《蒙古答剌罕考增补》,《穹庐集——元史及西北民族史研究》,上海人民出版社 1982 年版,第 18—46,47—50 页;冯修青《答剌罕军考略》,《内蒙古大学学报(人文社会科学版)》1993 年第 1 期,第 41—42 页;王晓欣《元代乾讨虏军刍议》,收入南京大学元史研究室编《内陆亚洲历史文化研究——韩儒林先生纪念文集》,南京大学出版社 1996 年版,第 296—306 页;李晓红《蒙古时期的答剌罕研究》,内蒙古大学硕士学位论文,2013 年。
② 鲁渊:《青溪鲁道原先生诗集》卷 1,华东师范大学图书馆藏清康熙刻本。
③ 鲁渊:《青溪鲁道原先生诗集》卷首;并收入《岐山鲁氏宗谱》,题《元进士奉训大夫本斋公自序》,参考方格成《从鲁渊的〈自序〉看鲁渊其人》,油印本,1985 年 9 月。

至正十七年	明年丁酉，兵至歙，因协同大家，合民兵以镇乡里。县官数侵渔，人心愤惋解体。未几，乡里沦丧，余亦被难。
至正十八年	友人洪伯善匿余于白石山，归，遁迹于杭之唐昌，由杭渡江，依门生迈善卿于越。冬十月，迈遇害。（谨按：迈善卿殁于至正十八年，本末详《元史》卷一八八《迈里古思传》。）余亦几陷其祸。十二月，由越之苕，主宇文公家。（名公谅，字子贞，广西佥事。）
至正十九年	明年己亥，以校文来杭，丞相授湖州归安尹，辞弗就。复归苕，迁花城之保真院，从门生沈原昭之请也。六月，子梁来，而母夫人以去年三月三日卒旅次，终丧痛哉。十月，由苕之松，主夏士文氏。夏以余有恩于其家，敬奉如为丞时。

据鲁渊《自序》所述，至正十九年（1359）"复归苕（湖州），迁花城之保真院"①，当年"十月，由苕之松（松江），主夏士文氏"，又按《青溪鲁道原先生诗集》所载《清夜泛舟联句》亦可提供旁证，诗序云："四月十有三日，以校文，由苕之杭。……六月二十八日，偕知事沈君元昭及介翁何先生同抵苕上。"②与何景福行迹重合的时间，大致就是在这一年四月到十月之间。由此向前追溯，元顺帝至正十七年七月，大明兵已占领了徽州路；十八年三月，建德路亦为明军所攻取。③鲁渊《自序》称"协同大家，合民兵以镇乡里"云云，显然为的是抗衡朱元璋部属。而何景福向鲁渊"三年奔走荒山道"，恰好与明军压境的背景契合。

自至正十五年（1355）八月达识帖睦迩出任江浙行省左丞相以来④，元廷、朱元璋、杨完者、张士诚诸方势力在杭城反复拉锯，直到十九年方告一段落。此时杭州名义上归达识帖睦迩辖制⑤，经历了一段较为安定的岁月，直到二十四年七月，张士诚以其弟士信取代达识帖睦迩左丞相职为止⑥。可见"避地武林"的时间大致在至正十九年之后。前述《寿袁翔甫》作于至正二十一年，应该就在他寓居杭城期间。何景福奔走三年，为的是躲避明兵锋芒，其后栖身杭州，可见对元朝正统的坚守，与鲁渊别无二致。直到至正二十六年十一月明军占领杭州⑦，方才避无可避。何景福在历经颠沛后回到家乡淳安，殁年不明。《青溪何介夫诗集》中又有《庚戌冬道经新城偶题太安寺壁》一首，以生年为基准，庚戌应是洪武三年（1370），由此可知，直到明朝初年何景福尚在人世。

---

① 《元进士奉训大夫本斋公自序》作"保真观"。
② 鲁渊：《青溪鲁道原先生诗集》卷1。
③ 《元史》卷45《顺帝纪八》，北京：中华书局，1976年，第4册，第937、942页。
④ 《元史》卷44《顺帝纪七》，第3册，第926页。
⑤ 《元史》140《达识帖睦迩传》："（至正）十九年，朝廷因授士信江浙行省平章政事。士信乃大发浙西诸郡民筑杭城。先是，海漕久不通，朝廷遣使来征粮，士诚运米十余万石达京师。方面之权，悉归张氏，达识帖睦迩徒存虚名而已。"第11册，第3377页。
⑥ 《元史》卷46《顺帝纪九》，第4册，第968页。
⑦ 《元史》卷47《顺帝纪十》，第4册，第977页。

结　语

何景福别集多以《铁牛翁遗稿》之名行世,由裔孙何钟锡编定于雍正三年,存世诸本传存谱系明确,来源单一。其书收诗五十二首,均源自一部曾为吴允嘉经手的《铁牛翁诗集》,这部何景福集今已不存。然通过对照收诗次序及文本渊源可知,《铁牛翁遗稿》实际上源自编纂时间更早的《元诗选三集》。因此,作为直接材料来源的《铁牛翁诗集》宜为《元诗选》过录本。

顾嗣立所辑亦由来有自。追本溯源可知,清康熙年间余杭鲍楹所编《青溪何介夫诗集》,毋庸置疑就是《元诗选》《铁牛翁诗集》所收诗篇的直接来源。此书传本极罕,迄今鲜为人知。细核本文,鲍楹本较《元诗选》《铁牛翁遗稿》多收诗三十首,绝大多数从未得到世人关注。借由勾稽串连这些诗篇,诗人原本混沌不清的生平仕履至此清晰可见:何景福生于大德五年,至明初尚在人世。壮岁曾积极入世,常以天下为己任,却因为在时务策中"指摘当道"而屡屡受挫,终不能仕。即便如此,却始终以元朝诤臣自居,初心不改。至正年间,天下变乱,何景福主动背井离乡,投奔江浙行省左丞相达识帖睦迩,不忍受制于朱明帐下。其诗风早年气格昂扬,胸怀悲悯,时以天下苍生为念;然平生饱经顿挫,亦时有方外之思。从中追绎玩味,颇能探得这位元朝遗民的心曲。

附录一:《铁牛翁遗稿》书志汇编

(一) 南京图书馆藏清抄本:卷首无撰者题署。半叶十行,行二十字;黑色栏格,左右双边;版心白口,无鱼尾,上题"铁牛翁集",中题篇目,下题叶数。天头有墨笔校语。"玄"字阙末笔(叶14第9行),不避孔子讳,"答剌罕"译名未改。《锡策楼赋》末附雍正三年(1725)何钟锡跋,为诸本因袭。《小传》卷首自下而上钤"画桥碧阴"(白方)、"嘉惠堂丁氏藏书之记"(白方)、"四库箸录"(白长),正文卷首钤"画桥碧阴"、"善本书室"(朱方)、"振唐"(朱方),书中有夹签题识曰:"《铁牛翁遗稿》一卷(旧钞本。)宋何景福撰。景福,字介夫,睦之淳安人,宋大理寺卿梦桂族孙。尝以任重致远自期,故自号曰'铁牛子'。以所遇非时,累辟不起。晚年避地武林,兵定后始归里,诗酒自娱,以终其身。诗卷多散失。殁后十余年,从孙如晦始集其遗稿,藏之于家。如:'龙吟五夜霜飞岳,鼍吼三更月满城。''青山自此诗名重,采石如今酒价低。''荒祠昼掩无人到,苦竹丛中春鸟嚒。''风景不殊豪杰尽,新亭谁复泪沾衣。'洵铮铮佼佼者。诗仅四十余篇。《锡策楼赋》一篇。四库附其稿于《潜(溪)[斋]文集》后,称'诗颇奇伟,气格在梦桂之上'。此为其族裔何钟锡从吴石仓借钞,缀一小记。有'画桥碧阴'一印。"文字与《善本书室藏书志》略同,钤"八千卷楼"(朱长)。则此本曾为八千卷楼丁氏及李之鼎收储,《八千卷楼书目》《善本书室藏书志》著录①。

（二）**南京图书馆藏四库递抄本**:附于明万历间岳元声校正何之纶重刻本《潜斋先生文集》之后。卷首《铁牛翁小传》。正文首题"钦定四库全书",次行低一格题"铁牛翁遗稿",另起行署"宋何景福撰"。半叶十行,行十九字,无版心栏格。行间有墨笔勾乙校改。"玄"字阙末笔,"丘"字避孔子讳作"邱","答剌罕"改作"达尔罕","宁"字不避讳。《潜斋先生文集序》卷首钤"汪鱼亭藏阅书"(朱方),卷一首钤"振堂"(朱方)、"安国"(白方),卷二、卷五首钤"携李曹氏藏书印"(朱椭),又书前抄配四库提要,钤"八千卷楼藏书记"(朱方)、"四库箸录"(白长),则此书曾为曹氏静惕堂、汪氏振绮堂、丁氏八千卷楼递藏。《振绮堂书目》以及《八千卷楼书目》卷一五、《善本书室藏书志》卷三二均有著录。《振绮堂书目》解题已称"附《铁牛翁集》一卷"②。

（三）**上海图书馆藏民国间张葱玉适园抄本**:卷首题"元何景福撰"。半叶十行,行十六字;蓝色行格,四周双边,左下角镌"适园抄本"四字;版心大黑口,双顺黑鱼尾,中题书名,下题叶数。"宁"字阙末笔,"丘"字避孔子讳作"邱","答剌罕"译名未改。《小传》卷首钤"张葱玉"(朱长),目录卷首自下而上钤"葱玉"(朱方)、"张泽珩印"(白方回文),正文卷首钤"韫辉斋图书记"(朱长)、"张泽珩印"(白方),正文卷尾钤"葱玉手抄"(朱方)。

（四）**上海图书馆藏杭州杨复丰华堂抄本**:卷首题"宋何景福撰"。半叶十行,行二十一字;黑色行格,左右双边;版心白口,无鱼尾,中题篇目,下题叶数。"丘"字避孔子讳作"邱","答剌罕"改作"达尔罕"。《小传》卷首自下而上钤"丰氏藏书"(朱长)、"上海图书馆藏"(朱方)、"丰华堂书库宝藏印"(朱方);正文卷首、卷尾钤"毛""晋"(朱方)伪印,何钟锡跋后又钤"丰氏藏书"。

（五）**国家图书馆藏清雍正六年蒋继轼抄本**:附何梦桂《潜斋先生文集》后。卷首无撰者题署。半叶十二行,行二十一字;左右双边;版心白口,双对黑鱼尾,上题书名,中

---

① 丁丙:《八千卷楼书目》卷15,民国十二年铅印本;《善本书室藏书志》卷32,清光绪二十七年刻本。
② 汪远孙:《振绮堂书目》,国家图书馆藏清抄本(索书号:01450)。

题叶数。全书末有雍正六年(1728)蒋继轼跋:"雍正丁未夏杪,从同里马氏借何《潜斋文集》。展卷寓目,篇次错迕,前后倒置,抄本以讹传讹,最可惜也。溽暑中,不惮挥汗校正,倩马生又桓誊写。未卒业,而余有山左新甫之行。迨次年七月,归里,复合新旧本对勘。虽近抄差有条理,而败叶不能尽扫。会吴兴钱苍培云曾见《潜斋集》锓本,因托渠寻访,再加校订。雍正戊申中秋后一日,西圃老人识。""丘"字不避孔子讳,"答剌罕"译名未改。钤"西圃蒋氏手校钞本"(朱长)、"秦伯敦父"(白方)、"臣恩复"(白方)、"拜集斋"(白方)、"秀水庄氏兰味轩玫藏印"(朱方)、"吴兴刘氏嘉业堂藏书记"(朱长)、"庄祖基印"(白方回文)、"海邻王氏"(白方)、"古今诗词文翰斋珍藏印"(朱长)、"石研斋秦氏印"(朱长)、"鐅轼"(朱长)、"海上观金石书画印"(白长)。为蒋继轼、秦恩复、刘承幹递藏。《嘉业堂抄校本目录》《嘉业堂藏书志》均有著录。① 另《潜斋先生文集》卷前附成化二十一年(1485)徐琼《潜斋先生文集序》,何淳《何潜斋先生传》,目录卷首署"宗孙之纶重梓",显然抄自明万历间岳元声校正何之纶重刻本。

(六) 民国三年李之鼎宜秋馆校刻本:收入李之鼎编刊《宋人集》甲编。半叶十行,行二十字;左右双边;版心白口,上单黑鱼尾,中题书名、叶数,下镌"宜秋馆"三字。书尾有"江宁汪家声振之校"一行,末附民国三年(1914)李之鼎跋语。全书末缀有《铁牛翁集校记》。"宁"字阙末笔,"答剌罕"译名未改,"丘"字避孔子讳作"邱"。

(七) 文渊阁《四库全书》本:附何梦桂《潜斋集》后,无《小传》。书前《提要》系于乾隆四十三年(1778)。卷首署"宋何梦桂撰"。"丘"字避孔子讳作"邱","答剌罕"改作"达尔罕"。正文卷首钤"文渊阁宝"(朱方),书末钤"乾隆御览之宝"(白方)。

(八) 文津阁《四库全书》本:附何梦桂《潜斋集》后,无《小传》。书前《提要》系以乾隆四十九年(1784)。卷首署"元何景福撰"。"丘"字不避孔子讳,"答剌罕"译名未改。正文卷首钤"文津阁宝"(朱方),书末钤"避暑山庄"(朱方)、"太上皇帝之宝"(朱方)。

(九) 文澜阁《四库全书》本:原附何梦桂《潜斋文集》后,书前《提要》系以乾隆五十一年(1786)。卷首署"宋何景福撰"。《潜斋文集》现藏于浙江省图书馆②。《铁牛翁遗稿》一卷则归台北"国家图书馆"(后文简称"台北央图")收贮。"丘"字避孔子讳作"邱","答剌罕"改作"达尔罕"。《小传》卷首钤"国立中央图书馆考藏"(朱方),正文卷首钤"古

① 周子美编:《嘉业堂钞校本目录》卷4,上海:华东师范大学出版社,1986年,第72页;缪荃孙、吴昌绶、董康:《嘉业堂藏书志》卷4,上海:复旦大学出版社,1997年,第589—591页。按刘承幹《求恕斋日记》,其书得自癸丑(1913)七月(国家图书馆出版社2016年版,第3册,第204页)。

② 《浙江图书馆古籍善本书目》附录三《文澜阁四库全书版况一览表》,杭州:浙江教育出版社,2002年,第953页。

稀天子之宝"(白方)，书末钤"乾隆御览之宝"(白方)。

（十）民国十二年张宗祥补抄文澜阁《四库全书》本：卷首署"宋何景福撰"。正文"丘"字避孔子讳作"邱"，"答剌罕"改作"达尔罕"。

附录二：《青溪何介夫诗集》收录何景福逸诗

整理说明

一、凡《青溪何介夫诗集》收录，《元诗选三集》《铁牛翁遗稿》未载之篇目，均迻录全文。

二、并见于《元诗选三集》《铁牛翁遗稿》之诗篇仅存其目。

三、诗题后均以"【　】"括注《青溪何介夫诗集》收录顺序。

【存目】山水阁为黄子久题【1】、水石为陈太初赋【2】、惜花【3】、伤田家【4】、暮春王茂叔相过【5】、六月十七日夜坐李宁之忽得风急落流萤之句遂命足成一律【6】、江天雪意【7】

社日赠王叔京【8】

秋风吹客衣，游子不知归。玄鸟已辞去，仓鹒犹自飞。堕枝红果熟，经雨绿苔肥。谁似羊裘子，耕云老翠微。

【存目】偶成寄王伯玉【9】

游华林寺次韩益谦韵【10】

韩李诸公子，携琴入华林。泉香漱寒液，树老阁秋阴。现在已成佛，如来即是心。振衣发长啸，风动听龙吟。

【存目】次陈湖韵【11】、柳絮【12】、鼓角楼【13】、太白墓【14】

灯　树【15】

菩提一树宝花开，七七横枝架起瑰。金色毫光浮舍利，玻璨泡出现如来。移归天上长春苑，照破人间不夜台。一匝烦师轻拽转，肯教尘刹堕轮回。

谷雨茶【16】

陆羽经中著眼来，桐君录里用心裁。稻芽已播嘉禾种，药品先收瑞草魁。中气平分姑洗律，上清久候阿香雷。春光九十六之五，且煮金芽当一杯。

吟　梦【17】

睡魔乘隙政相驱，无奈诗魔又起予。困里敲推忘太尹，暗中模索忆中书。神游湘水春风远，思入巫山暮雨余。觉后半窗斜月白，惺惺拟跨灞桥驴。

【存目】禽名【18】、梅魂【19】、秋江旅怀【20】

偶　成【21】

青林过雨暮烟浮，旅馆凉生月满楼。书债未偿惊已老，客愁难遣怕逢秋。饭香嗟喜尝新稻，灯暗那堪续滞油。遥想团栾家庆乐，时时话我有方游。

【存目】感兴【22】、东安即事【23】、武林偶成【24】、桐江怀古【25】

武林怀古(二首)【26—27】

十锦湖山兴味佳，苔茵日厚积松钗。披垣有佛成新刹，辇路无人识旧街。半夜潮声清客梦，一天秋气老诗怀。点头只籍朱衣力，天府名登与计偕。

撞动蒲牢万灶烟，市声争利便喧阗。六飞辇路生春草，十锦湖山哭暮鹃。潮去潮来悲往事，花开花落惜流年。老逋骨冷梅无主，吟上孤山一怆然。

【存目】武林春望【28】、春日闺思【29】、上家君【30】

见县尹【31】

牛刀小试割鸡初，飞鹤瓜田问故居。百里风雷新政令，千村烟雨乐耕锄。手攀北斗魁杓柄，名出南州课最书。惭愧儒生味清冷，水盂虀本献庭隅。

【存目】望江亭【32】

挽通玄黄先生【33】

华溪林下酹芳尊，生魄何因作九京。商岭采芝无行辈，谷城化石有儿孙。分茅旧锡春申土，乔木遥思禹会村。家学有传同不朽，摩挲遗碣划苔痕。

追远亭(宁之先茔所亭也,在五总山下。)【34】

五总佳气欝嶙峋,追远亭中荐藻苹。旸谷自春原上草,夜台不晓墓中人。旧攀柏有悲乌集,新种松无触鹿驯。嗣世箕裘欣有托,年年浇饭一沾巾。

答友人惠扇【35】

欲把仁风与我分,奉杨顿起伯夷清。千丝喜解裁新样,两字何劳播逸名。指使三军谈笑易,驱除酷吏动摇轻。弃捐篋笥非吾意,自是商飚不世情。

寄洪伯英【36】

秋风摇树晚萧萧,极目良田总不毛。中酒羸躯长似病,还家清梦岂知劳。右肩恨不生猿臂,左手谁能擘蟹螯。莫待挑灯燃白发,便须缚袴取青袍。

【存目】寄题李宁之朱铜岩坟亭【37】、寄东安刘鹏举【38】、题朱德甫店壁【39】

题王如文鱼堂壁间【40】

丰水溪边著数椽,风流宰相有曾玄。辟新窗牖无多地,凿破莓苔得片天。为爱烟霞横紫翠,不将钩饵出红鲜。我来抚槛知鱼乐,斗酒深惭咏百篇。

书徐真卿壁间【41】

华发萧萧雪满簪,眼看风雨几晴阴。道原天地无终极,世运溪山不古今。万宝擎收仓廪实,八条开辟户庭深。七旬昆娟论衷曲,剪烛通宵露腹心。

【存目】书庙山驿【42】

书龙田书塾【43】

秃毫破砚了生涯,澹煮黄虀味自嘉。自昔衣冠顿丘土,而今富贵只风花。雪添老鬓宁饶我,月落谁家一任他。直养浩然平旦气,何须勾漏问丹砂。

【存目】己卯冬书江头段家楼【44】、寒食和友人韵【45】、次王千户韵【46】、寓太平州和壁间旧题【47】、重到比原与茂卿同宿偶成【48】、童尧夫招饮回途偶成【49】、和希尧侄秋夜长韵【50】

和君文兄自述【51】

水曹清派出清溪,乔木家山望眼迷。咳涶诗成落珠玉,咄嗟粥办下萍虀。词源倒挽水三峡,教雨均沾春一犁。文轨相同任南北,岂论被发与雕题。

【存目】和克旻孙秋日感兴(先生时主阳堂书塾。)[52]

和鲁道源保真道院有作韵[53]

麟凤何年下十洲,蓬莱一段独清幽。子今栖息壶中乐,我亦逍遥物外游。伏枥每思追赤骥,出关尤喜侯青牛。竹窗欹枕晚凉足,月满芝田雪一丘。

【附】

寓保真道院(鲁渊)

红尘飞不到瀛州,花木春深小院幽。青鸟不传王母信,赤松还许子房游。灵坛夜久闻鸾鹤,宸极天高望斗牛。何用乘槎沧海去,人间此地亦丹丘。(鲁渊《青溪鲁道原先生诗集》卷四。)

和王叔京申屠云山赴邑馆[54]

阳春声调压谭青,花县弦歌听雨晴。谈笑乃知宾主乐,别离无异弟兄情。龟川浪暖鱼鳞健,鲂网沙暄马足轻。莫厌邮筒来往数,要将千首播诗名。

震之兄赓前韵见寄复和以答[55]

决云欲作海东青,不学鸣鸠唤雨晴。腾踏待看骐骥种,飞鸣长念鹡鸰情。雨催丛绿藏春暗,风散残红著水轻。行乐似缘诗有债,肯饶李杜独齐名。

【存目】游白龙寺[56]、和洪伯英感怀(三首。)[57—59]、咏李鹏飞庭下瑞香[60]、游铜山示规孺侄[61]

次花侄韵[62]

被发猩猩枉解言,野心终作兽身看。石津寒识山藏玉,水赤缘知井有丹。诗草生香云锦暖,灯花落烬夜窗寒。尔今咳唾成珠易,我愧腰围衣带宽。

袁翔甫示宪椽有诗回次其韵[63]

金镜无存铸铁胎(张九龄事),城春有恨怕登台。盈亏几见月圆缺,消长只观潮往来。将相于人宁有种，山川何地不生才。男儿上下四方志，未必英雄滞草莱。

次不花侄所寄【64】

细推天意卜人情，朝市山林孰重轻。转徙无方嫌地隘，升平有日待河清。缘知天下望安石，谁识辽东有管宁。莫怪桃源无梦寐，金鸡唱晓自光明。

辛卯春宿王元善宅值雪【65】

元冥何事妒春光，恼乱东风大作狂。玉宇千家欣出色，琼花万树恨无香。燕山如席应思鲁，剡水回舟孰继王。认得竹边老梅树，东君休讶水曹郎。

寿袁翔甫(庚子正月，生先生。辛丑。)【66】

我小于君仅一龄，雌雄何必论庚辛。梦探五色怀中笔，醉挂三花头上巾。步近日边金腰裹，瑞征天上石麒麟。传经有子飞腾易，太极存心物物春。

【存目】簹箮轩为张克旻作(三墩人。)【67】

社日偕震之兄郊行【68】

春序平分淑景妍，弟兄行乐过前川。催花膏雨霎时歇，擘柳盲风近午颠。孺子暂闲分肉手，冷官不进劝农篇。东君莫把人拘速，草褥花茵任醉眠。

庚戌冬道经新城偶题太安寺壁【69】

我与清溪有佛缘，松关来访老诗仙。水禽下照无台镜，风竹低参不语禅。措大可怜生白发，瞿昙无语坐青莲。横枝扶起宗风盛，始信吾师卓锡坚。

送方以愚会试【70】①

汉家天马遍流沙，始见神驹出渥洼。凤阙今年新进士，蛟峰此日大方家。鞭摇金水河边柳，②帽压琼林宴上花。辛苦平生读书眼，春风得意看京华。

---

① 《嘉靖淳安县志》《顺治淳安县志》《乾隆淳安县志》题"送方道叡赴春闱"。
② 《嘉靖淳安县志》《顺治淳安县志》《乾隆淳安县志》作"桥边柳"。

拜岳王墓[71]

石人石虎没荒榛，武穆忠魂唤不闻。高冢月寒明血磷，古祠尘暗冷炉熏。控颐槌重宁留桧，摩颈刀寒不贷云。千载汗青犹一日，湖山烟景几朝曛。

和沈玉泉韵[72]

蓬转天涯迹未安，感时无策济危难。蕉隍覆鹿空成梦，草地鸣蛙亦为官。补衮工夫须锦绣，调羹滋味惯醎酸。月娥已有中秋约，径欲凌风到广寒。

【存目】和散里平章游东安汪伯谅半山亭诗韵[73]、画鱼[74]、花时苦雨[75]、和李鹏飞紫童歌韵（李氏有紫竹杖，因曰"紫童"，且刻歌于节间云。）[76]、五月五日对雨有作[77]、九日同李仲逵游湘潭[78]、君文兄作书来问九日插萸会诗如何（赋此以寄。）[79]、买犊歌[80]、书药舟（沈玉泉以之寓兴。系湖州花城名家也。）[81]、题分阳麻姑仙祠壁[82]

（作者张良，复旦大学历史学系青年副研究员，上海 200433）

明代四书学文献丛考

曹景年

摘　要：前人对明代经学评价不高，导致明代经学文献缺乏必要的研究和整理，很多文献问题没有得到解决。论文对明代四书学十六个文献学问题进行考证，主要考证结果包括："蒙存浅达"之"达"当为李丕显《四书达说》；《石经大学》早在嘉靖三十四年之前就已传出；《四书考异》作者当为周应宾；周宗建仅有《论语商》而无《四书商》；王宗道《论语别传》非宋人著作；智旭《论语点睛》所引"方外史"为自称。还发现了耿定向《大学括义》、袁黄《中庸论语疏意》、管志道《石经大学辑注》、瞿汝稷《石经大学质疑》等文献的若干佚文，揭示了王衡《论语驳异》、张云鸾《四书经正录》、张岱《四书遇》的资料来源，以及晚明众多四书考据书辗转抄袭的现象。

关键词：明代　经学　四书学　文献

受科举考试的推动，四书成为明代最重要的经典，形成人人读四书、人人解四书的局面，明代也成为四书学的极盛时期，涌现了大量的四书学论著。据初步统计，明代专门的四书学著作有一千多种，今存的也有三四百种，但其中良莠不齐，真伪混杂，又因为前人对明代经学评价不高，认为主要是服务于科举考试的"高头讲章"，致使这类文献不为人注意。但它们毕竟是明代思想文化的一部分，与明代学术思想变迁密切相关，对于研究明代思想史及四书诠释史具有重要价值。笔者在研读明代四书学文献时，于其流传、版本、真伪等方面偶有发现，其中不乏重要人物的重要论著。今以丛考形式以时代为序汇集为十六条，或可对研治明代思想学术史有所裨益。

一、"蒙存浅达"之"达"为《四书达说》

蒙、存、浅、达是明代四种四书讲章代表作的简称，被认为是从《四书章句集注》到

《四书大全》这一系朱子四书学的正统传承者①,在明末清初成为一个固定的话语体系。蒙、存、浅分别指蔡清(1453—1508)的《四书蒙引》、林希元(1482—1566)的《四书存疑》和陈琛(1477—1545)的《四书浅说》,但由于"达"已亡佚,具体指何书后人存在争议。有人认为是王振熙的《四书达解》②,还有人认为是苏浚的著作③。王振熙,字君含,号晦生,福建南安人,万历三十八年(1610)进士,《经义考》著录其《学庸达解》三卷④。由于其中无《论》《孟》,且此书也没有产生太大影响,故是"达"的可能性不大。苏浚(1541—1599),字君禹,号紫溪,泉州晋江人,万历五年进士,晚年居家潜心著述,阐扬程朱理学,与蔡清、林希元、陈琛同属晋江学派学者。据文献记载,苏浚的四书学著述有《四书镜》《四书儿说》《解醒篇》⑤,均无以"达"字命名者。

今考"达"当是指李丕显之《四书达说》。李丕显,字宪文,号贞庵,福建长乐人,嘉靖十四年(1535)进士,崇祯《长乐县志》卷七有传,称"尝著四书及诗经达说,士子户诵,至今犹称贞庵达说"⑥。可见其书在明末有很大影响,足以与蒙、存、浅并称。又考诸明末清初的著作中,引用李贞庵达说者斑斑可见,如唐汝谔《四书微言》卷首书目有"李贞庵达说"⑦。清初陆陇其《三鱼堂四书大全》所引书也包括《达说》,乾隆时的郑大进作《张惕庵先生翼注论文序》云:"平湖陆清献公为国朝名儒之冠,平日笃信朱子,其手定《四书大全》尤一生精力所聚,择精而语详,顾于永乐官书旧本外仅增入五家,蔡氏虚斋《蒙引》、林氏次崖《存疑》、陈氏紫峰《浅说》、李氏贞庵《达说》,皆闽人,顾氏麟士《说约》,则吴人也。"⑧明确将李贞庵《达说》与蒙、存、浅并称,可见李氏《达说》为"蒙存浅达"之"达"无疑。

《达说》出现最晚,影响比蒙、存、浅差了不少,后被铺天盖地的四书新说所淹没,明清之际时虽有人重提,但只是附在蒙、存、浅之后。清代中期以后,终因无甚影响力而消

---

①　相关论述可参朱冶:《明代经学科举化与蒙存浅达话语的生成》,《教育与考试》2020年第6期。

②　肖满省:《蔡清评传》,厦门:厦门大学出版社,2013年,第181页。林振礼:《朱子新探——朱子学与泉州文化研究》,北京:商务印书馆,2018年,第279页。

③　朱冶认为"达"指王振熙《达解》,附注中又指出"另一说为苏浚撰",参《明代经学科举化与蒙存浅达话语的生成》,《教育与考试》2020年第6期。

④　朱彝尊撰,林庆彰等点校:《经义考新校》卷162,上海:上海古籍出版社,2010年,第2978页。

⑤　《四书镜》见《经义考》卷258著录,第4612页。后二种见清李清馥《闽中理学渊源考》卷70,《景印文渊阁四库全书》第460册,台北:台湾商务印书馆,1986年,第682页。

⑥　夏允彝纂:《长乐县志》卷7,见方宝川、陈旭东主编:《福建师范大学图书馆藏稀见方志丛刊》第7册,北京:北京图书馆出版社,2008年,第98页。

⑦　唐汝谔:《删补四书微言》卷首《援引书目》,日本国立公文书馆藏明刊本,第3页。

⑧　王崧:《揭阳县续志》卷4,清光绪十六年修,民国二十六年重印本。

失在历史长河中,以至于后人连它到底是哪部书都搞不清了。"蒙存浅达"并称的出现,是朱子四书学在明清之际复兴的一个重要标志,考证清楚四部书的具体所指,对探讨明代朱子学的发展有一定参考价值。如有可能,或许尚可以从晚明四书集说中辑出李氏《四书达说》的部分内容。

二、《石经大学》的初传时间

《石经大学》在晚明流传甚广,影响很大。据前人考证,它是丰坊在嘉靖年间所伪造,而郑晓、王文禄是较早的传播者,最早传出时间大概是嘉靖四十一年(1562),隆庆时王文禄将其刻入《百陵学山》,并作旁释①。但经笔者考证,此书早在嘉靖三十四年(1555)之前就已经出现,这是目前能够确定的最早传出时间。

王文禄《大学古本问》后跋语云:"癸亥冬,淡泉郑公曰:潘朴溪示蔡邕《石经大学》,'止至善'下接'古之欲明明德',后忘之。"②据此可知,郑晓是从潘朴溪处得知有《石经大学》的。潘朴溪,名潢,号朴溪,嘉靖时学者、官员,今有《朴溪潘公文集》九卷传世。据《明实录》,潘潢卒于嘉靖三十四年(1555)十月③,可见,至少在此年之前,《石经大学》已经开始传播,这是目前可以考知的《石经大学》的最早传出时间。郑晓《古言》云:"《大学》一篇初在《戴记》中,程子始表章,因而更定之,朱子为之章句,今传习者是也。汉大司农郑玄所注、唐国子祭酒孔颖达所疏皆古本也。元金华王氏柏、四明黄氏震、草庐吴氏澄、国朝正学方氏孝孺、山阴景氏□、温陵蔡氏清、莆田郑氏瑗、新安潘氏潢各有说。"④由此可见,潘氏原遵朱子本,后见石经本,以为异,故示同事郑晓。

另外,清毛奇龄《大学证文》云:"至明嘉靖间,忽有魏正始本石经出于甬东丰考功坊家,其时海盐郑端简晓从同邑许黄门仁卿宅得其书,极为表章,且笔之《古言》,以溯其所由来。"⑤其《古文尚书冤词》卷一又云:"万历十二年,南户部员外房伯元得魏政始石经《大学》本于科臣许仁卿家,实考功郎中丰坊伪造本也,疏请立学官。"⑥按以上两事应该

①　可参林庆彰:《丰坊与姚士磷》(上海:华东师范大学出版社,2015年)、王汎森《明代后期的造伪与思想争论》(收入《晚明清初思想十论》,上海:复旦大学出版社,2004年)、陈彦敏《明伪造本〈石经大学〉的产生、传播及其辨伪》(《经学文献研究集刊》第26辑,上海:上海书店出版社,2021年)等的考证。

②　王文禄辑:《大学古本》,《百陵学山》本,第9页。

③　《明世宗实录》卷427,台北"中央"研究院历史语言研究所影印本,第7391页。

④　郑晓:《古言》卷上,《四库全书存目丛书·子部》第86册,济南:齐鲁书社,1997年,第500—501页。

⑤　毛奇龄:《大学证文》卷2,《景印文渊阁四库全书》第210册,第289页。

⑥　毛奇龄:《古文尚书冤词》卷1,《景印文渊阁四库全书》第66册,第546页。

是同一件事,但因记忆错乱,存在不少讹误。首先,"房伯元"当为"唐伯元"。其次,"许仁卿"可能是"唐仁卿"之误,仁卿为唐伯元字。许仁卿,字天爵,浙江临海人,嘉靖七年举人。盖石经《大学》与唐伯元关系最为密切,因为他曾将其上之于朝,而当时又有名许仁卿者,于是以讹传讹,遂误唐仁卿为许仁卿。

三、耿定向《大学括义》佚文

《经义考》著录耿定向《大学括义》一卷,云存①。今耿定向文集中无此篇,然其文集所收《绎书》中有《绎石经大学》一篇,末云:"因览石经此篇而括其义如此。"②则《绎石经大学》应即《大学括义》。又明谭贞默《三经见圣编》卷一〇二引耿定向"石经大学括义"一段,末云:"乃括其意指,为义于左。"③此段文字不见于文集,推测当为《绎石经大学》之卷首按语,此更可证《绎石经大学》即《大学括义》,但收入文集时不知何故删去卷首按语一段,今既保存于《三经见圣编》中,可据以补足。

四、袁黄的四书学著述

袁黄(1533—1606)④,号了凡,浙江嘉善人,万历十四年(1586)进士,举业名家,其四书学著述有《四书删正》和《中庸论语疏意》两种。

《四书删正》六卷,日本国立公文书馆藏有两本,皆可网上阅览。关于《四书删正》一书概况,林志鹏《袁黄〈四书删正〉考述》及《试论袁黄〈四书删正〉之传布与禁毁》两文有详细讨论⑤。据其所考,此书最初称《四书便蒙书》,刻行于嘉靖乙卯(1555),内容主要是"大删朱注而略存其可通者",是对朱子注的精简,刻行后非常流行,"五十年来遍传天下"⑥,然未署其名。万历时有人将此书改为《四书删正》,并署袁氏之名。袁氏又曾作《四书疏意》,仅有《中庸》及《上论》,主要是疏通经文义理,内容较为繁琐,与《删正》仅删减朱注的体例、用意皆不同。后来鉴于《删正》较为流行,遂将二书合刊,并补足《大学》

---

①　朱彝尊撰,林庆彰等点校:《经义考新校》卷 160,第 2926 页。

②　耿定向:《耿定向集》卷 10,傅秋涛点校,上海:华东师范大学出版社,2015 年,第 387 页。

③　谭贞默:《三经见圣编》卷 102,日本国立公文书馆藏清顺治刊本,第 21 页。

④　章宏伟:《袁了凡生卒年考》,《中国道教》2007 年第 6 期。

⑤　林志鹏:《袁黄〈四书删正〉考述》,《中国典籍与文化》2016 年第 3 期。

⑥　袁黄:《〈游艺塾文规〉正续编》,武汉:武汉大学出版社,2009 年,第 451 页。

《下论》及《孟子》的"疏意",将其刻在《删正》页眉,此即今日所见日本国立公文书馆所藏之《四书删正》。

《中庸论语疏意》曾经风靡一时,影响很大,但今已亡佚。王肯堂《论语义府》引用"删正"108 条,"疏意"79 条。查所引《疏意》止于前十篇,可见确实来自《疏意》原本。经对照,《义府》所引《删正》全部来自今本《删正》页眉之"疏意";又将其所引《疏意》与《删正》页眉之"疏意"对照,不尽相同,《义府》所引"疏意"文繁于《删正》。由此可知,《删正》页眉之"疏意",是删减原单行之《疏意》而来,并非《疏意》原文。盖《删正》与《疏意》同时流行,学者可同时引用。《疏意》又往往省称"疏",晚明四书说解中凡称引"论语疏"、"中庸疏"者,大都指此书。《论语义府》所引 79 条《疏意》来自已经亡佚的《中庸论语疏意》原本,弥足珍贵,对于研究袁黄的四书学和明万历时期的四书诠释具有重要参考价值。

五、管志道的四书学著述

管志道(1536—1608),字登之,号东溟,江苏太仓人,隆庆五年(1571)进士,其学问主张三教融合,黄宗羲《明儒学案》将其附入《泰州学案》。管志道于四书均有著述,总称"四书订测",其中每书又可以分为订释、测义两种。订释是重新订正经文章句,并对朱注进行点评,正其误、补其不足;测义则是对经文义理的发挥和引申。上海图书馆藏有一部"四书订测",内容较全。由于四书各部分并非同时成书,而且成书后也经历多次修改,故其版本问题较为复杂。

管志道最初因受《石经大学》的影响,而对《大学》产生浓厚兴趣,相关思考贯穿了其整个后半生,而对《中庸》《论语》《孟子》的阐释则是在《大学》诠释完成后进行的。上海图书馆藏本的《大学》部分包括三种,即《重订古本大学章句合释文》一卷(附《辨石经大学错简》)、《古本大学辨义》一卷(附《子思亲承尼祖道统说》)、《石经古本大学测义》三卷。全书卷首有作于万历丙午的《重订古本太学章句序》,《石经古本大学测义》卷首有作于万历丙午的《石经古本大学测义引》。据两篇自序可知,此本是管志道晚年在其早期注本的基础上修订而成的定本。其早期注本今已亡佚,但在明末则颇有流传并产生一定影响,其具体情况亦略可考知。《重订古本太学章句序》云:

> (《石经大学》)余一见即起大信,而亦不无小疑,殚精绸绎者数年而信益笃,乃于万历癸巳、甲午两年间先为订其章句而削经传之名。然隐隐怀疑,未知果合孔壁之旧否。

迨甲辰冬,患下堂之伤,历乙巳、丙午而艰于履。困衡且两年,思之思之……释文多沿朱子旧注,而有注之所未尽者,则先有《测义》三卷,续有《或问辨义》三十二条。

《石经古本大学测义引》云:

　　当京口麟出之年,余有内艰,不预宾朋吉会,将先师耿恭简公所贻《石经古本大学》①一帙,合先友唐仪部仁卿呈过御览者,殚精绸绎,有省,既为订《章句》而注解之,复为作《测义》而敷演之,《章句》遂有请梓之者,而《测义》中不无危言奥论,嫌于越俎而谋,揭日而行者,日抱行不掩言之羞,藏箧且一纪矣……乃敢检出就正有道……编分上中下三卷,亦有累年问辨诸札与此测相发明者,间取附入其中。

又《石经大学测义》上卷题下云:

　　余于癸巳、甲午两年间留心此书,先订章句,辑朱注而损益之,复草《测义》三卷而不敢轻出,迨丙午春乃稍微修饰而出之。

由此可见,管志道曾于万历甲午(1594)据《石经大学》订正朱子的《大学章句》,并作《测义》三卷,所订正的《章句》得以刊行,而《测义》则隐藏十余年未公布,直到万历丙午(1606)才在重订《章句》后,与《或问辨义》等一起刊行。

　　关于这个早期刊行的版本,明吴应宾《古本大学释论》云:"瞿元立少师事管东溟先生,先生欲立石经辑注,属元立商榷,元立遍索群书,有《石经质疑》及《续质》《续记》《锡山书》凡三通,并见管先生《石经》附录。"②又谭贞默《三经见圣编》卷一〇二引管志道"重订中庸章句注释序"、"表彰石经大学序",又抄录瞿汝稷辨《石经大学》之伪的书信及管志道的覆书,述及管志道关于石经的观点时有"据所作'重订中庸章句注释序'、'石经大学章句辑注及序、附录'等语"云云,此可证管志道初所订书名为《石经大学章句辑注》,且附有瞿汝稷《石经质疑》及讨论《石经大学》真伪的书信三通,吴应宾、谭贞默均见到此

---

　　① 刘勇断为"《石经》、古本《大学》"(《变动不居的经典:明代〈大学〉改本研究》,北京:生活·读书·新知三联书店,2016年,第171页),又将其释为"其师耿定向所赠《石经大学》和《大学古本》"(同上书,第168页)。其实这里的古本与石经为同一本,石经即是古本。

　　② 吴应宾:《古本大学释论》,《故宫珍本丛刊》第22册,海口:海南出版社,2000年,第95页。

本,故能参考其附录的讨论文字,尤其是谭书大篇幅抄录书信内容,这些内容因管志道初订本已经亡佚,且重订本已将其删除,所以显得尤为珍贵。而谭氏所谓"表彰石经大学序"应为此本的自序。清初徐乾学《传是楼书目》卷一著录了管志道《石经大学辑注》一本①,当即此书。此是其《大学》撰述之经历。

至于《中庸》《论语》《孟子》之撰述,万历丁未(1607)管志道去世前一年所作《孟义订测序》云:

> 志道于万历甲午栖慧庆寺,草《大学测义》既毕,自觉思神颇索,将游艺于《孟子》七篇,掀梁惠王上下章一阅,深服朱注之简当精切,乃复掩卷而叹曰:"紫阳朱夫子,注之圣也,是书除知言养气一章、《告子》《尽心》两篇外,弗订可矣。"乃置之而成《中庸论语订释》,且各以《测义》附其后,陆续脱稿,概不敢浪出示人,而于孟义逡巡尤甚……岁丁未,薄龄已邻孔寿,乃息机待尽之年也,感有别兆,启予尽出四书释草,而孟义之出,则感于焦太史弱侯尤深,复感粮道蔡宪长虚台公规我立言尚简,何不将前《论语》《学》《庸》之订释测义合为一编而芟其烦。予退省曰果哉! 事已遂而难反矣,七篇则犹未晚,乃合而一之,名曰《孟义订测》,虽然,《论语》《学》《庸》之分两编,亦有不得已者。②

万历戊申(1608)管志道去世后其子管珍记其事云:

> 丁未秋,病痢几危,阅冬差可,乃力疾从事《孟子》七篇,惟日不足,夜半披衣而起,手僵执笔,忍冻忍饿,秉烛不知其达旦也,逼岁除而完《订测》,并序首简。③

由此可知,管志道关于《中庸》《论语》的订释、测义是在万历甲午《大学测义》完成之后才着手写作的,然亦与《大学测义》一起隐藏十余年,直到去世前一二年才公布。《孟义订测》则是去世前一年仓促写成的,是为了凑成四书注解的全璧而作,为方便起见故将订释、测义合为一编,而《学》《庸》《论》三书的订释、测义则仍旧分立。最终,经过管氏的统一订正,将诠释四书的著作合并在一起刊刻行世。今上海图书馆藏所藏的版本,除了上述《大学》部分三种外,尚有《中庸测义》一卷、《重订中庸章句注释》二卷、《重订论语注

---

① 徐乾学:《传是楼书目》卷1,《续修四库全书》第920册,上海:上海古籍出版社,2002年,第659页。
② 管志道:《孟义订测》,《四库全书存目丛书·经部》第157册,第478、479页。
③ 管志道:《孟义订测》,《四库全书存目丛书·经部》第157册,第480页。

释》十卷、《孟子订测》七卷，仅缺少了《论语测义》一部，略有遗憾。

六、瞿汝稷《石经大学质疑》佚文

瞿汝稷（1548—1610），字元立，常熟人，瞿景淳之子，以门荫受职，师从管志道，但反对其所推崇的《石经大学》，并作《石经大学质疑》一文以驳之，这是一篇较早对《石经大学》提出质疑的重要文献。《经义考》著录瞿汝稷"《石经大学质疑》一卷，存"，引管志道曰："瞿元立名稷，号洞观，常熟人，以邵武守投劾归。"又引钱一本曰："近有《石经大学》，虞山瞿元立考辨至为精核，其为伪造之书无疑，而管登之崛强不服，真所谓师不必贤于弟子。"①吴应宾《古本大学释论》云："瞿元立少师事管东溟先生，先生欲立石经辑注，属元立商榷，元立遍索群书，有《石经质疑》及《续质》《续记》《锡山书》凡三通，并见管先生石经附录。"②可见《石经大学质疑》曾作为管志道《石经大学辑注》的附录，但管书今已无存，瞿文也未见流传。今考谭贞默《三经见圣编》卷一○二详引《石经大学质疑》一文及管答书，③尚可略窥瞿文的基本内容，对于研究《石经大学》的传播史有一定价值。

七、胡文焕《四书图要》改窜本

胡文焕《四书图要》，日本国立公文书馆藏《百家名书》第 17 册收录，卷首有万历丁酉（1597）自序。此书是胡氏从《四书大全》《四书蒙引》等书中抄录的关于礼乐名物的考证、图解。国家图书馆藏有一部《新刻四书图要》二卷，题黄耳鼎、金寿祖撰，万历二十六年戊戌（1598）游一川刻本，经比对，两书内容一致，仅个别地方略有差异，如胡书卷下有孟子标目，黄书无；胡书多用圆圈，黄书偶用圆圈；胡书卷下有明堂图一题，黄书无。综合考察，可以基本确定黄书应系改窜自胡书。《中国古籍总目》又著录徐邦佐《新刻四书图要》二卷，崇祯间刻本，藏日本尊经阁文库④，此书时代较晚，且与胡氏书名一致，或亦是改窜自胡书。

① 朱彝尊撰，林庆彰等点校：《经义考新校》卷 161，第 2945 页。
② 吴应宾：《古本大学释论》，《故宫珍本丛刊》第 22 册，第 95 页。
③ 谭贞默：《三经见圣编》卷 102，第 23—28 页。
④ 中国古籍总目编纂委员会：《中国古籍总目·经部》第 2 册，中华书局、上海古籍出版社，2012 年，第 880 页。

八、王衡《论语驳异》袭用王肯堂《论语义府》

王衡(1561？—1609)，字辰玉，号缑山，太仓人，万历二十九年(1601)进士，万历首辅王锡爵之子，著名剧作家。《论语驳异》是王衡的代表作，完成于万历三十七年，日本国立公文书馆有藏本，主要内容是抄集当时流行的各种《论语》注解并一一点评。此书主要批驳了当时以禅解四书的倾向，主张回归文本，以客观、平实的态度解释四书，是晚明"拨乱反正"的一部代表性作品。该书多在引文末尾标明出处，然亦有不标注者，则不详谁氏之说，令人颇生疑窦。将其与王肯堂《论语义府》一一对照，方明所以。

王肯堂，字宇泰，金坛人，万历十七年进士，万历时名臣、朱子学者王樵之子，著名医学家。其所著《论语义府》是一部关于《论语》的集说，影印收入《四库全书存目丛书》经部第161册，其中王肯堂本人之语与所引各家往往相互夹杂，二者区别方法是，凡在引文末标明出处者为所引他人之语，未标出处者为王氏自语。以此标准对照《论语驳异》，发现凡《驳异》已标出处者均与《义府》全同，且排列次序亦完全一致，而未标出处者恰都是《义府》中的王氏自语。另外，《驳异》在抄录《义府》时偶有因前后混淆导致误标出处者，如"学而时习之"章第一大段引文标出自《慈湖训语》①，其实在《义府》中此段话是王肯堂本人的话，其下一段话才出自《慈湖训语》②；"觉与梦对"句标出自《传习录》③，而在《义府》中则标《九龙纪晦》，此条上一条才是《传习录》④。另外，《驳异》标出处时有省字现象，如《论语疏意》或省称《论语疏》，《王奉常集》省称"王奉常"等。由此可见，《驳异》是把《义府》当成资料汇编来看的，王衡要批评众说，而《义府》恰已经把各家说法收集齐全，故正好拿来利用，然不明言其资料来自《义府》而使读者懵然，终有袭夺之嫌。

九、张云鸾《四书经正录》袭用张振渊《四书说统》

崇祯三年(1630)，礼部尚书李腾芳、礼部右侍郎李孙宸上疏，请求纠正科场文体，禁止异端邪说，崇祯皇帝下旨严加整治⑤。同年，无锡县生员张云鸾诣阙上书，备言以李贽

① 王衡：《论语驳异》卷1，日本国立公文书馆藏明刊本，第2页。
② 王肯堂：《论语义府》卷1，《四库全书存目丛书·经部》第161册，第384页。
③ 王衡：《论语驳异》卷1，第6页。
④ 王肯堂：《论语义府》卷1，《四库全书存目丛书·经部》第161册，第388页。
⑤ 见张云鸾《四书经正录》卷首李孙宸序及张云鸾疏引，日本国立公文书馆藏明崇祯刊本。

为代表的邪说败坏经书正义及科举文风,并将自己编的两部经书讲义,即《四书经正录》《尚书经正录》进献。这两部书折衷新旧之说而"一轨于正","凡有邪说惑人处提出点破"①。虽然他身份卑微,但崇祯皇帝还是对他予以褒奖,让他到北京去做贡生。次年即将此书刊行,李孙宸为其作序。

《四书经正录》书名"盖取经正民兴,斯无邪慝之义"(李序),是一部由儒生编撰且经皇帝批准刊行的"辟邪崇正"之书,重点批评的是发端于泰州学派,而为李贽所发扬光大的崇尚自然、欲望、自由,泯灭真伪是非界限,突破纲常、以臆说经的风气。经对照,此书主体内容是在张振渊《四书说统》基础上删改而成,但所有说法均不标出处,如《大学》首章第一段"章意",由空格分为三节,第一节系《四书说统》之《大学》开首的"大学之道章旨"中的张振渊按语,第二节即"真修只在知止,真止只在真修"一句,节录自《四书说统》同条所引吕泾野语,第三部分"定静安虑之必自知止"云云,节录自《四书说统》所引李见罗语②。据此书体例,仅有低二格之"谨按"才是作者本人的意见。从此书的编纂用意看,目的是批判异说并确立合法的解说,故未标注出处。

十、晚明四书考据书辗转抄袭

晚明出现了一大批四书考据书,主要是对四书人物、名物及所引经文的考证。这类书最早的是薛应旂于嘉靖时编刻的《四书人物考》,其后万历时陈禹谟编纂了大型考据书《经言枝指》一百卷,包括《汉诂纂》《谈经苑》《引经释》《人物概》《名物考》五种。天启、崇祯时,考据书大量涌现,今存的约有十余种。对比这些书的内容,发现其中存在很多雷同和辗转抄袭现象,刘尚以刻于崇祯七年的陈仁锡《四书备考》为基础对此作了初步讨论,认为《四书备考》将陈禹谟《四书名物考》与薛应旂《四书人物考》合二为一,并加以增订,后来在此书基础上又衍生出多种翻刻本,他列举了《四书通典》《汇订四书人物名物经义合考》等八种③。刘文的基本思想是对的,即认为这类书大多是翻刻他人之书而成,存在相互抄袭现象,但他认为《四书备考》是这类书的祖本,其他书皆系此书之翻刻,则未必准确。

---

① 见张云鸾《四书经正录》卷首张云鸾上疏。

② 上述三条均见张振渊《四书说统》卷1,日本国立公文书馆藏明天启刊本,第3页。

③ 刘尚:《晚明商业出版繁荣与失范并存的写照——陈仁锡〈四书备考〉成书与翻刻考论》,《古籍研究》第76辑,南京:凤凰出版社,2022年。

　　刘文通过列表对照了《四书备考》与《四书通典》的异同，发现二者在条目名称、数量等方面多有异同，但由于他有《四书备考》在先的先入之见，遂简单推定《四书通典》改窜自《四书备考》，并认定《四书通典》卷首早于《四书备考》刊刻时间的序是伪作。其实简单根据二书之异同不能确定谁先谁后，例如他认为《四书通典》对《四书备考》的条目有合并，但为什么不能是《四书备考》对《四书通典》条目的分解呢？另外，刘文认为凡早于《四书备考》的各书之序都是伪托，包括张溥辑《汇订四书人物名物经义合考》卷首的崇祯五年序，此皆是其先入之见使然。据笔者考证，此类考据著作，最早的一部大概是天启年间黄焜编的《真珠船》二十卷，其后又有天启七年王梦简的《四书征》十二卷，都在《四书备考》之前。大抵此类考证之书在晚明甚为盛行，相互之间辗转抄袭，其间之复杂关系已难详考，亦无详考之必要，陈仁锡《四书备考》乃其中一种，但绝非首创者，盖因陈仁锡名气较大，此书流传较广，遂使人对此书较为重视。

十一、《四书考异》作者为周应宾

　　刻于崇祯时的陈仁锡《四书备考》卷首有《四书考异》，不署作者姓名①，按常理推断应为陈氏本人所辑，然事实并非如此。考明张自烈《四书大全辩》卷首的《中庸外传考异》署顾起元辑②，《论语考异补》及其后的《学庸考异补》和《孟子考异补》均署陈仁锡③，可能是抄自陈仁锡的《四书备考》。上述关于四书的《考异》其实都来自周应宾的《四书考异》一书。《四书考异》是周应宾《九经考异》的一部分，成于万历三十六年（1608），作者因读《说文》，发现其所引《论语》《诗》《书》等与今本多不同，于是"取石经残碑及《十三经注疏》，摘其同异者纂而次之已，又旁采《汉书》《史记》以及唐宋诸儒论撰凡有关于经文者，悉汇焉"④。而陈士元（1516—1597）此前已有《五经异文》，但缺四书，因此，《九经考异》除了修补增订《五经考异》外，在四书异文考订方面也具有开创性。陈仁锡《四书备考》卷首录其书而没其名，实属不当。

---

① 见《四库全书存目丛书·经部》第164册，第549页。
② 《中庸外传考异》见《四库全书存目丛书·经部》第167册影印明崇祯刻本《四书大全辩》卷首，第567页；《中庸外传考异》是张自烈从顾起元著作《中庸外传》中抄录而来，故署顾氏名，但顾书这部分内容亦应来自周应宾《四书考异》，因顾书成于万历四十五年（1617），明显晚于周应宾的《九经考异》。顾书东北师范大学有藏本；卷首有顾氏万历丁巳序，参see北师范大学图书馆编：《古籍善本书目解题》，长春：吉林省文化厅，1984年，第49页。
③ 《论语考异补》等三书见日本国立公文书馆藏清顺治刻本《四书大全辩》第2册。
④ 周应宾：《九经考异·题辞》，《四库全书存目丛书·经部》第150册，第585页。

十二、高攀龙《大学知本大义》

《千顷堂书目》著录高攀龙《古本大学》一卷①,《经义考》著录高攀龙《大学知本大义》一卷,云存,且引自序②。今《高子遗书》卷三有《古本大学题词》《大学首章约义》《大学首章广义》及两篇附录③,《经义考》所引自序即《题词》一文,可知此数篇当为一体,即高攀龙对《古本大学》之研究成果,亦即《千顷堂书目》《经义考》所著录之书,由此推知,《经义考》所谓"大学知本大义",似当作"大学古本大义"。

十三、周宗建《四书商》当为《论语商》

周宗建(1582—1626),字季侯,吴江人,万历四十一年进士,张鼐门人,天启年间东林党人,后被阉党杀害。其子周廷祚所撰《行实》称所著有《论语商》等行世④,《经义考》著录《论语商》二卷,⑤此书后收入《四库全书》,书首有其作于万历丁巳(1617)之自序,言:"近吏苕中山间,事简,时与诸生互相商问,年余之后遂积成帙,间一检之,平不近释淡不入玄,以较近来虚参超悟之指,几为嚼蜡,业已弃置笥中,而余友邹肇敏、卓去病强出观之,便为订定,西湖诸友遂乃索付之梓。"⑥而其师张鼐《宝日堂初集》卷十一有《周季侯四书商叙》,云:"《四书商》者,周令季侯于政暇进诸生而商孔孟之语也,先是张子作《读书印》刻垂成,而季侯以《书商》至,张子读而快之。"⑦称其书为《四书商》。对于这一矛盾,清周中孚《郑堂读书记》卷十三《论语商》条下解释说:"盖季侯愿尽解四书而仅成此一种也。"⑧考张鼐《读书印》,日本国立公文书馆藏有万历丁巳序刊本,周氏《论语商》自序亦作于此年,而张序称"作读书印刻垂成,而季侯以书商至",可见张氏所序者即《论

---

① 黄虞稷:《千顷堂书目》卷2,瞿凤起、潘景郑整理,上海:上海古籍出版社,2001年,第45页。
② 朱彝尊撰,林庆彰等点校:《经义考新校》卷161,第2937页。
③ 高攀龙:《高子遗书》卷3,《景印文渊阁四库全书》第1292册,第349页—355页。
④ 周廷祚:《先考文林郎福建道监察御史赠太中大夫太仆卿来玉府君行实》,《周忠毅公奏议》附录,《续修四库全书》第492册,第174页。
⑤ 朱彝尊撰,林庆彰等点校:《经义考新校》卷221,第4014页。
⑥ 周宗建:《论语商》,《景印文渊阁四库全书》第207册,第432页。
⑦ 张鼐:《宝日堂初集》卷11《周季侯四书商叙》,《四库禁毁书丛刊·集部》第76册,北京:北京出版社,1997年,第290页。
⑧ 周中孚:《郑堂读书记》卷13"论语商"条,《续修四库全书》第924册,第166页。

语商》,之所以称《四书商》,乃是一种泛称,并非后又作《四书商》一书。

十四、王宗道《论语别传》为明人著作

方勇先生主持编纂的《子藏》儒家部之《论语卷》第11—12册收录《论语别传》二卷,署"宋王宗道撰",并称采自明天启间刻《赵氏三书》。《中国古籍总目》著录书名、作者、出处并同,但卷数为五卷①。盖《赵氏三书》共包括三部书,计五卷,《论语外传》仅二卷。然此非重点,重点在于此书并非宋人所撰。

《论语外传》上下卷的署名为:"天彭忘机王宗道著,莱子弗如赵僎参。"翻阅其内容,多引王阳明、罗汝芳、王畿、袁黄等人之语,则其为明人著作无疑。又其中多引佛经、僧人之语以解《论语》,则是典型的万历后以佛解经的路数。又所谓《赵氏三书》,除《论语别传》外,另两种是袁宗道的《海蠡编》及宋张九成的《论语颂》,《海蠡编》是以佛解四书的代表作,而《论语颂》也是儒佛融通之作,可见三书有共同特点,即都以佛理解释儒经。查阅各种资料,均未找到此明人王宗道之生平信息。宋代确实也有一个王宗道,《经义考》著录其《易说指图》等著作,据所引《宁波府志》称,此人是浙江奉化人,嘉定元年进士,为江东提刑司干官②。

十五、张岱《四书遇》的资料来源

张岱,明末清初著名文学家,其《四书遇》一书于20世纪80年代被发现后,引起较大反响,成为学界研究的一个热点。该书以自写感悟为主,并广引各种资料上百种,有研究者因此认为此书是张岱特意为保存晚明四书学资料而作③。其实此书所引资料大多并非出自原书,而是出自当时流行的四书集说类文献。晚明四书集说甚多,比《四书遇》征引丰富的比比皆是,不需要靠他这本书来保存,且张岱也只是随手抄录来表达个人感想、阐发四书经义而已。经考察,发现《四书遇》的资料来源至少包括以下三种:

第一种是张振渊《四书说统》。张振渊,字彦陵,万历间仁和人,所著《四书说统》一书广集各家之说,在晚明很有影响。张岱在书中多次征引张彦陵语,这说明他对《四书

---

① 中国古籍总目编纂委员会:《中国古籍总目·经部》第2册,第787页。
② 朱彝尊撰,林庆彰等点校:《经义考新校》卷33,第585页。
③ 参简瑞铨:《张岱〈四书遇〉研究》,东吴大学博士学位论文,2007年,第84页。

说统》中的资料是有使用的。如《孟子》"知言养气"章张岱连续引用了丘月林曰、梁无知曰两条①，而《四书说统》此章也同样并列引用丘月林和梁无知语②，由此可断定张岱《四书遇》所引是直接搬自《四书说统》，而非引自原书。

第二种是《四书眼评》。《四书眼评》是署名梁知的《四书眼》与署名李贽的《四书评》两书的合刊本，今日本国立公文书馆有藏本③。其书以杨（起元）云、李（卓吾）云分别代表《四书眼》与《四书评》的内容。《四书遇》征引杨复所（起元）语 40 余处，李卓吾语 10 余处，这些引语大部分来自《四书眼》与《四书评》，但并非来自原书，因为张岱常常把杨、李二人引文前后并列，如《论语·学而》"君子食无求饱"章，张岱同时引用李卓吾、杨复所二人语④，内容与《四书眼评》完全相同，很明显是直接抄自合刊本的《四书眼评》。

第三种是王肯堂《论语义府》。王肯堂字宇泰，《四书遇》多次引用王宇泰语，这是其利用此书的证据。又《四书遇》于《论语》"贤贤易色"章引"张恭简云"⑤，当出自《论语义府》，因《义府》此章亦引此文，但作"先恭简云"⑥，而先恭简即王肯堂之父王樵的谥号，张岱可能不知道是谁，故误抄为张恭简。又"惜乎吾见其进"章引"李肃敏公尝问人以此章之义"亦见《义府》，作"御史大夫李肃敏公尝问余云"⑦，张岱直接以尊称抄录过来，且将"问余"改为"问人"。

由上述三则资料可见，张岱撰写《四书遇》时阅读最多的可能不是各家注解的原书，而是各种四书集说，并从其中摘录自己需要的资料。这也从一个侧面反映出晚明时期四书集说类书籍非常流行，成为很多人四书知识的重要来源。

十六、智旭《论语点睛》所引"方外史"

智旭（1599—1655），晚明四大高僧之一，所著《论语点睛》是晚明以佛解《论语》的代表作，其中多引"方外史"之语，日本著名四书学学者佐野公治以为确有其人，并认为存在方外史《四书解》一书。⑧ 其实"方外史"很可能是智旭的自称，饶洁琳引台湾学者释圣

---

① 张岱：《四书遇》，杭州：浙江古籍出版社，1985 年，第 399 页。
② 张振渊：《四书说统》卷 26，第 9 页。
③ 参曹景年：《李贽〈四书评〉真伪新考》，《海峡人文学刊》2024 年第 1 期。
④ 张岱：《四书遇》，第 78 页。
⑤ 张岱：《四书遇》，第 73 页。
⑥ 王肯堂：《论语义府》卷 1，《四库全书存目丛书·经部》第 161 册，第 394 页。
⑦ 张岱：《四书遇》，第 219 页。王肯堂：《论语义府》卷 1，《四库全书存目丛书·经部》第 161 册，第 594 页。
⑧ 佐野公治：《四书学史的研究》，张文朝、庄兵译，台北：万卷楼图书公司，2014 年，第 278—284 页。

严的考证云：

> 方外史旭求寂，这是《性学开蒙》中所用的智旭署名。方外史，意即世家之人，旭求寂，可能是智旭求寂的略称，也许是在刻版时把"智"字脱漏，所以"旭求寂"三字亦未可知。

饶洁琳又进一步考证说：

> 蕅益除了在《性学开蒙》中自称为"方外史"，他在《灵峰宗论》中也有同样的说法。至于蕅益为什么要采用"方外史"这样特殊的行文方式来评注，主要应该是为了更好地有区别性地呈现自己的观点。综观整部《四书蕅益解》，并非所有表达自己观点的地方都以"方外史"行文，注明"方外史曰"的地方，通常是在引用了他人的说法之后。①

这一说法确当有据，可以补佐野先生之疏漏。

（作者曹景年，孔子研究院助理研究员，曲阜 273100）

---

① 饶洁琳：《〈四书蕅益解〉儒佛会通思想研究》，湖南大学硕士学位论文，2012 年，第 28 页。

扬州学派"创通"特征申论*

董恩林

摘　要：本文以张舜徽《清代扬州学记》"叙论"所总结的清代扬州学派的学术特征为基础，结合扬州学派学者著作及百年来学者研究成果，并就学界的一些误解，对清代扬州学派在学术上的"创通"特征试作进一步的申述与论证，将其归纳为四个方面：一是训诂考证与义理阐述的贯通，即既注重经学研究中古文经学家所重视的训诂考证，也注重经学研究中今文经学家所重视的义理阐述。二是传统经史子集四部文献研究的贯通，即其治学范围广大、学识渊博，既注重经学研究，也旁及子、史、集三部文献的研究，上下贯通几千年。三是"道"与"艺"的贯通，即将古奥深僻的汉学研究与经世致用的实学研究结合起来。四是学术门户的贯通，即其学术胸襟开阔，不主门户之见，不立学派疆界，兼容汉、宋，融会吴、皖。

对清代扬州学派的学术特征，舜徽师在《清代扬州学记》"叙论"中有一段概括，十分精辟，广被引用：

> 尝考论清代学术，以为吴学最专，徽学最精，扬州之学最通。无吴、皖之专精，则清学不能盛；无扬州之通学，则清学不能大。然吴学专宗汉师遗说，屏弃其他不足数，其失也固；徽学实事求是，视夫固泥者有间矣，而但致详于名物度数，不及称举大义，其失也褊。扬州诸儒，承二派以起，始由专精汇为通学，中正无弊，最为近之。夫为专精之学易，为通学则难。非特博约异趣，亦以识有浅深弘纤不同故也，郑康成之所以卓绝以此耳。清儒专门治经，自惠、戴开其先，天下景从而响和者，无虑皆能尽精微而不克自致广大。至于乾隆之季，其隘已甚，微扬州诸儒起而恢廓之，则终清之世，士子疲老尽

　＊　本文系国家社会科学基金重大项目"清人文集经义整理与研究"（17ZDA259）的阶段性成果。

气以从事者,杂猥而已耳,破碎而已耳。①

先生这一段话说明了三个问题:一是扬州学派的学术特点,即由专精汇为通学,圆通广大、中正无弊。二是扬州学派的学术渊源,即承惠、戴而起,张扬其专精之长,创归为通识之学。三是扬州学派的学术地位。舜徽师认为如果没有扬州学派对惠、戴经学的发扬光大、融会贯通,清代经学终将只是杂猥破碎的饾饤之学,并不能最终昌明汉儒经训,所以扬州学派是清学由精微致广大的功臣。

　舜徽师在"叙论"中还对扬州学派的"创、通"特质,作了进一步的分析,指出:"扬州学者治学的特点,首先在于能'创',像焦循的研究《易经》,黄承吉的研究文字,都是前无古人,自创新例。其次在于能'通',像王念孙的研究训诂,阮元的研究名物制度,汪中的辨明学术源流,都是融会贯通,确能说明问题,这都是吴、皖两派学者们所没有,而扬州诸儒所独具的精神和风格。"②认为可用"能见其大,能观其通"八个字来概括他们的学术特点,具体而言体现于六个方面:一是对待学术采取求同存异的态度;二是能用变化发展的观点分析事物;三是推广了学者求知的领域;四是突破了传注的重围;五是不从事声气标榜;六是肯承认自己的短处。这六点中,第一点是治学态度,第二点是思维观念,第三点是学术领域,第四点是训诂范围,第五、六两点是学术风格。显然,不是在一个学术层面或一种学术范畴上的归纳,且只用了 1800 余字来阐释,似意有未尽。故几十年来,一方面是舜徽师对清代扬州学派学术特征的上述概括,几乎成为研究扬州学派的经典名言,凡是研究扬州学派的学者,不论他是赞赏还是反对舜徽师的研究结论,对扬州学派学术特征的再总结、再研究,都必须先引征舜徽师上述所论;另一方面,学者们也试图突破先师之论,以创新其结论③。但现在看来,扬州学派究竟是如何创新的、如何突破传注范围的、如何破除门户之见的、如何扩大治学范围的、如何自我谦益而取长补短的,学者们的研究似乎仍然没有脱出先师所论藩篱。另外,值得注意的是,在体认扬州学派学术特征的问题上④,有一种现象,就是当代少数学者在论及扬州学派学术特点时,出于

　　① 张舜徽:《清代扬州学记》第一章,武汉:华中师范大学出版社,2005 年,第 6 页。
　　② 张舜徽:《清代扬州学记》第一章,第 6 页。
　　③ 可参阅王俊义《论乾嘉扬州学派的特色》(《中国人民大学学报》1990 年第 1 期)、郭明道《论扬州学派的学校特征》(《扬州大学学报》2003 年第 3 期)、王伟康《试论清代扬州学派的特征》(《江苏广播电视大学学报》2006 年第 5 期),等等。
　　④ 对扬州学派的学术特征,已取得不少研究成果,可参阅王俊义《论乾嘉扬州学派的特色》(《中国人民大学学报》1990 年第 1 期)、郭明道《论扬州学派的学术特征》(《扬州大学学报》人文社会科学版 2003 年第 3 期)、王伟康《试论清代扬州学派的特征》(《江苏广播电视大学学报》2006 年第 5 期)等。

表彰扬州学派的良好愿望,试图在舜徽师研究基础上创新对扬州学派学术特征的概括,将扬州学派的学术特征总结为诸如"不尚墨守"、"无门户之见"、"力主创新"、"注重实际"、"经世致用"等等,这并没有错,但实际论述中往往偏重于阐述扬州学派创新、突破、实用、总结的一面,而忽略了扬州学派对传统学术继承、专精的一面,似乎扬州学派的学者是一群"革命者",专干"破旧立新"的事,甚至有学者认为扬州学派是乾嘉经学之外的一个流派,以"多元化学风"、"重博学传统"为特征,是一群学者型文人①。这些实际上是对扬州学派学术特征的一种误解,也是对舜徽师所总结的扬州学派"创通"特点的一种肤浅认识。因此,笔者以为有必要在先师研究基础上再尝试进一步的申论与归纳。

我们在体认扬州学派学术特征时,首先要强调的是,扬州学派是乾嘉朴学流派之一,它既传承了吴派之专,又发扬了皖派之精,用田汉云先生的话总结就是:

> 这个群体的学术宗旨,是求"古学"之"是"。王念孙《经传考证序》说,他多次读到刘台拱的经说,"叹其好古而能求其是,深得作者之意,而不为所域"。所谓"好古而能求其是",是王念孙对扬州学派治学宗旨的简当概括。王引之《经义述闻序》谈王念孙的学术,王念孙评价李惇、汪中、刘台拱、朱彬这些同乡朋友,也是以这一点作为基调。汪中《与巡抚毕侍郎书》自言"为考古之学,惟实事求是,不尚墨守",也是这样的观点。再看扬州学派其他学者的观点或者治学实践,都是相当一致的。这个学术宗旨,在学术方向上有取吴派,在学术方法上有取于皖派,但在传承过程中又有重要创新。大体看来,扬州汉学家尊崇汉学、排斥宋学,近于吴派而异于皖派;精研古义而不尚墨守,近于皖派而优于吴派;关于"古学""古义"内涵的拓展,超越吴、皖两派。②

因为整个清代乾嘉朴学派,包括吴派、皖派和扬州学派,宗旨都在于以经书研究为目标,重在恢复东汉古文经学家贾逵、马融、许慎、郑玄等经学大师的传注解说,"用小学说经,用小学校经而已矣"③。这就是被朴学家视为圭臬的训诂考证法。它由考订一字一词的古训入手,然后衍及一句一章。"一字之义,必本六书,贯群经以为定诂",通过"以字考经,以经考字"的反复推求④,考证字义,辨别名物,弄清古制,疏通传注,做到"必征之古

① 参见龚鹏程《清代中叶的扬州学派》,载《清代扬州学术研究》,台北:学生书局,2001 年。
② 引自学礼堂《研经探古 述往思来——田汉云先生访谈录五·扬州学派研究(下)》,"学礼堂"微信公众平台,网址:https://mp.weixin.qq.com/s/rWNamSnHi6lnbXngnZTuag.
③ 龚自珍:《高邮王文简公墓表铭》,《龚自珍全集》,北京:中华书局,1959 年,第 148 页。
④ 段玉裁:《戴东原先生年谱》,杨应芹、诸伟奇《戴震全书》第 7 册,合肥:黄山书社,2010 年,第 134 页。

而靡不条贯,合诸道而不留余义,巨细毕究,本末兼察"①。戴震等人确立的"由小学而通经学"的研究方法被乾、嘉时代的朴学家普遍接受。扬州学派代表人物阮元也称:"古今义理之学,必自训诂始。"②因此,扬州学派每一位学者都是围绕《十三经注疏》,以经学研究为主的,几乎都是遵循从古文字入手,重视声音训诂,以求经书意义的原则,都是经学研究专精之家。王念孙、王引之父子的专精自不用说,其《广雅疏证》《读书杂志》《经义述闻》《经传释词》没有吴皖学派那种专精研究为基础是不可能产生的。其提出的"就古音求古义,引申触类,不限形体"的原则,被段玉裁誉为"尤能以古音得经义,盖天下一人而已矣"③。焦循则谓"高邮王氏,郑、许之亚"④。连当时反对汉学研究的方东树也认为:"近人说经,无过高邮王氏《经义述闻》,实足令郑、朱俯首,自汉唐以来,未有其比也。"⑤汪中的《明堂通释》《释三九》《左氏春秋释疑》也是专精研究的结晶。焦循是扬州学派中反对考据名目最力者,但他融会群经而写的《明堂论》却是有关名物制度方面的名著,他研读《易经》而写成的《易学章句》、《易图略》、《易通释》三书,更是易学研究的专精之作,发展和超越了吴、皖两派在这方面的研究。阮元是扬州学者中治学最为通达、广博者之一,但他的文集《揅经室集》中许多专篇考释论文如《明堂论》《封泰山论》等都是专精的经学研究之作。即使是以总结清代学术史而闻名的江藩,也是以专精的汉学考据成就为基础的,其所撰《隶经文》四卷、《续隶经文》一卷,便是考订经义、综论群经之作,尤以考释古代礼制、名物为主,范围几乎涉及《十三经》中每一部经典。正如台湾著名学者林庆彰先生所说:"扬州学者对《十三经注疏》的校勘、刊刻和研究,是乾嘉学术中吴、皖学者所不及的。应可认为扬州学派的一种学术特色。扬州学者较早注意到《十三经注疏》的是焦循,他在乾隆四十六年购得汲古阁本《十三经注疏》,阅读时逐经加以批校,前后历四十年。其次是阮元,阮氏在嘉庆六年担任浙江巡抚时,在诂经精舍给学生的论文题目有《唐孔颖达五经义疏得失论》,今《诂经精舍文集》卷六中收有关于此一论题的论文五篇,作者是胡敏、赵坦、陶定山、钱福林、周中孚等五人。阮元并延聘段玉裁、顾广圻等人校勘《十三经注疏》,后来完成《十三经注疏校勘记》二百四十三卷。除阮元校勘和刻印《十三经注疏》外,刘文淇祖孙三代是对《十三经注疏》中的注和疏下最多工

　①　戴震:《与姚孝廉姬传书》,载《戴震集》,上海:上海古籍出版社,1980年,第184页。
　②　阮元:《冯柳东三家诗异文疏证序》,载《揅经室续集》卷1,《清代诗文集汇编》,上海:上海古籍出版社,2010年,第477册,第612页。
　③　段玉裁:《经韵楼集》卷8《王怀祖广雅注序》,道光元年七叶衍祥堂刻本。
　④　焦循:《雕菰集》卷6《读书三十二赞》,《清代诗文集汇编》第472册,第67页。
　⑤　方东树:《汉学商兑》卷中之下,《汉学商兑　汉学商兑赘言》,北京:北京联合出版公司,2017年,第154页。

夫的学者。"①对十三经及其注疏的整理、校勘、钻研,无疑也是一种专精研究的表现。总之,扬州学派成员都是专精的经学家、朴学家,他们是乾嘉朴学流派的成员之一,这是我们体认扬州学派学术特点的基础。

只有在此基础上,我们才能科学地体认扬州学派另一主要学术特征:兼容并包、融会贯通。扬州学派的代表人物阮元在《传经图记》一文中说:"有陋儒之学,有通儒之学。何谓陋儒之学?守一先生之言,不能变通。其下焉者,则唯习词章、攻八比之是务,此陋儒之学也。何谓通儒之学?笃信好古,实事求是,汇通前圣微言大义,而涉其藩篱,此通儒之学也。"②阮元这番话概括出了扬州学派最为明显的一个特征,那就是兼容并包、融会贯通。也就是舜徽师所说:"扬州之学最通。"治学兼容并包、融会贯通,走通儒的道路是清代扬州学派的共识。扬派学者处于汉学鼎盛的乾嘉时期,一方面深受皖派首领戴震的影响,治学实事求是,无征不信;另一方面,对清代经学日益暴露出来的拘隘、繁琐等弊端明察洞观,志在必去。他们强调"会通",主张"日新",反对"据守",怀疑"定论"。焦循云:"古学未兴,道在存其学;古学大兴,道在求其通。"③意思就是说,在经学没有复兴之时,治学要以复兴古学为己任;而当经学已经复兴之后,就应当努力会通经学、集其大成,而不宜继续拘守门户、老死一家师法。焦循的这一观点,代表了扬州学派治学的共同旨趣。

可见,扬州学派这种"创""通"是专精基础上的创通,既与乾嘉宋学流派的义理贯通不一样,也与经学以外一般意义上的无专主的多元化学风不一样。无论是就扬州学派的学术特征来看,还是就"通"的语义来讲,"通"字都不仅仅是贯通之意,它包括胸襟的豁达、纵横的贯通、观念的创新、理论与实践的联结等等。结合先贤时彦的研究成果,我们认为,扬州学派这种求实创新、兼容会通的学术特征,具体表现在下列四个方面:其一是训诂考证与义理阐述的贯通,即既注重经学研究中古文经学家所重视的训诂考证,也注重经学研究中今文经学家所重视的义理阐述。其二是传统经史子集四部文献研究的贯通,即其治学范围广大、学识渊博,既注重经学研究,也旁及子、史、集三部文献的研究,上下贯通几千年。其三是"道"与"艺"的贯通,即将古奥深僻的汉学研究与经世致用的实学研究结合起来。其四是学术门户的贯通,即其学术胸襟开阔,不主门户之见,不立学派疆界,兼容汉宋,融会吴、皖。下面,就此四点稍作论证。

---

① 林庆彰:《刘文淇〈左传旧疏考正〉研究》,《清代经学研究论集》,台北:"中研院"中国文哲研究所,2002年,第463—464页。

② 载《国粹学报》第一年第3号,光绪三十一年。

③ 焦循:《与刘端临教谕书》,《雕菰集》卷13,第149页。

一、训诂考据与义理阐释的贯通

汉学的特点是特别注重经学阐释中的训诂考据,以追求古训古义,清代吴、皖两家都继承了这一传统经学路数。尤其是吴派代表人物惠栋,更是认为:"汉人通经有家法,故有五经师,训诂之学,皆师所口授,其后乃著竹帛。所以汉经师之说,立于学官,与经并行。五经出于屋壁,多古字古言,非经师不能辨。经之义存乎训诂,识字审音,乃知其义。是故古训不可改也,经师不可废也。"①可见,即使是吴派惠栋,也是希望通过训诂认识经典大义的。但吴派学者事实上并没有做到以训诂通大义,而是以训诂替代大义,乃至舜徽师指其"自其以一门为天地,以汉儒为宗师,笃信谨守,不知其他,耳目局隘已甚,不复广采兼收,以会通经说之全,则其学之流于胶固,亦势所必然耳"②。皖派领袖戴震也同样十分注重通过经传训诂考据,以求经传大义。他在《古经解钩沉序》中说明了小学训诂与经学阐释的关系:"经之至者,道也;所以明道者,其词也;所以成词者,未有能外小学文字者也。"并明确提出:"由文字以通乎语言,由语言以通乎古圣贤之心志"的解经途径③。所谓"道"、所谓"明道"、所谓"圣贤之心",都是理解与阐释经典思想大义的意思。其弟子段玉裁在《戴东原集序》中也说:"始,玉裁闻先生之绪论矣。其言曰:'有义理之学,有文章之学,有考核之学。义理者,文章、考核之源也。孰乎义理,而后能考核,能文章。'"④可见戴震强调"义理"是训诂考据之源,先熟义理而后训诂考据以证之。因此,戴震在训诂考据和阐述经传义理方面都取得了巨大成功。但皖派学者除戴震外,后继学者很少能够在经传训诂考据的同时兼顾义理推阐的,诚如章太炎所说,对于义理追寻,戴震的"弟子已是摒除净尽了"⑤。段玉裁在晚年总结自己的学术道路时说:"喜言训故考核,寻其枝叶,略其本根,老大无成,追悔已晚。"⑥如歙州学者金榜"专治《三礼》,以高密(即郑玄)为宗,不敢杂以后人之说,可谓谨守绳墨之儒矣。"⑦可见"皖派"自戴震后,其弟子大都埋首小学训诂,鲜谈义理。焦循在《与刘端临教谕书》里说,"明儒不通汉儒

---

① 惠栋:《松崖文钞·九经古义述首》,《清代诗文集汇编》第284册,第49页。
② 张舜徽:《清人文集别录》卷5,武汉:华中师范大学出版社,2004年,第132页。
③ 戴震:《戴氏文集》卷5,《清代诗文集汇编》第353册,第490页。
④ 段玉裁:《经韵楼集补编》卷上,《经韵楼集》,上海:上海古籍出版社,2008年,第370页。
⑤ 章太炎:《国学概论》第二章"国学的派别",上海:上海古籍出版社,1997年,第28页。
⑥ 段玉裁:《经韵楼集》卷8《博陵尹师所赐朱子〈小学〉恭跋》,道光元年七叶衍祥堂刊本。
⑦ 江藩:《国朝汉学师承记》卷5,北京:中华书局,1983年,第78页。

旧说，其弊在于不学；近时江南千余里中，士人好谈许、郑而不能深造自得，其弊在于不思”，“证之以实，而运之于虚，庶几学经之道也”。他认为“古学”之兴已有数十年，应当从摭拾旧闻转向寻求贯通，而“求其通”的要诀在于面对丰富的材料而能精思明辨，从焦循的研究成果来看，他所说的这个“精思明辨”显然不仅仅训诂考据时的思辨，也包括义理阐释的思辨，证之他在与孙星衍讨论考据学的书信中所说“无性灵不可以言经学”，即可明白，他所说“性灵”实即“求其通”的思辨。

而扬州学人不仅继承了吴、皖两派训诂考据的经学，也真正实践了以训诂通大义的治学路数，将经传字词训诂考据与经传大义阐述有机结合起来，以发展变化观念从事考证。如汪中《春秋列国官名异同考》考古代官制，阮元《明堂论》考明堂制度，都以历史的纵向比较见长，取得了前人所没有过的学术成就。再如朱彬《礼记训纂》、王念孙、王引之父子的《经义述闻》《读书杂志》《经传释词》、焦循《孟子正义》、刘文淇《春秋左传旧注疏证》、刘宝楠《论语正义》等，考证训诂兼具精确性与系统性，在专精训诂的基础上，不忘经典大义的阐释。汪中考述荀子传经之功，认为从周公作经、孔子述经，再到荀子传经，构成先秦儒家学统，这种学统论实为重大的创见，对于儒家的道统论是一种补充与延伸。凌廷堪阐述古礼通例，阮元论先秦儒家伦理学，焦循考释《周易》《论语》思想理论范畴，都有训诂考证与会通大义相结合的特征，在儒学基本理论研究方面，都达到深刻性与超越性的统一。以扬州学人中最近于专门训诂考据的王念孙、王引之父子为例，其《广雅疏证》《经义述闻》《经传释词》《读书杂志》，几乎都是专门的校勘、考证之作，谈不上什么阐述大义，但恰恰是这几部重要著作，为人们理解经史大义提示了门径、开启了大路，使“诘屈聱牙的古书，一变而为普通人所能懂得了”①。这是因为王念孙认为：“说经者，期于得经意而已。前人传注不皆合于经，则择其合经者从之。其皆不合，则以己意逆经意，而参之他经，证以成训。虽别为之说，亦无不可。必欲专守一家，无少出入，则何邵公之墨守，见伐于康成者矣。”②十分坚守“无征不信”的王念孙，竟然提倡“以己意逆经意”，其以训诂通经传大义的思想卓然可昭。学者周知，古书训诂有两大难题——“通假”与“虚字”，王念孙、王引之等对群书训诂作了大规模的综合研究工作，以音求义，探求语根，从而归纳出一些基本规律，极大程度上解决了这些难题。如王引之《经传释词》，从“九经、三传及周、秦、西汉之书”中收集了160个虚词，逐一分析，比较其意义、用

① 章太炎：《国学概论》第二章“国学的派别”，第28页。

② 王引之：《经义述闻序》，《经义述闻》卷首，南京：江苏古籍出版社，2000年，第2页。

法、演变,概括出一个原则,"揆之本文而协,验之他卷而通"①。体例完善,训释精当,"学者执是书以求之,当不悖谬于经传矣"。② 阮元写作《论语论仁》也是从考据入手,对《论语》凡五十八章 105 个有关"仁"字的用法进行统计归纳,并依据郑玄的经注,确立了一种新的"仁"学理论。这才是真正的以训诂通经传大义,将训诂与大义阐释结合起来,而有别于宋学以心性通经传大义。其他如汪中的《述学》、焦循的《易学三书》《孟子正义》、凌廷堪的《礼经释例》,及阮元《揅经室集》中的《论语一贯说》《孟子论仁论》《性命古训》《曾子注释》等,都是通过训诂推求圣贤义理的杰作。又如阮元将考据学分为二类,一类是"浩博之考据",即烦琐考据;一类是"精核之考据",阮元强调了后一种考据性质的重要性,这种考据思想实际上是将戴震所主张的"综形名""任裁夺"的考据思想进一步细化和发展,阮元所撰的"明堂论"以及后来主持编纂的《经籍籑诂》《十三经注疏校勘记》等成果,都贯彻了这一思想,这在一定程度上总汇了乾嘉朴学在训诂、校勘、解经方面的成就。这些都体现了扬州学人以训诂通大义的特征与成就。

二、经史子集四部的贯通

清代朴学家们研究经学,重视证据,不取空言。综观其发展历程:第一步为挽救明末空疏之弊,于是由小学以通经学,并考索古代的名物与典章制度。顾炎武可为代表,后来便成为乾嘉学派的先驱。第二步由于对经学的深入研究,发觉宋儒解经,多非孔孟本义,因进而排击程朱。戴震可为代表,后来扬州学派代表焦循、阮元更相继有所发展。第三步,由经学而旁及周秦诸子,始于校勘训诂,进一步研究其思想内容。从而,兴起清代百余年研究诸子之学的风气。

扬州学人治学范围宏阔,志向远大,不仅精研一经或几经,且旁及经、史、子、集,上下贯通几千年,远超吴、皖两地学人偏守经学的规模。如汪中,经学研究有《春秋述义》《大戴礼记正误》《经义知新记》《春秋列国官名异同考》等,史学有《国语校讹》《广陵通典》等,子学则有所校《老子》《荀子》《墨子》《新书》《吕氏春秋》等,其《老子考异》提出创见,认为老聃、老子、老莱子三人各不相同,五千言《老子》的作者是晚出于孔子之后的人。文学则有《广陵对》等文章脍炙人口。特别是他曾拟撰写《述学》一百卷,其目的在

---

①　王引之:《经传释词自序》,《经传释词》卷首,南京:江苏古籍出版社,2000 年,第 2 页。
②　阮元:《经传释词序》,《经传释词》卷首,第 1 页。

"博考先秦古籍,三代以上学制废兴,使知古人之所以为学者"①,规模甚为宏大,包括虞夏、周礼之制、列国、孔门、七十子后学、通论、释经、旧闻、典籍、数典、世官等篇章。虽只完成了数卷,但其大纲尚存,足见其打通四部的通学规模。王念孙、王引之父子虽然毕生用力在文字、音韵、训诂和校勘方面,但其治学"熟于汉学之门户而不囿于汉学之藩篱"②,不仅精研十三经各部,也广涉《国语》《史记》《汉书》《战国策》《逸周书》及战国秦汉诸子,广泛校勘了《管子》《晏子春秋》《墨子》《荀子》《老子》《庄子》《韩非子》等,开子书研究先河。且校勘一书、考证一字义,往往内证、外证兼用,搜及经、子、史、集诸部,追溯上下数代,能将一书正文与注文中掺杂、妄加、妄删、妄改、衍脱、破句、错简等各种错误尽行检出,铸成铁证,令人不可推翻。汪、王二人将研究范围扩大到先秦诸子,对清末的子学研究产生了很大的影响。焦循更是一位博学通家,不仅精研易学,也深入其他十二经,著有《六经补疏》《三礼便蒙》《论语通释》《孟子正义》《群经宫室图》等;不仅专精经学,也遍涉子、史,于史学参编《扬州府志》、独著《北湖小志》,于戏剧文学、子学则有《花部农谈》《孙子算经注》《红薇翠竹词》等。即使是身为封疆大吏的阮元,其治学也是博通百家、笔耕不辍,一生著述、辑录、编刻的书籍用"等身"二字远不足比,仅一百零六卷的《经籍籑诂》、四百一十六卷的《十三经注疏》及校勘记、一千四百卷的《皇清经解》就足证其辉煌的通经通学成就,五十八卷的《揅经室集》则是其经学与文学成就的结晶,四十六卷的《畴人传》是他对史学的贡献。其他扬派学者如任大椿、刘台拱、江藩等也都博通四部,有通儒之誉。如王鸣盛评任大椿:"年甫逾冠,而笃志经术,覃精稽古。……求诸今世,实罕辈俦。进而不已,其将为一代之通儒无难也。"③刘台拱经学则有《论语骈枝》《经传小记》《汉学拾遗》,史学则有《国语补校》,子学则有《荀子补注》《淮南子补校》等。段玉裁论刘台拱:"于天文、律吕、六书、九数、声韵之学,莫不该洽……精思卓识,坚确不移,阐先儒未发之秘。当世通儒,佥谓悬诸日月而不刊。故卢文弨、戴东原、邵二云、王怀祖诸君著书,多采择焉。"④阮元论江藩:"淹贯经史,博通群籍,旁及九流、二氏之书,无不综览。"⑤他们不仅在经学、音韵、训诂方面前无古人,而且在史学、文学,乃至天文、地理、历算、科技诸方面也有突破性的进展。

① 汪喜孙:《容甫先生年谱》,载《新编汪中集》附录一,扬州:广陵书社,2005年,第21页。
② 王引之:《经义述闻序》,《经义述闻》卷首,第2页。
③ 王鸣盛:《西庄始存稿》卷24《赠任幼植序》,《续修四库全书》集部第1434册,第313页。
④ 段玉裁:《经韵楼文集补编》卷上,《经韵楼集》,第387页。
⑤ 阮元:《定香亭笔谈》卷4,嘉庆五年扬州阮氏琅嬛仙馆刻本。

　　另如以金石辩证经史就是扬州学者有特色的研究方法。清代金石学大兴,在学者眼中,因其"与经史相表里"①。阮元是一大家,曾作《金石十事记》,叙述其致力于金石学的十件大事,他酷爱金石的目的在于以证经史。他认为:"形上谓道,形下谓器,商、周二代之道存于今者,有九经焉。若器则罕有存者,所存者铜器钟鼎之属耳。古铜器有铭,铭之文为古人篆迹,非经文隶楷缣楮传写之比,且其词为古王侯大夫贤者所为,其重与九经同之。"②把金石提到了与九经同等重要的位置,而且他讲平湖朱右甫与之同好,"得一器,必摩挲考证之,颇于经史多所创获"③。汪中也是金石名家,晚年撰一联云"家藏射阳石刻,身典金山秘书",把收藏汉画像石看作与主持校勘文宗阁《四库全书》一样,可见金石在他心中的位置。其《石鼓文证》《古玉释名》《汉雁足镫盘铭释文》《释印》等论述也都很精辟。

　　又如把子学中的天算引入经史研究也是扬州学者的贯通特色所在。扬州学派中精通天文历算者大有人在,如陈厚耀、李惇、焦循、阮元、黄承吉都精于此道。陈厚耀以其天算之长治《春秋》,以四分历为基准精密推算,编制《春秋》朔分年月表,再制《长历》,"举春秋二百四十二年,一一推其朔闰及月之大小,而以经传干支为佐证,皆述杜预之说而考辨之"④。其后,宝应成蓉镜著《春秋日南至谱》,以四分历与三统历对照,重新发现三统历的学术价值。甘泉罗士琳著《春秋朔闰异同》,以古六历与三统历参证《春秋》所见历法文字,指出杜预《春秋长历》之局限。天算学的引入无疑给《左传》学研究注入了新的活力。焦循数学功夫深厚,除著有《加减乘除释》八卷、《天元一释》二卷、《释弧》三卷、《释轮》二卷、《释椭》一卷外,还把天文、数学方法运用于经学研究,以之治《易》得相错、旁通、时行三法则,自我认为:"夫祖冲之立岁差,傅仁均立定朔,当时泥古者惊为异说。余以此三事说《易》,亦祖氏之岁差,傅氏之定朔也,知我者益加密焉,余之所深冀也。"⑤这种贯通无疑是极富创意的,故阮元赞之曰:"闻所未闻者惊其奇,见所未见者服其正,卓然独辟,确然不磨。"⑥阮元精通算学,重视算学,虽然没有专著问世,但其《畴人传》以及将众多天算学者列入的《儒林传稿》,这无疑是把天算学作为经学的重要组成部分,可以说阮元是较早

　　① 钱大昕:《潜研堂文集》卷 25《关中金石记序》,上海点石斋光绪十五年本。
　　② 阮元:《商周铜器说上》,《揅经室三集》卷 3,《清代诗文集汇编》第 477 册,上海:上海古籍出版社,2010 年,第375 页。
　　③ 阮元:《积古斋记》,《揅经室三集》卷 3,第 385 页。
　　④ 永瑢等:《四库全书总目》卷 29,北京:中华书局,1965 年,第 240 页。
　　⑤ 焦循:《易图略自序》,《雕菰集》卷 16,第 296 页。
　　⑥ 阮元:《焦氏雕菰楼易学》,《揅经室一集》卷 5,第 67 页。

将自然科学与社会科学结合起来的学术领导人，其意义是深远的。

三、道与艺的贯通

这是将古奥深僻的汉学研究之道与经世致用的实学之艺结合起来，加以融合贯通。乾嘉经学诸儒常为人诟病的地方就是皓首穷经、不问世事。实际上，乾嘉诸儒的穷究经学是有其时代背景与无奈的，无可厚非。其中，吴派兴起最早，恰逢雍乾文字狱高峰期，也就最不能表达胸中经世之志。随着时代的进步，继起之皖派，则已可践行济世之志，故皖派学者如戴震等经学大师便能够关注实学，阐述经传济世致用的大义。至扬州学人，时代愈发进步，他们已经能够体察到汉学脱离实际的弊端，开始仰慕清初大儒注重经世的情怀与抱负，远承顾炎武通经致用的学术宗旨，主动向经世实学回归。扬州学派道与艺的贯通，表现在两个方面，一是在汉学研究中注重"实测"、实证、实践，实事中求是。如凌廷堪说："西人言天，必本诸实测；犹之汉儒注经，必本诸目验。"①焦循则运用"实测"方法在《易》学研究中取得巨大突破；又如阮元在《畴人传》卷首语里说，术数的研究方法极为精妙，就它遵循"实事求是"理念的特质而言，对人类社会生活具有指导意义。针对宋儒空谈心性的理学，扬州学派大力宣导实学，提出了"以礼代理"的口号，这应该被看作通经致用的一个重要表征。如阮元认为，礼是儒学的核心，是修身治国的根本。"心之大端，治之必以礼。""理必附于礼以行。空言理，则可彼可此之邪说起矣。"②明确指出了以礼代理进行修身治国的重要性。凌廷堪说："圣人之道，一礼而已矣。""舍礼而言道，则杳渺而不可凭；舍礼而言德，则虚悬而无所薄。"焦循提出用礼来重新调整现实社会中的人际关系，指出了礼的作用和理的弊端。③"礼"是中国传统社会的重要实践活动，所谓"礼者履也"，即是指其浓厚的实践、实事色彩，以礼代理，无疑意味着重视实事与实践。

二是将经学研究与时代现实之用结合起来。如扬州学派中最勇于批判现实的代表人物汪中，就曾说："中少时问学，实私淑诸顾宁人处士，故尝推六经之旨，以合于世用。"④汪中推崇顾炎武的经世致用思想，并以此为自己的治学宗旨，贯穿于自己的治学中。他之所以特别看重荀子，且为《墨子》翻案，关注《老子》《吕氏春秋》等子书，就是因

---

①　凌廷堪：《复孙渊如观察书》，《校礼堂文集》卷 24，北京：中华书局，1998 年，第 219 页。

②　阮元：《性命古训》，《揅经室一集》卷 10，《清代诗文集汇编》第 477 册，第 125 页；《书东莞陈氏学蔀通辩书后》，《揅经室续集》卷 3，《清代诗文集汇编》第 477 册，第 659 页。

③　凌廷堪《校礼堂文集》卷 4《复礼上》、卷 24《复钱晓征先生书》。焦循《雕菰集》卷 10《礼说》。

④　汪中：《与巡抚毕侍郎书》，载《新编汪中集》，扬州：广陵书社，2005 年，第 428 页。

为他看到了子学对中国传统政治的巨大修正作用,对传统名教思想的批判意义,从而能够对世风日下的社会有所救赎。他的不少论著都是直接就社会现实问题立论的,如《哀盐船文》《妇人无主答问》《女子许嫁而婿死从死及守志议》等,都是他反思社会问题的杰作。其子汪喜孙也强调:"通经与力行,更不必别","道与艺合,道与器俱。"①另一代表人物焦循也推重经世之学,认为经学诠释的最终目的在于立身处世,指出:"经学者,以经文为主,以百家子史、天文术算、阴阳五行、六书七音等为辅,汇而通之,析而辨之,求其训故,核其制度,明其道义,得圣贤立言之指,以正立身经世之法"②他所撰《孟子正义》及《雕菰楼集》中"性善解"等十七解,都是针对传统礼教、宋明理学毒害社会而发的。如他在《格物解二》中大声疾呼:"孟子称公刘好货,太王好色,与百姓同之,使有积仓而无怨旷,此伏羲、神农、黄帝、尧舜以来修己安天下之大道!"③故经世致用之作在焦循的著作中占有很大比例,如《扬州图经》《里堂学算记》《医说》《剧说》等。扬州学派的领军人物阮元治学更注重应用于实际。他任漕运总督时,运用数学知识创盘粮新法,主编《畴人传》,研究治水的规律,指导诂经精舍的学生研究清朝火炮的制造情况,等等。扬州学派后期主要成员刘文淇、刘宝楠、汪喜孙等都有经世致用的力作。

重视应用研究是扬州学者经世致用思想的又一个表现。如数学应用研究,扬州学派中会通中西数学者人才辈出。李惇、焦循和焦廷琥父子、阮元、黄承吉等都精于中西数学,他们的研究所及遍涉数学中算术、几何、三角到数学史、微积分等方面,其中焦循的《加减乘除释》对算术运算理论作了开创性的研究。又如汪喜孙比较重视当时的经济政策研究,体现在他《读孟子》《树艺说》等论文中。他主张推广农作物优良品种,注重林农物产的综合利用,因地制宜垦植西北山地,合理利用水资源,禁止滥捕水产、滥伐林木等。阮元组织编纂的《畴人传》四十六卷,成为我国历史上第一部科学技术方面的专著,其意也在推动科学技术的应用,突破传统文化中只重经典、轻视科技的思想意识。

四、学术门户的贯通

在中国经学发展史上,自汉代以来,历代经学研究者无不在传统经典注释上下功

---

① 汪喜孙:《从政录》卷1《与任阶平先生书》,《汪喜孙著作集》中册,台北:"中央研究院"中国文哲研究所,2003年,第413、414页。
② 焦循:《与孙渊如观察论考据著作书》,载《雕菰集》卷13,第148页。
③ 焦循:《格物解二》,载《雕菰集》卷9,第95页。

夫,形成了经学研究世代相传的格局。清代乾嘉学者们一反宋明空言说经的弊端,主张回到汉代注经的轨辙上,却形成了多少有些壁垒的吴、皖等学人群体。尽管这些学者个人品格上,都是相互尊重、比较开通的,但在学术上却少不了门户之见,如吴派的坚守汉学师法家法,皖派的痛批宋学等。

　　扬州学人贯通门户之见的典型表现就是从吴、皖学者身上感受到了作为汉学家自身的偏狭墨守和固执己见,因而学术胸襟比较开阔,不主门户之见,不立学派藩篱,兼容汉宋,融会吴、皖,吸取吴、皖各家之长补己之短,力求创新。如焦循治学,力破考据、汉学、宋学之类作茧自缚的名目,在其文集《雕菰集》卷八《辨学》中指出:“今学经者众矣,而著书之派有五:一曰通核,二曰据守,三曰校雠,四曰摭拾,五曰丛缀。”①接着焦氏分析了五种立说方式的利弊,以为“五者兼之则相济。学者或具其一,而外其余,余患其见之不广也,于是乎辨”。在《雕菰集》卷十三《寄朱休承学士书》中又说:“说者分别汉学、宋学,以义理归之宋。宋之义理诚详于汉,然训故明乃能识羲、文、周、孔之义理。宋之义理,仍当以孔子之义理衡之,未容以宋之义理,即定为孔子之义理也。”②他对《周易》的研究便运用数理知识,跳出了汉代象数《易》学的窠臼。又如阮元,主张学术兼顾经学与理学、汉学与宋学,谓:“两汉名教,得儒经之功;宋明讲学,得师道之益。皆于周孔之道得其分合,未可偏讥而互诮也。……综而论之,圣人之道譬若宫墙,文字训诂其门迳也。门迳苟误,跬步皆歧,安能升堂入室乎?学人求道太高,卑视章句,譬犹天际之翔出于丰屋之上,高则高矣,户奥之间,未实窥也。或者但求名物,不论圣道,又若终年寝馈于门庑之间,无复知有堂室矣。”③把汉学、宋学利弊讲得很清楚,故他对群经的研究就不受传注束缚。又在主政各地时广设书院培养人才,不拘门户广收汉宋各派学者于门下专心研究学问,撰《汉学商兑》抨击扬州学派的方东树就曾栖身于阮元门下。故刘师培《扬州前哲画象记》有云:“自汉学风靡天下,大江以北治经者,以十百计。或守一先生之言,累世不能殚其业。或缘词生训,歧惑学者。惟焦、阮二公,力持学术之平,不主门户之见。”④

　　其实,扬州学人中,并非焦、阮二人如此,如汪中父子也同样是兼容各学派的,主张:“汉、宋之学,可不必分。……读周、孔之书,为周、孔之学,安有所谓汉学哉?”⑤汪中平常不轻许可时人,但对钱大昕、程瑶田、王念孙、孔广森、刘端临等人,“或以师事之,或以友

---

① 焦循:《雕菰集》卷8,第79页。
② 焦循:《雕菰集》卷13,第142页。
③ 阮元:《揅经室一集》卷2《国史儒林传序》,《清代诗文集汇编》第477册,第22页。
④ 刘师培:《左盦外集》卷20,载《刘申叔遗书》,南京:江苏古籍出版社,1997年,第1896页。
⑤ 汪喜孙:《与任阶平先生书》,《从政录》卷1。

事之,终身称道弗衰焉"①。这几个人中,钱大昕是吴派的,程瑶田、孔广森是皖派的。具体而言,如汪中与吴派孙星衍在石鼓文和明堂问题上,既相互讨论切磋,又各持己见,汪中对待问题既立足考据,又运用合理的推理与演绎,孙星衍则相对拘谨,故孙氏评论其二人的学术差异说:"中与予学术最相契合,唯论明堂、石鼓意见不同耳。其长不可及也。"②阮元也与孙星衍讨论过明堂问题,但他同样没有门户之见,而是在求之经史、不拘一家之说的考索中,尽量通过史料来说明,分别采用了惠士奇和孙星衍的观点,使其研究获得了他人所不及的成功。为此,擅说今文经学的晚清学者皮锡瑞也认为,"得阮氏之通识,可以破前儒之幽冥矣"③。又如焦循与"吴派"后期的领袖人物江声,曾就焦氏所著《群经宫室图》展开的一场辩难,相互难以说服对方,焦循遂将江声书信附于是书之末,跋曰:"人有撰述以示于人,能移书规之,必此书首尾皆阅之矣。于人之书而首尾阅之,是亲我重我,因而规我。其规之当,则依而改之;其规之不当,则与之辨明。亦因其亲我重我而不敢不布之以诚,非恶夫人之规己而务胜之也。处士两书,……久珍而藏之箧,恐子孙不知,以为是与余辨论者,为素不相好也,特表明之。"④又如王念孙《读书杂志》为世所称,但他校《淮南子》时,所据只有《道藏》本,未能见到宋本,所以还是存在不少问题。后来吴派顾广圻借到宋本《淮南子》,复校一遍,又订正了许多讹误。王引之亟称顾氏"心细识精",并补刻顾校于《淮南子杂志》后。顾广圻对王念孙来说是后生,这件事足以说明王氏不专己守残,具有善于吸取他人之长的精神。连最守师法的江藩也能够在撰成《国朝汉学师承记》七卷后,接受批评,增加黄宗羲、顾炎武二传,并再撰《国朝宋学渊源记》,以矫其偏向汉学的不足。又如钱大昕与扬州学者汪中、程晋芳、凌廷堪、焦循、阮元、王念孙、王引之、刘台拱等人的交游就十分密切,而扬州学者对他也有着很高的评价。总之,从戴震、汪中到凌廷堪、焦循、阮元,都极力表现出一种折衷汉宋、兼容并包的倾向。

(作者董恩林,华中师范大学历史文献学研究所教授、贵阳孔学堂高等研究院研究员,武汉 430079)

---

① 江藩:《国朝汉学师承记》,北京:中华书局,1983 年,第 113 页。
② 孙星衍:《汪中传》,载《五松园文稿》卷 1,《清代诗文集汇编》第 436 册,第 186 页。
③ 皮锡瑞:《论明堂、辟雍、封禅当以阮元之言为定论》,载《经学通论·三礼》,北京:中华书局,1954 年,第 44 页。
④ 焦循:《江处士手札跋》,《雕菰集》卷 18,第 200 页。

抄刻之间:《困学纪闻》清人笺注本的成书与流传

陈冬冬　　赵怡迪

摘　要: 受考据学风影响,王应麟《困学纪闻》在清代备受关注。先后有阎若璩、何焯、全祖望等十余人为之笺注,形成了版本繁复的清人笺注本。此书的笺注始于阎若璩、何焯的学识商榷,后在学人传阅中形成笺注热潮。全祖望《三笺》补阎、何之阙;万希槐《集证》讨寻源流,作引书考;翁元圻集诸家之大成。清人笺注本的生成与流传串联起清儒群体学术交往的重要线索,并为新汉学的形成推波助澜。

关键词:《困学纪闻》　清人笺注　成书　流传

《困学纪闻》二十卷,宋王应麟(1223—1296)撰。该书付梓于元初,是一部依经、子、史、集四部次序编订的考证笔记,被认为开考据学之先河。清初以来,受考据风尚影响,先后有阎若璩、何焯、方楘如、程瑶田、全祖望、钱大昕、万希槐、屠继序、赵敬襄、翁元圻等十余人为之笺注,形成了版本繁复的清人笺注本。清人笺注本是清人学术交流与互动的成果,诸家笺注横向展现了清代学术面貌。学界关于《困学纪闻》的版本研究已取得诸多成果①,但版本考略仍侧重于整体版本梳理,且多聚焦于元刻本问题上,对清人笺注本讨论较少。此外,尚未发掘过录本、批校本和稿本的文献价值,清人笺注本的成书与流传尚有诸多细节值得关注。

---

① 　相关研究有苏晓君:《约园善本〈困学纪闻〉考》,《中国典籍与文化》2005 年第 2 期;展龙、吴漫:《〈困学纪闻〉版本源流考述》,《图书馆工作与研究》2006 年第 1 期;马丽丽:《〈困学纪闻〉元刻本考述》,《古籍整理研究学刊》2008 年第 4 期;张骁飞:《〈困学纪闻〉元刻本考索》,《文史》2008 年第 3 期;张骁飞:《〈困学纪闻〉版本源流考述》,《文献天地》2009 年第 2 期。

一、一唱一和:阎若璩与何焯的学识商榷

阎若璩(1636—1704),字百诗,号潜丘,先世山西太原人,后侨居江苏山阳。阎氏自入小学起便知"一经不可尽也",更是断言"十三经不通,五经不能精也"①。康熙戊午、己未年间(1678—1679),阎若璩应博学鸿词之荐入京师,有人询问他"说部书最便观者谁第一",答曰:"其宋王尚书《困学纪闻》乎! 近常熟顾仲恭以《演繁露》并称,非其伦也。"②阎氏在学术上向来有自己的见解,在他力荐后,远近读书人纷纷拿《困学纪闻》阅读学习,而他个人也对此书倾注了多年心血。

阎若璩笺注《困学纪闻》的初衷实为可贵。康熙三十七年(1698),《重校困学纪闻》书成,其子阎咏欲请工授梓,先生喜曰:"续古人之慧命,启来学之博闻,其在斯乎! 夫校定书籍故非易,自刘向、扬雄方称此职,世岂有其人哉!"③一续一启,可见阎氏早已将重校《困学纪闻》作为在学术史中承上启下的宏伟事业,正是如此使命感趋使他"自壮至老",累日搜寻,毫不敢有所懈怠。

值得注意的是,从《重校困学纪闻》成至其刊刻,足足历四十三年之久。阎咏《行述》记录了阎若璩病危之际的嘱托:

> 吾一生著书九种,已刻者,《四书释地》《四书释地续》《孟子生卒年月考》;未刻者,《重校困学纪闻》《四书释地又续》《朱子尚书古文疑》《眷西堂古文百篇》;未成者,《尚书古文疏证》《释地余论》。今《纪闻》蒙殿下序而行之,可以不朽。余未刻成者,汝当兢兢典守,不可妄改一字,以待传者。④

可见《重校困学纪闻》在阎氏心中分量之足。然而此处提及殿下为《纪闻》作序一事,不可知其本源。一则《世宗宪皇帝御制文集》中未收录此序,二则后来马氏刻阎笺本也未

---

① 杭世骏:《道古堂文集》卷28《阎若璩传》,清乾隆五十五年(1790)杭宾仁刻本,第12b页。
② 《阎校本困学纪闻阎咏序》,见王应麟著,翁元圻等注,栾保群等点校:《困学纪闻》(修订版),上海:上海古籍出版社,2023年,第8页。
③ 《阎校本困学纪闻阎咏序》,见王应麟著,翁元圻等注,栾保群等点校:《困学纪闻》,第9页。
④ 阎咏:《皇清召试博学鸿词待赠徵仕郎内阁中书舍人先考百诗府君行述》,见张穆:《阎若璩年谱》"(康熙)四十三年甲申"条,北京:中华书局,1994年,第120—121页。按:王春伟《〈潜丘札记〉版本研究》(东北师范大学2016年硕士学位论文)附录1辑校有东北师范大学图书馆藏段朝端跋本前佚名过录的《行述》,"余未刻成者"作"余未刻未成者",依前文"未刻者""未成者",张穆《年谱》似有脱文。

将"殿下序"附上,三则清人张穆《阎若璩年谱》将世宗祭文、挽章均纳入,却仍未见到《行述》所言"殿下序"。不过,此言依阎若璩托付所笔录,其真实性仍可信,虽"殿下序"不传,仍可见《重校困学纪闻》于清人意义重大。此书虽历四十余年才刻,其间尚有钞本流传,供清儒研读传阅。而阎笺本之刻本为何历久问世? 还与另一"读书种子"何焯有关。

何焯(1661—1722),字屺瞻,号义门,江苏长洲人。关于何焯与《困学纪闻》的结缘,清桐乡汪垕刻何焯校本卷一末有云:

> 己未冬日,谒曹侍郎秋岳先生于集福精舍。先生教之曰:"宋说家之书莫如洪容斋、王伯厚为优。然《困学纪闻》条理尤为秩然,不可以不亟读也。"退而谨识于砚匣。至丙寅,游山阳,乃于书肆中得之。沾慨之益,良非一二可竟,南北奔走,亦未尝不偕也。丙戌春,为故友阎百诗先生校此书,付之开雕,因加重阅,记诸第一卷之尾。何焯书。[1]

康熙十八年己未(1679),何焯时十九岁,曹溶(1613—1685)以《困学纪闻》条理清晰为由推荐他研习。而何焯真正品读此书则在康熙二十五年丙寅之后,果真于之受益颇多,以至南北奔走之际也不离身旁。何焯二十四岁时初识阎若璩,常与之上下议论[2],对阎氏颇尊。至康熙四十五年,此时潜丘先生下世已有两年,《重校困学纪闻》尚未刊刻,何焯又重新校阅,作为付梓准备。汪垕刻何笺本《困学纪闻》卷末,附有何焯题记:

> 丙戌春日,重阅一过,其中征引之书仍有未能尽悉者,甚滋学荒记疏之惧。七月二十六日以病在告,漫记卷尾。[3]

今国家图书馆藏有一明刊本《困学纪闻》,有何焯门生蒋杲(1683—1731)依照何焯校本过录阎、何二笺的手批。其卷末,过录有《义门师跋》,"重阅一遍"前较汪刻本多出十三字,记作"丙戌春日,皇子四贝勒命为阎氏校勘讹字"[4]。为我们揭秘了何焯校勘的幕后细节,即此次校阅工作是皇子四贝勒所任命。

---

[1]　王应麟著,阎若璩笺、何焯评:《困学纪闻》卷 1,清汪垕桐华书塾刻本,第 26a 页。
[2]　见阎若璩:《四书释地又续》"生之者众二句"条,清乾隆八年(1743)眷西堂刻本,第 89a 页。
[3]　王应麟著,阎若璩笺、何焯评:《困学纪闻》卷 20,清汪垕桐华书塾刻本,第 25a 页。
[4]　王应麟著,蒋杲校跋并录:《困学纪闻》卷 20,中国国家图书馆藏明刻本,第 122b 页。按:《义门先生集》卷九收录的何焯《跋〈困学纪闻〉》与蒋杲过录本同,则何焯手稿有四贝勒句,然刻本删去。

蒋杲过录本系以何校本补全明刊本刊漏。如卷九"刻之长短"条下脱五条,蒋杲抄补于天头,并注曰"五条照何师本抄补";又卷十四"五代史"条"田"字后明刊本脱一页,仍补完,注"何云:考之南雍元板,乃自'田'字下脱一页"于地脚,并在正文旁自注:"以下误以'范质欠世宗一死'之文错入。"①而何焯原注文为"八条阎得钞本补完,考之南雍元板,乃自'田'字下脱一页"②,无不令人感叹清儒治学之严谨。再者依据阎、何校语注明版本异同,譬如明刊本卷九"春秋繁露"条混入"庄子"条,蒋杲过录:

> 何云:《春秋繁露》提行起。
> 阎云:按"为天者"下漏原文"务刚则气为君者"七字,初刊本有。③

初刊本即元刊本。显然,阎氏校勘时亦以明刊本作为底本,用元刊本、所得钞本作为校本。后来马氏丛书楼刻阎笺本及桐乡汪垕刻何校本均采用校后版本,还原《困学纪闻》原貌,却遗失了诸多细节。如此看来,蒋杲过录本为我们提供了宝贵的校勘信息,更为直观地展示了阎、何二家笺注的形成过程,也让我们越过历史长河真切目睹清初"读书种子"的治学精神。

清乾隆三年(1738),马曰璐(1695—1776)刻阎若璩《重校困学纪闻》,是为马氏丛书楼刻本,或称"阎笺本"。此版半页十一行二十二字,小字双行二十八字,白口,左右双边。内封中间提书名"困学纪闻",左上题"阎百诗先生校勘",右下题"丛书楼藏板"。卷前有元至治二年(1322)牟应龙谨识、元泰定二年(1325)袁桷叙、阎咏临王应麟自识,卷后有元泰定二年陆晋之叙、清康熙三十七年阎咏谨识、清乾隆三年马曰璐跋,每册后有"阎百诗先生勘本乾隆戊午春月马氏丛书楼校刊"牌记。

马氏跋曰:

> 宋王尚书厚斋先生《困学纪闻》二十卷,初镂版于元大德间,明弘治、万历中俱有重刻本。是书为先生晚年所著,会稡群籍,穿穴纷纶,学者每苦津逮之难。兹得太原阎百诗征君笺释,各条之下又得长洲何义门学士校阅本。暇日以大德本互为勘对,有文义可两存者并注于后。因鸠工刻置家塾而记其颠末如此。

---

① 王应麟著,蒋杲校跋并录:《困学纪闻》卷14,第19b页—20a页。
② 王应麟著,阎若璩笺、何焯评:《困学纪闻》卷14,清汪垕桐华书塾刻本,第14a页。
③ 王应麟著,蒋杲校跋并录:《困学纪闻》卷9,第7a—7b页。

乾隆戊午八月,祁门马曰璐书于丛书楼。①

马氏丛书楼刻本据元刊本重校阎笺本,然其中亦有未详尽者。卷九"太平御览"条下,马氏只注"元板缺此条",而何焯校本记其由来,盖"此条从阎氏所得钞本增"②。故还原笺释本的成书始末,还需将各类形态的信息加以整合。张骁飞《〈困学纪闻〉版本源流考述》言马氏刻本将元刊本被剜处都注明"此五条据钞本补""此条从阎氏所得钞本增"字样③,实则将马刻阎笺本同汪刻何校本混淆,该字样皆见于汪刻何校本,为何焯按语。

其后,桐乡汪垕别雕何校本,为桐华书塾刻本。此本以何焯校语为主,兼采阎笺。半页十一行二十五字,小字双行三十二字,白口,左右双边。内封中间大字记书名,右上题"何义门先生校本",左下署"桐华书塾开雕"。书前附元至治二年牟应龙序、元泰定二年袁桷序、明万历癸卯年(1603)吴献台序、王应麟自识,每卷末题"后学汪垕校刊",书后有汪垕后记。对于该书的刊刻时间,汪垕并未留存,但仍可从后记中窥见:

> 宋厚斋王公《困学纪闻》二十卷,前明传刻脱误甚多。本朝何屺瞻太史与阎百诗征君往复契勘,补阙订讹,加之评点。南浔董文讷夫移誊一本,予从吴兴薏田姚先生行箧中见之,亟取家藏旧本,共相雠校,重付开雕。其偏旁字画则董君暨之,及姚君、第五山甫伙助覆审焉。既而薏田客广陵,于马氏得见所收何公手批原本,复为改正数十字。而是时马氏已开征君阎本中间颇采何语,是书所引征君语尤详,互文申义,固并行而不相悖也。兹恐眉目混并,于阎、何二公语各冠"某云"以别之,而又加"原注"二字于王公自注之上,不免妄作为愧云。④

汪垕从姚世钰(1695—1749)行箧中得董熥(1680—1747)誊抄本,以"家藏旧本",即明万历间吴献台刻本互为校勘。其中,董熥校以文字偏旁字画,姚氏等另加核查。姚世钰私淑何义门先生,自然对于何校本的刊刻颇为费心,反复搜集原本。

汪垕桐华书塾刻本之刊刻稍晚于马氏丛书楼刻本。在马氏丛书楼刊阎笺本刻成后,姚世钰便立即"专札二马先生",烦请马氏"转索一部"以参校阅:

① 《清马曰璐跋》,见王应麟著,翁元圻辑注,孙通海点校:《困学纪闻注》附录,北京:中华书局,2016 年,第 2385—2386 页。

② 王应麟著,阎若璩笺、何焯评:《困学纪闻》卷 9,清汪垕桐华书塾刻本,第 7b 页。

③ 见张骁飞:《〈困学纪闻〉版本源流考述》,《文献天地》2009 年第 2 期,第 76 页。

④ 《清汪垕记》,见王应麟著,翁元圻辑注,孙通海点校:《困学纪闻注》附录,第 2386 页。

闻小玲珑山馆刊阎校《困学纪闻》已告竣,弟不及专札二马先生,烦为我转索一部。桐乡汪学山亦新开何校本,本岁前始完得第一卷,若得阎书见兼,足为雠比之助。俟汪氏书成,亦当乞一部奉报也。千万! 千万![1]

　　乾隆四年十月后姚世钰多活动于扬州[2],而此信札当写于客扬之前。既马氏丛书楼刻本开雕于乾隆三年,那么信札中"本岁前"应指乾隆三年末,时马氏刻本已成,姚氏寄信求书并告知汪氏刻书的情况。汪垕所见董氏誊抄本难以确保其准确性,而马氏丛书楼本均依照阎、何手批原本,此时能求得马氏刻本互为雠比,这对汪垕而言无疑是雪中送炭。稍后,全祖望《困学纪闻三笺序》言"近年祁门马氏以阎本开雕……桐乡汪氏又以何本开雕",又记"岁在辛酉……取二本合订之"[3]。则乾隆六年辛酉全祖望客扬州时已见到汪刻何校本。因此,汪垕刻本当开雕于乾隆三年末,后又经修订,至乾隆六年便已刊成。

　　一本书联结着"读书种子"共同的治学乐趣。从传抄的过录本到几经校勘的刻本,背后是清初江浙地区文人群体对知识的筛选和推进,其中不乏家族功名因素的诱导和授业风气的蔓延。

　　在阎笺本中,透露着众多与何焯以藏书为媒介的交流细节。对于"人君生而谥"事,阎笺本《困学纪闻》卷六"卫侯赐北宫喜谥"条下记云:

　　何屺瞻告余:"顷得宋椠本不全《左传》,恰有昭二十年卫侯赐北宫喜事,杜注云:'皆死而赐谥及墓田,《传》终言之。'校近刻少'未'字,而字意尤明,义尤协,似胜王氏所据之本。王氏本与吾辈今日同。"余击节曰:"若果未死赐谥,是豫凶事,非礼也。杜当以为讥,不应云'终言之'。一字之增,何啻霄壤? 宋椠本真宝也。"[4]

此注在"阎按"之后,蒋杲过录本未见,前句为转录何焯校语,而后阎氏"击节"赞同,并以其非礼相释。

──────────

[1]　姚世钰:《孱守斋遗稿》卷4,《四库全书存目丛书》,济南:齐鲁书社,1997年,集部,第277册,第565页。

[2]　姚氏《书马氏古印谱后》记乾隆四年(1739)十月马半槎"出古印谱示余",乾隆五年后姚世钰寄张四科家中四年,见姚世钰:《孱守斋遗稿》,第556、578页。又姚氏曾过录马氏所藏何焯校《苏子美集》,署:"辛酉初秋韩江寓斋借马氏所收义门原校本覆审。世钰。"见蒋光煦撰,梁颖校点:《东湖丛记》,沈阳:辽宁教育出版社,2001年,第108页。

[3]　《三笺本困学纪闻全祖望序》,见王应麟著,翁元圻等注,栾保群等点校:《困学纪闻》,第12页。

[4]　王应麟著,阎若璩笺:《困学纪闻》卷6,清乾隆三年(1738)马氏丛书楼刻本,第22b页。

又卷六"黄池之会王孙雒"条,马氏丛书楼本阎按:"何屺瞻传明道二年刊《国语》正作'王孙雒',与王氏当日所引本同。今流俗本尽作'雄'。"①何校本则为:

阎云:抄本"雒"作"骆",合《越绝书》。

何云:案明道二年所刊《国语》亦作"雒"。②

蒋杲过录本与此注同。显然,阎若璩先是以断烂钞本校对,于时只记下"雒"字异文,而后见何焯所收明道二年《国语》刊本,与之对读,复又修正笺注。阎、何之间的藏书传阅也成为二人有所共鸣、共治一书所不容忽视的因素。

阎若璩以通致而精的信念拾起《困学纪闻》,由壮至老,以此为志。何焯与其志和,本就性好聚书,有着极为丰富的校勘经验。阎、何二家笺注之传抄者虽多为门生,但在当时仍颇具影响,清世宗居潜藩时便以其充乙览③,又得贾而好儒的马氏等出资付梓,推之更甚。桐华书塾刻本在嘉庆年间有重刻本,马氏丛书楼本在同治年间亦有重刻,其牌记印"同治庚午初秋扬州书局重刊太原阎氏笺本"字样,足以见得阎、何二笺之不朽。

二、裨阙疏通:全祖望《三笺》与屠继序校补

《困学纪闻》虽有阎、何二家笺注,然未能考索完全,且二笺稍异,还有待商榷之处。对此,全祖望(1705—1755)评曰:

潜丘详于考索,其于是书最所致意。然笔舌冗漫,不能抉其精要,时挟偏乖之见,如力攻《古文尚书》,乃其平日得意之作,顾何必哓哓挢入此笺之内,无乃不知所以裁之耶？义门则简核,而欲高自标置,晚年妄思论学,遂谓是书尚不免词科人习气,不知己之批尾家当,尚有流露此笺,未经洗涤者。④

全氏言阎氏考索详细,何氏则言简意赅,但二家笺注均有明显的个人意向掺杂其

---

① 王应麟著,阎若璩笺:《困学纪闻》卷6,清乾隆三年(1738)马氏丛书楼刻本,第42b页。
② 王应麟著,阎若璩笺、何焯评:《困学纪闻》卷6,清汪垕桐华书塾刻本,第34b页。
③ 《三笺本困学纪闻全祖望序》,见王应麟著,翁元圻等注,栾保群等点校:《困学纪闻》,第12页。
④ 《三笺本困学纪闻全祖望序》,见王应麟著,翁元圻等注,栾保群等点校:《困学纪闻》,第12页。

中,有失注书之例。于是,乾隆六年辛酉(1741)秋冬,全祖望客扬州马氏畜经堂之余,取阎、何校本相合订,录何焯校语于马氏丛书楼本上,删繁就简、补缺正讹,未尽其义者自注申其说,又得笺注三百余条,是为《困学纪闻三笺》(以下简称《三笺》)。

《三笺》既成,南昌万承苍(1683—1746)见之,赞其在阎、何二家之上。全祖望则认为,无阎、何之奠基,《三笺》不可成:

> 予学殖荒落,岂敢与先辈争入室操戈之胜,况莫为之前,予亦未能成此笺也。胡身之谓小颜释班史,弹射数十家无完肤,而三刘所以正小颜者正复不少。是书虽经三笺,然阙如者尚多有之,又安知海内博物君子不有如三刘者乎? 予日望之矣。①

古人注书向来以正讹为要务。全氏既以"三刘正小颜"例释注书典范,实则与阎氏"一启一续"的旨趣相合,同时预示着《困学纪闻》的笺注正朝着标准化方向发展。《困学纪闻》凡经三笺还有未能考覆完全者,是由其体量庞杂的特点所决定的。此时全祖望作《三笺》,是以规正注书体例,纠阎、何二家之偏乖,即不仅关注《困学纪闻》文本考核,更关注前注得失,提出了更高的注书标准。这也说明对于《困学纪闻》的笺注不再局限于读书学习之用,而是赋予清儒的价值评判,成为一种时代的文化衍生物。

《三笺》之后,钱大昕(1728—1804)也曾手批《困学纪闻》,关于《困学纪闻》真元本的讨论也由此展开。今国家图书馆藏有一马氏丛书楼刻本,仅著录为"清乾隆刻本",上有钱大昕手批语。卷末钱氏补元板刊刻信息,署"戊申(乾隆五十三年1788)十月己丑朔竹汀记",书后有瞿中溶补录马曰璐跋,并题曰:

> 马氏后序此本偶逸去,赖(耘)盦属苌生补录于后。时在潜研堂己未(嘉庆四年1799)十一月乙酉朔也。②

与傅增湘所见钱大昕手校本不同③,此本未见钱大昕钤印,仅瞿氏题记后有"中溶"钤印,另有"顾枳之印""缜盦""小王山草堂"等印。然此本除卷首、卷末注元板版式,未

---

　　①　《三笺本困学纪闻全祖望序》,见王应麟著,翁元圻等注,栾保群等点校:《困学纪闻》,第13页。
　　②　王应麟著,阎若璩笺:《困学纪闻》,清乾隆三年(1738)马氏丛书楼刻钱大昕校本书后。
　　③　傅增湘所见钱校本有乾隆五十八年癸丑(1793)六月瞿中溶、钱东壁题字,另有钱大昕、钱大昭、钱东壁、许乃普等人钤印,详见傅增湘:《藏园群书题记》卷7,上海:上海古籍出版社,1989年,第394页。

有傅氏所云"凡阎氏所记元板作某,瞿氏以元板覆之,其违异者十恒八九"①。且《嘉定钱大昕全集》依据南京图书馆藏过录本所辑《困学纪闻校》缺失的卷九至卷十一部分此本俱全,则傅增湘所见校本及各类过录本均已杂糅钱校与瞿校,难以辨识,而此本均为原始的钱校。当然,可以确定的是,钱大昕、瞿中溶所见"元本"实为明代翻刻本。可见清时元板《困学纪闻》已极为稀缺,加之商贾伪造,鱼龙混杂,若不别加甄别更难寻真品。

另外,钱大昕批校之时已参阅全祖望《三笺》。卷一"虞翻"条后,全祖望指出阎注之误,钱批摘录全祖望之说后,又云"潜邱多学,顾未考此"②,别为阎氏辩护。乾隆三十八年,开四库馆,此时全祖望《三笺》尚未刊行,四库馆臣仅参照马氏所献阎笺本,将阎、何二家笺注附于《困学纪闻》各条之下。那么全氏《三笺》的初刊应稍晚于四库本,现存乾隆年间刊本藏于北京大学图书馆。钱大昕批识于乾隆五十三年,已然对全校有所回应,足以证明全氏《三笺》行世后不同凡响,清人对《困学纪闻》的笺注也仍在继续。

今所见《困学纪闻三笺》俱为嘉庆初年四明屠继序校补本,已非全氏原貌。屠继序(1744—1817),字淇篁,号凫园,与王应麟、全祖望同为浙江鄞县人,明兵部侍郎屠大山之后,四明望族。然家道中落,又屡试不中,遂弃举,"设书肆市中,藉以尽窥古今典籍"③。屠氏每日经营书肆,翻阅异闻图志,不仅聚得各类图书,也为他积累淹博学识、校补《困学纪闻三笺》奠定了基础。

屠氏校补《三笺》今可见两种刻本。一是清嘉庆九年本衙刻本,十一行二十五字,小子双行三十二字,细黑口,左右双边。内封名"校订困学纪闻",有"嘉庆九年三月开雕""何义门、阎潜邱、全谢山三先生笺本""方朴山、程易田诸先生校本附""本衙藏板""翻版必究"字样,卷首署"四明屠继序校补"。二是嘉庆十二年金阊友益斋刻本,与本衙刻本版同,只是内封题名"五家注困学纪闻"。关于《困学纪闻三笺》的刊刻,严可均云:"《困学纪闻三笺》,嘉庆初屠继序得本,梓于广,再梓于浙"④,屠氏题识落款为"嘉庆七年(1802)二月古董后学屠继序识于粤东阳县署中"。就此推断,嘉庆九年本衙刻本应为严氏所言广东刻本,稍后的浙刻本即嘉庆十二年友益斋刻本。

屠继序校补的《困学纪闻三笺》名为"三笺",题作"五家注",实为七笺。除阎、何、全

---

① 傅增湘:《元刻困学纪闻书后》,见《四部丛刊》三编第 229 册(景印傅藏元本《困学纪闻》),上海:商务印书馆,1935 年。

② 见王应麟著,阎若璩笺:《困学纪闻》卷 1,清乾隆三年(1738)马氏丛书楼刻钱大昕校本,第 27a 页。

③ 黄定文:《东井文钞》卷 2《屠凫园先生墓砖铭》,《丛书集成续编》第 131 册,上海:上海书店出版社,1994 年,第 378 页。

④ 严可均:《铁桥漫稿》卷 7《全绍衣传》,清道光十八年(1838)四录堂刻本,第 3a 页。

三家笺注及屠氏自注外,主要还收录了方楘如、方粹然、程易田的笺注,另杂入钱大昕、严可均、盛百二、卢月船(全祖望门生)的笺注。这些笺注者之间联系密切,串联起一条乾嘉时期清儒群体学术交往的重要线索。程瑶田《河西寓公续略》记曰:

> 吾师雪瓢先生姓方氏,讳粹然,字心醇。淳安朴山先生第二子也。少日随朴山先生居京师,主于何义门先生,遂从之游,称义门高第弟子。岁己巳,为黄山之游,寓居吾徽城外之河西,自号"河西寓公"。瑶田数至先生寓,承讲画之益。明年,遂与吾弟光莹及二三学者往受业焉。①

方楘如(1672—?),字文辀,号朴山,浙江淳安人,康熙丙戌(1706)进士,在京时常与何焯论诗。其子方粹然(1700—?),字心醇,号雪瓢,年少时师从何焯。程瑶田(1725—1814),字易田,一字易畴,号让堂,安徽歙县人,二十六岁时受业于方粹然。基于此般关系,屠继序将此三人的笺注均补录于《三笺》,然内封只提名方朴山、程易田姓名,或许是方氏父子手批于一本之上,只题其父名,又或与其时声望有关。卷一"易者"条下屠氏按语似乎为我们解答了这一疑问。因程瑶田注于此条首次出现,程注之后,屠继序稍作介绍:"程先生名瑶田,字易畴,歙县人,孝廉,官嘉定教谕,与戴东原、方希园穷经数十年,著《通艺录辨》《九榖》《沟洫》诸考,皆能发古人所未发。"②此语出自李斗《扬州画舫录》,正是其时程氏学术之影响,足以使其与诸家先生同列。

屠氏校补全祖望《三笺》,融合了阎若璩—全祖望校本、何焯—方氏父子—程瑶田校本两个体系,不仅收集五家先生的批校本,还参考了其他校本及过录本。其一是钱大昕校本。屠氏增补"惠定宇云"便源自钱大昕校本,如《三笺》卷三"近世说诗者"条惠氏注与钱大昕手批本同,又较钱批多出严可均(1762—1843)夹注。这说明屠继序并未见到钱大昕手批原本,而极大可能是参考了严可均所传阅、批校的钱批过录本。此外,钱泰吉《曝书杂记》中还透露了其他过录本的迹象:

> 余六经粗毕,即受《困学纪闻》于从兄衍石 …… 弱冠时,"说经"各条,略能记忆。……往岁阅马氏《云石山房遗书》,有扬州马氏丛书楼所刻阎氏注本。嘉庆甲子,

---

① 程瑶田:《修辞余钞·河西寓公续略》,见陈冠明等校点:《程瑶田全集》第3册,合肥:黄山书社,2008年,第351页。
② 王应麟著,全祖望等注、屠继序校补:《校订困学纪闻三笺》卷1,清嘉庆九年(1804)本衢刻本,第19a页。

桐乡张君锡龄录各家评注于简端,云:"甬上全谢山批,凡朱笔皆是。阎百诗说此本不载者,用朱笔补。何义门说见汪本,用墨笔钞。汪本所不载者,则用蓝笔补之。盛秦川说,用蓝笔。"又别纸记云:"嘉庆甲子客冯鹭庭太史家,借全谢山批本。太史有跋语略云:'乾隆丁未夏四月,京邸阮吾山侍郎有此本,借阅一过,较阎何二家说为长,属丁孝廉录之,即董东亭所钞本也。乙丑春,又从陆彝亭秀才借盛柚堂明府为陆朗夫中丞钞全批校对,互有错落,柚堂亦著二十余条。彝亭,中丞之孙也。八月,又得海昌应氏所藏钱竹汀瞻事注本,录之。'"张君以能书名,眉端三色小楷精绝,余爱不释手。马甥即举以赠。①

于此,清人过录《困学纪闻》各家笺注的过程一目了然。从钱泰吉的文字中,可以窥见《困学纪闻》于清儒课程占据一席之地,并以此作为研习经史的基础性读物,其弱冠时就能记忆书中"说经"各条。同时,清人笺注无疑又为时人的终身治学提供了重要媒介,共同促成经世与通儒的训练。在清人所誊录的各家笺注中,除阎、何、全、钱四家注外,另提到盛百二注二十余条。在如此多名家笺注中择优从简,亦是一件难事。所以到屠氏校订《三笺》之时,盛氏注难免在各家注中稍显逊色,最后仅被采纳一条。另一方面,清代盛行的批校文化也为屠继序校补《三笺》提供了丰富的文献来源和版式借鉴。在过录本上,我们可以同时看到标注分明的各家校语,这不仅化简了繁复的版本搜寻,直接影响刻本中各家笺注的编排,同时对其自注亦有所启发。

三、寻流讨源:万希槐《集证》与集证合注本

万希槐,字蔚亭,湖北黄冈人,嘉庆初食饩,任南漳县训导。万希槐苦于《困学纪闻》引书浩繁,广涉经史、诸子、诗文,遂作《集证》考其引书,补其编目,寻流讨源,以兹学人。"蔚亭家寒,素少积书,顾乃左右采获,阅十数寒暑而其事始竣"②。其平日精力尽在此编,另著有《十三经异证》。《困学纪闻集证》(以下简称《集证》)兼采阎、何二家笺注,似因编订此书时未见全祖望《三笺》,书成于乾隆末年。

万希槐《集证》之体例颇为严谨,在各家笺注中独树一帜。除各条下详作"集证",万氏还特拟凡例十七则、统计《困学纪闻》引用书目凡五百九十八种、记各卷各类条数于目录、

---

① 钱泰吉:《曝书杂记》卷2,见王云五主编:《丛书集成初编》第57册,上海:商务印书馆,1939年,第34—35页。

② 《清陈诗序》,见王应麟著,翁元圻辑注,孙通海点校:《困学纪闻注》附录,第2389页。

卷末附补遗一卷。其中，十七条凡例也突显出他的考证理念与谦慎态度，现归类如下：

1. 对王氏引书的处理。王氏引书只言书名不明篇目者、久佚稀存者、亡佚而散见于他书注解者，万氏必查阅其详，注其存亡、标明出自于某书某卷某篇。如有并见或异同，亦标注以互证。

2. 对王氏语及引言的处理。今有王氏语及王氏引言中混淆错乱者，《集证》均注明原载于某书，正"误书"之言；又有王氏引言中讹误及未考者，谨按阎、何二注，另稍作援据。

3. 以《困学纪闻》匡正诸书。凡今本有因形误、刊误等流传致讹者，万氏《集证》均标注于旁，相互参订。

4. 注文处理及引文规范。王氏原注原为细字双行，《集证》仿刘昭《续汉志注》例，将原注进为大字，与正文间隔一字距，便于阅读。所引阎、何二注悉从汪氏刻本例，冠以"某云"，万氏集证则较旧注低一格，标注"集证"。所引宋元以后诸家言论，均注明姓氏，不敢掠美，于前辈之谦逊由此可见矣。

5. 历代避讳字改俗。凡书中所引古书、人名避讳者，如《管子·大匡篇》"匡"作"正"、后汉郭显卿"显"作"昭"，皆改正。

6. 记学渊源及刊刻事。万希槐自幼跟随伯父从其祖受读于承美堂之西北隅，家中从兄万喦承家学，皆为当地文士。《集证》既成，由万氏南泉伯父主其付梓事。

与全氏《三笺》接续阎、何二笺不同，万希槐无疑开辟了一条回归本源的路径。《集证》实为引书考，与之同时又考稽出诸多重要讹误，这对于《困学纪闻》的在民间的流通与普及影响深刻。王銮曾作为万氏《集证》作序，然今本均未收录，序中尽言万氏于《困学纪闻》的疏通之功：

> 吾友万子蔚亭，伯厚氏之徒也。自其少攻制举文时，则以枕葄古人，掇其英华而批其根柢。策略之业，群彦宗之。今者学益深，名益著，四方问字者益多。蔚亭拔其尤者，杂授经史百家言，而每以《困学纪闻》导之，所以广见闻，入思议也。荒江之滨，高踞一座，口讲手画，原委历然。一事叠出，则准以最初之文；众语分陈，则衷以一定之说。挹于边腹者十之七，抽于邺架者十之三。小注旁笺，方恒遍满。门人抄撮成编，名为《集证》。其于伯厚氏所以疏通证明乎古人者，又复疏通而证明之。盖自原书以来五百余年，此其绝无而仅有者矣。……今子观其《集证》精博，已不让前人。乃至原书偶误，则止附著所知，不加辨驳，其谦谨又何如也。然则此书一出，一以为馈贫之粮，一以为

去矜之药,善读书者家置一编焉可也。①

与阎若璩相仿,万希槐也十分推崇《困学纪闻》,然而他却不似阎氏那般幸运。因科举不顺,万希槐只能掌训导谋生,教授此书。在这样的环境下,他却又能全然投入此书的考证,于荒江之滨讨寻原委,会友之时以食指蘸茗汁画案上,发明经史,互为咨难。王銮谓此《集证》为五百年所未有,名副其实。《集证》在其门人的协助下抄撮成编,经万氏伯父出资开雕,终有流传。

万希槐《困学纪闻集证》的版本流传共经历两个阶段。一是《集证》原本阶段。初刻本《集证》为嘉庆六年(1801)黄冈万氏刻本②,即万氏南泉伯父刊刻本,现藏于吉林省图书馆。嘉庆八年,又有聚秀堂、会友堂刻本,均为初刻本之重印本。此版《集证》除《困学纪闻》原本二十卷外,另补卷首《困学纪闻原引书目》一卷、卷末《困学纪闻集证补遗》一卷,共二十二卷。十一行二十七字,大黑口,单鱼尾,四周双边。卷首原序择取王应麟自序、牟应龙序、袁桷序、吴献台序、何焯跋五篇,清嘉庆六年陈诗序、乾隆五十九年万南泉序两篇,又附王氏本传及万氏凡例。不难发现,万氏《集证》是在汪刻何焯校本的基础上形成的,初刻《集证》延续了清初学人的成果。二是集证合注本阶段。至全氏《三笺》本行世,万氏《集证》遂与此本合订,催生出一系列集证合注本,即"八笺本"。相较于原本《集证》,集证合注本前序增入四库提要及全祖望序,天头录钱大昕手批③,裁去万希槐凡例、编目及补遗。

三笺本与集证本的合订还与当时的广东督学使者陈嵩庆有关④,其嘉庆十二年(1807)序云:

> 王氏是书,征事稍隐,间有自注。国朝阎潜丘、何义门、全谢山、方朴山、程易田皆有校本,时下己意,以析疑指。阎、全、程三君,其才博而亮,其义闳而雅,取资鸿骏,独秀曩哲。何、方二君,虽有援据,多说事情,或又轻作辨论,用相訾诟。虫生于木,还食其木,是所短也。然质而不牾,文而有理,皆王氏之诤臣矣。黄冈万君尉亭既钞撮其全文,复广援经传,著明各条之下,名曰《集证》,遵毖厥旨,勿取纷糅。昔范宁著《榖梁集

① 王銮:《白洋山人文钞·困学纪闻集证序》,见《清代诗文集汇编》第 410 册,上海:上海古籍出版社,2010 年,第299 页。

② 初刻本《困学纪闻集证》有嘉庆六年陈诗序,《中国古籍总目》著录为"嘉庆元年黄冈万氏刻本",似依据万希槐嘉庆元年(1796)凡例所厘定,误。

③ 张骁飞《〈困学纪闻〉版本源流考述》言经正堂本刻万氏集证于天头,并以此推论经正堂本为《集证》原本向集证合注本演变的过渡本,实则将钱大昕校语误认为万氏集证。集证仍在正文之后,经正堂本之年代也应在嘉庆十二年后。

④ 陈嵩庆,原名复亨,字复庵,号荔峰,一号坚木,浙江钱塘人,嘉庆六年进士。

解》,正义曰:"集解者,撰集诸子之言以为解也。"今之所取义实同之。往见嘉定钱詹事大昕亦有是书校本,每下一签,宣古义,盖与阎、全、程诸子所见互相发明,收而辑之,是所望于雅才好博之君子。①

《困学纪闻》经过几代学人的笺注早已成绩斐然,若能将各校本取其精华、相互参订,必将有益于学者。在万氏《集证》与全氏《三笺》流传之后,立即引起了广东士人的注意,本着相互发明的原则将二者合订,各部分依照原例,又参钱大昕校本单独刻钱校于天头,《困学纪闻集证合注》由此诞生。从陈序中看,陈嵩庆对万氏《集证》颇具赏识,认为它通今援古,极大地疏通了清人的阅读障碍,而"集证合注"的形制也正合清儒对于博通的追求。

在嘉庆十二年刻本之后,又接连出现吴郡山渊堂刻本、嘉庆十六年刻本、嘉庆十八年胡氏山寿斋刻本、嘉庆十八年扫叶山房刻本、嘉庆二十四年胡氏山寿斋重刻本、道光间刻本、咸丰二年黟县临川书屋刻本、咸丰二年金阊小西山房刻本等多种版本。其中,嘉庆十六年刻本最为全面,每卷首署"浚仪王应麟伯厚,潜邱阎氏、义门何氏、谢山全氏、朴山方氏、易天程氏、蔚亭万氏、大昕钱氏,四明屠继序、粤东龙州黄浚全校补"。这些集证合注本均依照嘉庆十二年刻本版式刊刻,只是在署名上稍有差异。如山渊堂刻本扉页题"困学纪闻七笺""何义门、阎潜邱、全谢山、万蔚亭、方朴山、程易田、钱竹汀先生笺释",书口题"困学纪闻五笺集证",是广东刻本传入江浙地区的翻刻本。至此,万希槐《集证》从黄冈传入广东、江苏、安徽等文化富硕之地,刊行于世,广为流传,清人对于《困学纪闻》的关注也再次被推向高峰。

四、集大成者:翁元圻《困学纪闻注》的生成与奠定

翁元圻(1751—1825),字载青,号凤西,浙江余姚人。翁元圻年幼时,兄长翁元堂(1747—1790)曾讲授《困学纪闻》一书,在其熏陶之下,翁元圻便对此书嗜爱有加。待"备官礼曹"后,翁元圻又与中表邵晋涵(1743—1796)先生论此书,先生教之曰:"阎、何、全之评注,略举大意,引而不发。子盍详注之,使览者不必翻阅四库书而了然于胸中乎?"②正是这一点拨,翁氏决心重注《困学纪闻》,检阅各家著述,对前注进行了系统性总

---

① 《清陈嵩庆序》,见王应麟著,翁元圻辑注,孙通海点校:《困学纪闻注》附录,第 2390—2391 页。
② 《翁元圻自序》,见王应麟著,翁元圻等注,栾保群等点校:《困学纪闻》,第 18 页。

结。先是，翁元圻还顾虑重重，认为自己才疏学浅，不能胜任。若成此集注，恐怕要读尽王氏所读之书，而王氏所读之书又鲜有流传。然而邵氏却云："子姑详其所可详，其未详者，安知不有好学者更详之乎？"①由此才消除了翁氏疑虑。

翁元圻为《困学纪闻》集注、补注倾注数十载心血。乾隆五十二年（1787）冬，翁元圻拣发云南，路远迢迢，仍携有《困学纪闻》，每有所得便批识于简端。在云贵、湖南任职期间，翁氏所带篇幅不多，又不暇专治此书，然而书册简端却早已写满批注。于是，翁氏又别录之，每条编次，经过三次修订后仍有未尽之处。至嘉庆二十五年（1820）四月，翁元圻以四品京堂候补，授太常少卿。这一改官经历对翁氏集注的形成至关重要。此后，翁氏得以借各家藏书，博观约取，对前注进行增补。在其归田后，翁元圻还曾向萧山王宗炎（1755—1826）等人讨教，进一步丰富了数十条笺注。对于翁氏集注，王宗炎也极具青睐，劝说其早日成书刊行。道光五年（1825），《困学纪闻注》（以下简称《翁注》）终于在翁氏家塾刊刻，此时翁元圻已年逾古稀，只叹惜邵二云先生没能见此宏编了。

今中国国家图书馆藏有一部《翁注》稿本（书号17753），封面题"第四次定本"字样，十一行二十字，小字双行约三十字，小红格，四周双边，可作为窥视《翁注》编纂细节的重要参考。翁氏自序中提及他在黔在楚之时凡三易稿，则此稿便是翁氏入京后的再稿，页页勾画、浮签满布。第四次易稿规模巨大，翁注定稿前的大多数修改都凝聚于此，可谓是对此前三十余年集注成果的汇总，主要进行了以下几项工作：

1. 编理前注

在整理前注方面，翁元圻大体采用尊前续后、删冗存精的原则，以阎笺本为底本，对阎、何、全笺三种版本重新校对。卷中对阎氏、全氏校语全部录用，阎、何二家有重复者则存阎删何，这一现象在卷二《书》类尤为突出。从今日的古籍整理方法来看，翁氏点校稍有繁琐。卷二"史记汤征诸侯"条"勉哉"后脱"勉哉"二字，何校本、三笺本皆不出校，翁氏注"二字从何本补"，道明出处，并补录阎氏语"补汤征乃白居易文，载《尚书古文疏证》卷五第七十二条"②，以完备集注。对于《三笺》所载方楘如、程瑶田、屠继序诸家之说，则稍有取舍，亦标明姓氏。万希槐《集证》较诸家笺注体裁稍异，翁氏多有采录，并成为其补注的重要参考。不难发现，翁氏本着广搜补全的理念对《困学纪闻》清人笺注重新整理，这也预示着《翁注》流传后极大程度取代了其他各家校本，成为清人阅读此书的

---

① 《翁元圻自序》，见王应麟著，翁元圻等注，栾保群等点校：《困学纪闻》，第18页。
② 王应麟著，翁元圻等注，栾保群等点校：《困学纪闻》卷2，第193页。

首选之作。

　　2. 修订自注

　　翁氏自注因有前注参订,相比之下更趋规范、完备。补注之时,翁元圻于《集证》借鉴最多,所见"钱大昕曰"应转录自《集证合注》本。在此稿本中,又存在多处对万氏《集证》的删减痕迹。如卷二"文公赏雍季"条,稿本原誊抄有《集证》"高共,《韩非》《淮南》作高赫,《吕览》作高赦"①句,后又被圈划去。再看翁氏自注,依旧引《吕氏春秋孝行览》《淮南子·人间训》《史记·赵世家》语,与《集证》所录同,显然是将万氏所陈列之篇摘录于此,后为避免繁复,又将《集证》按语删去。诸如此类,还可见于卷四"孙君孚"条、卷四"土圭度地之法"条夹注、卷十"太史公班孟坚"条夹注、卷十三"演蕃露"条、卷十四"龙朔二年"条、卷十四"汉党锢以节义"条、卷十四"常衮与礼官议"条、卷十五"两朝国史"条、卷十八"咏贫士诗云"条等。这些都是万氏《集证》原被选用后经删削的例子,可想翁氏在自注之时所参考的《集证》条目就更为可观。但就稿本迹象而言,这些划去的万氏集证并未完全被裁去,而是经翁氏整合,杂入自注中。此外,取未经录入的集证与翁注相校,也能发现诸多耦合。

　　除了整合万氏《集证》,翁元圻自注中还吸收了清人的诸多成果,如增入全祖望《经史问答》、钱大昕《十驾斋养新录》言。凡翁氏所请教之言,如归安叶中丞绍楏、江西周孝廉邵莲、正定王刺史定柱、上虞王孝廉煦之论说,皆附录其间,标明姓氏。相较于广录他人论述,翁氏自身的判断极为严谨。卷二"林少颖书说"条,翁案:"陈氏《书录解题》谓祖谦虑不克终篇,故自《秦誓》以上逆为之说,然亦仅能至《洛诰》而止。"②稿本原有"其说不知何据"语,后删去。又如卷八"隋陆法言为切韵五卷"条考《切韵》《唐韵》《广韵》作者,翁元圻引《四库全书》本按语:"陆法言本名《切韵》,孙愐修之为《唐韵》,陈彭年等修之为《广韵》。虽相因而作,实各自成书",并评曰"此言《广韵》为法言撰,疑有误"③,所评亦被删去。故翁氏自注之时,必考核求实,反复敲定,未敢妄言。

　　通而观之,翁氏自注与万希槐《集证》最为相似,以溯源为本,不妄断言。也正因如此,《翁注》中选入的万氏《集证》并未有阎、全之注全面。而《翁注》于万氏《集证》之优势在于疏通前注,并间有自注,对版本、出处等均有补正。若阎、何、全氏等更似创作者,那么屠继序、翁元圻则可视为《困学纪闻》的整理者。正是他们的整合、梳理,集各条源流

---

①　王应麟著,万希槐集证:《困学纪闻集证》卷2下,清嘉庆八年(1803)会友堂刻本,第8a页。
②　王应麟著,翁元圻等注,栾保群等点校:《困学纪闻》卷2,第269页。
③　王应麟著,翁元圻注:《困学纪闻注》卷8,中国国家图书藏稿本。

与异说,更利于初学者阅读,拓宽了《困学纪闻》的传播广度。

　　3. 增补注文与通校

　　在第四次定本初具雏形之后,翁元圻又进一步增补注文,并作付梓前的校字。在稿本卷十封面一侧,可见"已另誊"三字,则此次定本至少存有两份,而另一份就应是中国国家图书馆所藏第二部《翁注》稿本(书号 17741),此本未明第几次修订。

　　除翁元圻外,应另当注意其他校订者的作用,主要在补录翁注、校勘正误、厘定注文顺序方面。稿本所见眉批中,有"疑作某某""某字疑衍""某某或即某某之误""某字误"云云,又有"补入注""补入元圻案""补录于某条之下""此四注仍注于本句下""某三字补入正文"者数十条,皆为校订者手迹。可想此本虽言"第四次定本",却已经数十次校订,汇集了众人心血。特别是贴于天头的小字校签,更可见翁氏等人校书之细。凡校字类,如卷三"乱离瘼矣"条,有校签题"爰诗作奚",是为校正正文;凡涉注文者,标记"某注疑重出""正文某注作某未知有误否""案某事重出而此处稍略",所疑之处又复注"再查"二字,又有"某一段应移于后""某云移于元圻案前"等编定次序,可谓精细入微。

　　同时,《翁注》的修订仍存在一些瑕误。其一是校误,如卷三"朱子诗传"条"何县"后,翁注"县何本作国"①,实际上,阎本、何本、三笺本均作"何县"。其二是漏刊。卷三"薄伐玁狁"条,全祖望注:"深宁此说有感于燕云之为祸烈也。"②此注《翁注》稿本可见,且未有删划痕迹,然刻本却删去。检同卷"择三有事"条,全祖望评宋之弊政,卷六左氏"原繁""楚之兴也"条、卷十三考史"陈无准"条,全云深宁所感,《翁注》皆有收录。况翁氏凡例亦明全氏笺注全部采录,则此条应为刊刻时遗漏。其三是刊误。初印本与稿本联系更为紧密,不免有一些明显讹误,然而几次印本并非愈后愈精。如卷十四"唐六典太子令书画诺"条翁氏注南齐江夏王锋事,凡"锋"字三处,初印本两处作"铎",此即与稿本同,中、后印本将此两处"铎"字挖改,改作"锋",但后印本不知为何又将第一处"锋"误改为"铎"③。此外,中、后印本又继续对翁注作以删减与增补。所删之处,如卷二"郑康成注禹贡九河"条;所补之处,如卷一"朋盍簪"条。故《翁注》刊行后,翁元圻仍尽心对其进行修订,直至百年。虽各印本均非尽善尽美,然而在审视翁氏稿本至刻本之演变时具有重要参考价值。

---

①　王应麟著,翁元圻等注,栾保群等点校:《困学纪闻》卷 3,第 322 页。
②　王应麟著,翁元圻等注,栾保群等点校:《困学纪闻》卷 3,第 356 页。
③　上海古籍出版社出版的点校本即采用后印本点校,并正误。

在《困学纪闻》清人笺注的诸多版本中,《翁注》被推为"集大成"者①。而后,张之洞《书目答问》特举万氏《集证》与《翁注》示学者,刘咸炘亦称翁注"最博"②。如此推至之下,亦有批评。咸丰辛酉年(1861),李慈铭评曰:"今重复之,则觉经说中可补正者甚多,盖翁载青全是谱录,略无心得。……《纪闻》阎注之精、何评之简、全笺之核,皆非易及。"③反观今中国国家图书馆藏《翁注》刻本所载李氏手跋,则稍有转念,道翁氏通前注之利,足以解惑。盖因此本为翁氏曾孙所赠,李氏必有所顾念,而经年岁沉淀,反复品读,亦知集说注书之难。

翁元圻《困学纪闻注》刊刻后流传广泛。初印余姚守福堂刻本半页十一行二十字,小字双行三十字,白口,左右双边。卷前有四库提要、原序(牟应龙序、袁桷序、康熙三十七年阎咏序、王应麟自识、乾隆七年全祖望序)、道光五年八月黄徵乂叙、道光五年三月翁元圻自识及凡例一则。卷末署"道光五年乙酉正月开雕,八月竣工""杭州爱日轩陆贞一董刊"。然初印本存在个别讹误,后印本对其进行了挖改修正与删减,并补有道光六年七月胡敬序。据郭立暄考证,《翁注》守福堂刻本共有初、中、后三种印本④,中华书局2016年出版的《困学纪闻注》所参底本为郭氏所言中印本。三种印本在文字上存在十几处异文,直接影响了后来的各个版本。如咸丰元年的两个刻本小嫏嬛山馆本、经元纶堂本均源于守福堂刻本的中印本,而光绪年间由上海同文书局、上海点石斋等出版的诸多石印本则依据守福堂刻本之后印本⑤。

翁注凡八十五万言,将《困学纪闻》的体量增扩至几倍之余,对其编目就显得格外必要。于是,镇海张寿荣《困学纪闻翁注编目》应运而生。与万氏《集证》引书编目不同,张氏《编目》凝练原书各条大意,编目成纲,为清人的读书、记诵省去寻览之烦,庐江刘声木称其"于著述家及后来学人均为有益"⑥。光绪八年(1882),《翁注编目》刊行,原书二十卷附编目六卷,共二十六卷,其牌记印"光绪壬午夏抄秋树根斋刊印"。同年,四川新都廖玉湘刻《困学纪闻标题》二十卷,取编目于天头,为光绪八年新都廖氏家塾刻本。《编目》与《翁注》的结合极大便利了清人的阅读,而印刷技术的发展更进一步推动了《困学

---

①　《清胡敬序》,见王应麟著,翁元圻等注,栾保群等点校:《困学纪闻》,第14页。

②　刘咸炘:《内景楼检书记·子类》,《推十书》(增补全本)丁辑第2册,上海:上海科学技术文献出版社,2009年,第564页。

③　李慈铭:《越缦堂读书记》,上海:上海书店出版社,2000年,第660页。

④　天津图书馆、复旦大学图书馆藏本属于初印本,上海图书馆、中国国家图书馆藏本(李慈铭批、跋)属于中印本,早稻田大学图书馆藏本属于后印本,中、后印本均有道光六年胡敬序。

⑤　郭立暄:《喜读〈困学纪闻注〉中华书局新点校本》,《文汇报》2017年2月17日,第8版。

⑥　刘声木:《苌楚斋随笔》卷8,民国十八年(1929)排印直介堂丛刻本,第2b页。

纪闻》的日常化。光绪八年乐善堂铜板缩本《翁注困学纪闻》、光绪十五年(1889)点石斋石印本、光绪二十五年(1899)焕文书局石印本等均为小字袖珍本,其书长不足十五厘米,然点画清晰、编目与注文俱全,千百年来的名家智言凝结其间,也可想清人袖间揣捧蝇头细字之书的乐趣所在。今《四部备要》本《翁注困学纪闻》即保留光绪以来的《翁注编目》原貌,为点校本之重新编目提供了重要参考。

结　　语

《困学纪闻》清人笺注只是清代传世文献整理热潮中的冰山一角。此书的笺注热潮,肇始于阎、何二人的学术沟通,互有补充下,形成了阎笺本与何笺本。而后,何焯传阅至好友方楘如,方氏父子等又继而校对批阅,有所增补。乾隆初年,阎笺本、何笺本相继刊行,全祖望游扬州之时得马氏阎笺本,复校之,是为《困学纪闻三笺》。《三笺》于乾隆年间遂有刊刻,但最盛之时还当在嘉庆年间。当是时,四明屠继序搜集各校阅本,增录方楘如、方心醇、程瑶田等人笺注,对《三笺》进行再校补,形成了"五笺"本。同时,万希槐《困学纪闻集证》也取得重大进展。《集证》初刻于嘉庆六年,名"黄冈万氏本",在屠校《三笺》问世后,又与之合订,逐渐演化成为《集证合注》本。《集证合注》本在天头增入钱大昕手批、正文后取"五笺"本所载各家笺注,是为"七笺"本。乾嘉之间,翁元圻参阅众多校本,汇合为一,并作补注十倍于前,道光初成《困学纪闻翁注》,集各家之大成。除上述主流笺注外,《困学纪闻》在清代尚有赵敬襄《困学纪闻参注》("八笺")、宋炳垣《困学蒙证》、杨守敬《困学纪闻补注》、张嘉禄《困学纪闻补注》等衍生著述。这些笺注本勾勒出清代学术的演变历程,呈现出浓厚的地域及个人特色,为新汉学的形成催生出舆论基础。

(作者陈冬冬,华中师范大学历史文化学院副教授,武汉 430079;

赵怡迪,河南省郑州市中原区凯旋路初级中学教师,郑州 450001)

李文田致袁昶信札十二通考释

黄 政

摘 要：国家图书馆藏袁昶友朋书札中，有李文田来函十余通，其中十二通与数种边疆史地著作的成书、刊刻以及流通相关，特别是新译《東埔寨以北探路记》的刊刻和分发。信札提及沈曾植、黄绍箕、朱一新、曹廷杰、张荫桓、缪荃孙等同道学人的互动，牵涉总理衙门、会典馆等机构以及吉林中俄勘界、两广中越勘界等政务，是晚清边疆危局下京师边疆史地学者圈砺学救世的缩影。

关键词：李文田 袁昶 曹廷杰 总理衙门 边疆史地学

李文田（1834—1895），字仲约，号芍农、若农，谥文成，广东顺德人。咸丰九年（1859）进士，曾任翰林院侍讲、侍读学士、礼部右侍郎、署工部右侍郎兼管钱法堂事务。先后出任四川、浙江乡试考官，督学江西、顺天，得人颇盛。富藏书，长于元明史地、目录、金石及书法之学，著有《元朝秘史注》《西游录注》《朔方备乘札记》《双溪醉隐集笺注》等。

李文田在京师与翁同龢（1830—1904）、缪荃孙（1844—1919）、袁昶（1846—1910）、沈曾植（1850—1922）等人学术交往密切，特别是在藏书和史学研究方面。今国家图书馆藏《袁昶友朋书札》中收录李文田致袁昶函札十八通，尚未见《袁昶年谱长编》等相关著述利用，今择其中有关书籍撰述、刊行、流通及阅读的十二通，试予释文考证。

一

甚欲奉诣，适得手谕，良慰。佳什雅类陈后山，盖学杜相同而所诣适相值耶？钦佩钦佩。大箸并缴，乞查入。又《探路记》第十卷皆测验地气事，叔平尚书见属，兹已分办，刊就应何如汇合耶？（照原示一帋尺寸刷印可乎？）惟照并请爽秋先生吾师台安。弟田顿首。

按:据光绪十二年(1886)元月十三日《翁同龢日记》,李文田"以所抄《探路记》见示",同年二月十一日,翁同龢"以李若农所抄《探路记》托庆王付同文馆用活字印行"①。而此札言及《探路记》第十卷已刊成,当是同文馆刊印本,故此札当作于光绪十二年二月之后。又言翁同龢嘱托分办,并问如何汇总,则刊刻工作由翁同龢发起,庆郡王奕劻主持总理衙门下属同文馆之刊印,时任总理衙门章京袁昶负责具体刊印分工,李文田亦参与印务。

札中所言法夷《探路记》即《柬埔寨以北探路记》,作者弗朗西斯·安邺(Francis Gamier,清人又译作晃西士加尼)是法国海军军官,曾于同治五年至七年(1866—1868)间与军官拉格雷(Doudart de Lageree)率勘探队沿湄公河溯源而上,经柬埔寨、老挝进入云南,探测湄公河源头以及其干支流水道是否适宜通航。安邺后由云南入四川,沿长江和海路返回越南。尽管此次勘察活动未能探得源头,并证明无法从西贡沿湄公河航行至云南,但其队伍对沿线气候、山川形势、路程、矿产、动植物、语言民俗、古迹等内容都进行了详细调查和记录,且发现红河水路可以前往云南,为法国在中南半岛与英国争夺殖民势力范围的下一步行动提供了依据和参考②。《探路记》于同治十二年出版于巴黎,大约两年后即由丁日昌组织翻译为中文③,李文田为丁日昌所作行状又泛称为《法人游探记》④。

据李文田抄本《探路记》自序,光绪七年李氏游潮州,丁日昌出示近日翻译西书,李氏认为其中有两种"为今日士夫不可不读",一是《炮台图说》,二即此书,并感慨"前数十年,士夫不熟边情,轻视致败,近则深知其长技而不识其用心,以今视昔,其弊相等"。在光绪八年丁日昌去世前,李氏即曾建议其刊行之,"以遗知好"。光绪九年,丁日昌之子丁惠衡抄成一部,"献之制府宫保"(即两广总督张树声,光绪八年加太子少保衔),李文田从之借抄,"拟集同志,排字印之"⑤。前引翁同龢日记所载的出示于翁氏、翁氏又托总理衙门大臣奕劻(光绪十年十月晋封庆郡王⑥)活字印行之举,即是李氏计划的后续落

① 翁万戈编,翁以钧校订:《翁同龢日记》,上海:中西书局,2012年,第5卷,第2034、2040页。

② 参邵循正:《中法越南关系始末》,石家庄:河北教育出版社,2000年,第31—35页;杨梅:《近代西方人在云南的探查活动》,昆明:云南大学出版社,2019年,第46—51页。

③ 孙淑彦径称福州船政学堂学生游学诗、罗丰禄等译,丁日昌为之校订、撰序,呈送总署。但未言出处。见孙淑彦:《丁日昌先生年谱》,哈尔滨:黑龙江人民出版社,2006年,第380页。

④ 李文田:《总督衔原任福建巡抚丁公行状》,汪兆镛纂:《清碑传集三编》卷十四,《清代传记丛刊》,台北:明文书局,1985年,第124册,第862页。

⑤ 《柬埔寨以北探路记》,李文田抄校并批注,台北"国家"图书馆藏。

⑥ 刘鹏超:《晚清政局研究:以奕劻为视角》,长春:吉林大学出版社,2020年,第204页。

实。该活字印本(即铅印本)收录了李文田抄本序,李序最后言及"光绪十年六月抄校稍讫",于是现今各馆藏著录和影印本介绍均以为此印本刊行于光绪十年。今据李文田此札以及翁同龢日记,可知该印本实为光绪十二年京师同文馆刊行①。

札中又言"陈后山盖学杜相同而所诣适相值"、"大箸并缴",盖指袁昶将自撰诗集寄予李文田,请其评阅,并提及北宋诗人陈师道,故李氏将袁诗与陈诗相比拟,认为诗风皆效法杜甫。宋代江西诗派有所谓"一祖三宗",一祖即杜甫,三宗即黄庭坚、陈师道、陈与义。袁昶诗多言理,风格近于宋人,其日记即谓:"仆诗颇有理趣,而短于言情说景,不足以成家数。"②又于宋诗长期涵泳,对宋代诸诗家风格如数家珍:"以诗家论之……东坡……长于气势者也……黄涪翁……长于识度者也……欧阳六一、陆务观……长于情韵者也……陈后山,长于趣味者也;王荆公诗,则识度、情韵、趣味三者兼有之,而气势差不及前人。"③"读《山谷集》,诗境橐钥至杜、韩、欧、王、苏抉拽已尽,故谷以巧喻镕裁之法入诗,字字皆《南华》外篇也。"④"读《杜笺》,其胜处,生平乃不能到其一字一句。涪翁太生,放翁太熟,亦裁到初禅地位耳(不如半山、东坡得其一体。六一居士避而导源于韩,心实怯于此老箭锋相直耳)。"⑤清代道咸以降,科场试帖之外,诗学宋人,蔚为风气,至光绪间已有"同光体"之谓,代表人物为沈曾植、陈衍、郑孝胥等。

袁昶在光绪间对自撰诗作有多次编辑整理,并请友人斧正⑥,如光绪十六年日记写道:"改旧诗,曾以请正蒿隐、鼎父、子培三君,皆有发药之言,云当编戊寅以后所作为正集,以前为别集。此次删润,得力于三君之言为多。"⑦蒿隐即袁昶儿女亲家王颂蔚(袁昶长子允櫆娶王颂蔚女⑧),鼎父即朱一新,子培即沈曾植。袁昶平时与沈曾植、李慈铭等人亦多有诗札往来,又编有唱和集《于湖题襟集》。

二

爽秋先生阁下:承示,拜感。前云尊处有写官,故因此为要件,不敢别求,以防疏

---

① 有文章还提出有光绪元年刻本,恐不确。参刘力超:《丁日昌督译〈柬埔寨以北探路记〉成书考略——兼论清末洋务运动中的译书风潮》,《昆明学院学报》2020年第4期。

② 孙之梅整理:《袁昶日记》,南京:凤凰出版社,2018年,下册,第1035页。

③ 孙之梅整理:《袁昶日记》,中册,第666页。

④ 孙之梅整理:《袁昶日记》,中册,第809页。

⑤ 孙之梅整理:《袁昶日记》,下册,第933—934页。

⑥ 孙之梅:《关于袁昶的几个问题》,《兰州大学学报》(社会科学版)2018年第1期,第134—135页。

⑦ 孙之梅整理:《袁昶日记》,中册,第878页。

⑧ 朱家英:《袁昶年谱长编》,北京:中华书局,2023年,第426页。

漏,既仍取之小山编修所,则弟处竟托小山觅来,每日在弟寓钞之,亦足矣。此事甚吃紧。向日于《龙沙》未甚究心,即阅前明杂书(如《名山藏》《四夷考》类),皆如梦寐,即官书亦不了了,以其于今日情形不同也。受贶多矣。法夷《探路记》四十分已收,尊处若不敷用,可奉饷数事也。目疾不碍否?念念。起居多胜。愚弟田顿首。

按:此札原件收入《知旧往还手札·丙册》。此札言及《探路记》四十分,显然并非抄本,而是同文馆刊印本,故此札当作于光绪十二年二月之后。

札中所言《龙沙》,即方式济《龙沙纪略》。康熙晚期,桐城方孝标因族人关系,受戴名世《南山集》案牵连,孝标之子登峰、孙式济因此流放黑龙江卜魁(今齐齐哈尔)。方式济在流放地据十数年间实际见闻撰成《龙沙纪略》,叙述山川、时令、风俗、饮食、贡赋、物产等事类,虽仅万余字,但颇受重视,被收入《四库全书》史部地理类。

又提及明何乔远所撰纪传体史书《名山藏》和叶向高著《四夷考》,亦是因为两书有关边疆内外地理,其中《名山藏》的《王享记》记录明代域外各地情形以及女真各部的部分信息,《四夷考》涉及朝鲜、日本、安南等地以及女真、鞑靼、瓦剌诸部。至于自称对此二书"皆如梦寐",一方面是自谦对相关史籍阅览有限,另一方面也是实情,因为该二书均涉晚明与女真交涉史事,修纂《四库全书》时均列入《军机处奏准全毁书目》[①],至晚清始渐流通,不易得见。

此札又言及抄书之事,李文田取缪荃孙所刻书加以抄录。考缪荃孙光绪十二年之前在京所刻包括《万善花室文集》《洪幼怀文集》《东湖丛记》《荛圃藏书题识》诸种[②],未知李氏所抄为何书。缪荃孙为同治六年四川乡试举人,该科主考即李文田,缪氏中进士留京后,师生之谊尤笃。二人皆好藏书,故书籍借还频繁,尤其是元人诗文传记和地理书,如《双溪醉隐集》《近光集》《揭文安集》《元名臣事略》《西域地理图说》等[③],对李文田撰著《双溪醉隐集笺注》《西游录注》等有直接助益。当时藏家普遍雇员抄书,多称抄胥、写官,缪、袁日记均有雇佣写官的记录。

①　姚觐元编:《清代禁毁书目》,上海:商务印书馆,1957 年,第 47、49 页。

②　王海刚:《缪荃孙刻书考略》,《四川图书馆学报》2004 年第 4 期。

③　缪荃孙:《艺风老人日记》,北京:北京大学出版社,1986 年,第 276、311、505、513 页。全面统计见王耀:《李文田、西域地理书及其他》,《昌吉学院学报》2016 年第 6 期。

三

　　《探路记》先送其本无者。如盛伯羲、沈子培、黄仲弢诸先生，皆由敝处送之，乞勿重出。昨所以不重于送左右者，以为数少，故先所急也。必留一二分以馈，公请放心耳。弟田又顿首。

　　按：此札述《探路记》刻本分赠之事，显然与前札时间紧密相接，故亦当作于光绪十二年二月以后。其中提及盛昱、沈曾植、黄绍箕等人份由李文田自送，显示出李氏与三人关系之亲近。结合三人宴饮之频繁，情形尤显。事实上，在盛、沈、黄、李、袁诸人的交往中，边疆史地图籍是重要讨论内容。如《圣武亲征录》，沈曾植、李文田各有校注，并互相交流。① 东北好太王碑被发现后，盛昱、沈曾植、黄绍箕皆以重金购得拓本②。总理衙门下属同文馆译刻《中亚俄属游记》后，李文田即加点阅，沈曾植在李处得见，李遂"以批本见示，属为详考"，沈"笺记数事于卷中"③。诸人又皆关注舆图，光绪十五年会典馆开画图处时，沈曾植为总纂，黄绍箕为帮总纂。《探路记》作为西南边疆的重要史料，李文田遂亲自致送于诸位论学密友。

四

　　爽秋先生阁下：承诲将《探路记》书签谨书呈览，恐此书他日或有呈进，故不敢题名也。樵野画卷一，半日检出即送上。敬复，并请台安。愚小弟田顿首。

　　按：据札可知，袁昶曾请李文田为其所藏《探路记》题签，但李文田未敢落款署名，因不知他日是否会进呈礼部或御览，致有不便。当亦作于光绪十二年。樵野即张荫桓。

---

　　① 沈曾植：《圣武亲征录校本跋》："李仲约侍郎自粤反都，亦折节下交相谘问。"钱仲联辑录《沈曾植海日楼文钞佚跋（一）》，《文献》1991 年第 3 期，第 176 页。
　　② 参见韩国藏好太王碑拓本蔡右年跋："光绪己丑，厂肆博古斋遣工往拓，经数月之久，得十数本。宗室伯兮祭酒师、王正孺、黄仲弢两编修、沈子培比部、天池舍人及右年，各以白银十两购存一本。"此跋原载任世权等编《韩国金石文集成（一）》，韩国国学振兴院，2002 年；兹转引自梁启政：《韩国任昌淳藏好太王碑拓本最早收藏者及所附题跋作者考》，《延边大学学报》（社会科学版）2019 年第 5 期，第 52 页。
　　③ 钱仲联辑录：《沈曾植海日楼文钞佚跋（二）》，《文献》1991 年第 4 期，第 182 页。

五

　　昨叨承雅召，饱酒胜常，重以大笔叙记，益为鄙人之光，循诵再三，欣幸何似。所歉者，以执事学业之茂，反拳拳于下走，殊增愧耳。集联日间即缴，并依改本书之。《探路记》合九本俱奉上。除蓉生外，凡未备者，均可补上也。复上，敬承勋定，不庄。愚弟田顿首。

　　按：据札所言，《探路记》刻成后，李文田向袁昶奉送九本，嘱其分赠相关好友，这里提到了补赠问题，可能距离刊印时间稍远。由于光绪十三年李文田有札致赵凤昌，提及"《法国探路记》昨年始排版印二百余部，今敬以四部奉寄，乞酌分之"①，所以本札可能作于光绪十二至十三年之间。蓉生即朱一新，同治九年浙江乡试举人，该科副考官为李文田。

六

　　爽秋先生史席：每次辱手书，辄以非分相称，徒令汗下，岂不欲存一雪泥鸿爪之痕乎，若此故不敢不焚君苗之笔也。叩头叩头，万恳万恳。《秘史注》虽缠脱稿，而未易稿，且必经通人改定，乃敢出而示人也。先生学问经术岂止今日边才已哉！所祝福深攸长，足以副之，为我国家建中兴事业也。

　　《龙沙纪略》，弟亦从《朔方备乘》录出，方式济即孝标亲属，以逆案戍边，罕与往还，故流传不广。《黑龙江外纪》，弟亦未见，曹彝斋书引之，不知是否从本书得之，抑贩之于何愿船也？何不询之乎？《探路记》日来问者纷至，大率皆与执事往还，乞示其姓名，俾不重复为恳也。复请年禧不尽。愚小弟田顿首。

　　按：信中言"《探路记》日来问者纷至"，应是《探路记》刊行以后，京中士大夫多欲求阅求赠。又，札中再度提及明方式济《龙沙纪略》，并表示未见单行刻本，自己已从何秋涛《朔方备乘》中辑出相关条目。《黑龙江外纪》八卷，是西林觉罗·西清（鄂尔泰曾孙）

---

　　① 李志著：《幕僚与世变：〈赵凤昌藏札〉整理研究初编》，上海：上海人民出版社，2017年，第381页。

嘉庆间在齐齐哈尔为官、教义学期间搜集见闻、"据燕山旧卫之舆图、本辽京三省之地志"而成[①]，除记述山川、市镇、物产、风俗等，还详述当地台站、卡伦等沿革（部分卡伦为《八旗通志》所阙载），户口、军备、俸饷、互市等要务。卷一所载《尼布楚条约》汉译全文是作者根据自己访得的满文原本译成，为后世各类条约汇编所采用。《黑龙江外纪》成书于嘉庆十五年，刊刻则迟至光绪二十年，大约传抄不多，故光绪十二年时李文田尚未见过全书。道咸间何秋涛藏有抄本，并加批注[②]，其《朔方备乘》引用近百条，[③]故李文田信中说不知曹彝斋所引《外纪》是来自原书还是从何秋涛处"贩之"。从书信语气来看，应是袁昶来信主动问及富于藏书的李文田是否储有《龙沙纪略》和《黑龙江外纪》。后来袁昶设法搜集到抄本《黑龙江外纪》，于光绪二十年刻入丛书《渐西村舍汇刊》，这也是《外纪》首个刻本，广雅书局刻本、《皇朝藩属舆地丛书》石印本则分别迟至光绪二十六年、二十九年。

所谓"曹彝斋书"，应指《东北边防辑要》。作者曹廷杰（1850—1926），字彝卿，湖北枝江人，廪贡生，光绪九年"投效吉林，奉委游历俄界"，十五年任山西和顺知县，二十二年黑龙江将军恩泽奏调办理呼兰税务、矿务，二十七年吉林将军长顺委办三姓矿务等事，二十八年受荐引见，以知府发吉林补用[④]，三十二年任吉林知府，三十四年委充吉林矿政调查局帮办[⑤]，宣统间督办东三省军装制造局事务，任吉林劝业道。在东北亲自踏访多地，特别是带回明代奴儿干都司古城永宁寺碑拓四份，成为重要史料。初次游历俄界时，曾将边境要隘"绘图贴说"，由吉林将军希元专折呈进，后以《东三省舆地图说》之名刊行。委办矿物公暇时注释《万国公法》，亦受进呈。光绪十二年七月，曹廷杰在京过访袁昶，"谈边事，示我手辑《东北边防要略》二册"，袁昶"为之狂喜，将留付写官钞一副本"[⑥]。故本札当作于光绪十二年七月之后。

札中李文田谓欲确认曹书所引《黑龙江外纪》之来源，"何不询之乎"，说明李氏知晓袁、曹二人有直接来往。今检袁氏藏札，确有曹廷杰来信："此书始于光绪十年冬月，成

① 《续修四库全书》，上海：上海古籍出版社，2002 年，第 731 册，第 712 页。

② 广雅书局本《黑龙江外纪》卷首同治九年樊彬跋语，《续修四库全书》第 731 册，第 711 页。

③ 何秋涛：《朔方备乘》卷二、卷七、卷八、卷十、卷十四、卷十五、卷二十一、卷二十四、卷二十九、卷三十七、卷四十、卷四十五、卷四十八、卷四十九。《续修四库全书》第 741 册，第 29、76、96、99、101、102、103、115、116、117、118、119、120、168、171、180、184、188、190、195、300、308、340、343、345、348、349、357、459、461、464、466、476、479、486、491、492、493、494、496、497、622、623、675、685 页；第 742 册，第 85、103、108 页。

④ 《清代官员履历档案全编》，上海：华东师范大学出版社，1997 年，第 7 册，第 50—51 页。

⑤ 《清代官员履历档案全编》，第 8 册，第 155 页。

⑥ 孙之梅整理：《袁昶日记》，中册，第 662 页。

于十一年三月。在未侦探俄界之先，多取材于《开国方略》《大清一统志》《皇朝通典》《圣武记》及《方舆纪要》《朔方备乘》《登坛必究》……廷杰皆躬亲考验，汇为一编，因奉札游俄，未及誊真，谨将已缮各篇分为上下二册敬呈。"①核曹廷杰《辑要》自序，落款光绪十一年暮春之初②，与曹氏此札所言成书时间相符，故曹札中所呈正是《东北边防辑要》一书。

后续曹、袁仍有学术交往：光绪十三年九月，曹自乌喇向袁寄赠吉林、黑龙江中俄地形险要图八张③；光绪十五年三月，袁在京拜访曹，见其所抄《大清一统志》东三省部分以及明人《辽东志》，同月，曹廷杰招饮李文田、袁昶、屠仁守④，四人皆讲求经世之学。另外，曹廷杰还在十五年正月拜访过李文田弟子、参与过中法越南勘界的杨宜治，并赠以东三省地图⑤。

此次袁氏问询下，李氏虽无藏书以应之，但光绪十四年缪荃孙日记中有"还《东北边防备要》于顺德师"、"诣顺德师，还《黑龙江外纪》"的记录⑥，表明光绪十二至十四年间李文田已经设法抄得两书。本札又提及李氏著述情况，其代表作《元朝秘史注》方才脱稿，尚未修订。关于该书内容详参后文。

七

　　《元秘史注》乃未成之本，记诵之语又不能有暇添入，不足以供博雅一粲也。其谬处乞涂抹之，俾改正，他日谁为弟掎摭利病耶。樵野信收到，良感。重黎先生吾师。弟子田顿首。

　　按：信中请袁昶斧正其《元秘史注》，称未成之本，则当为初稿，其时当在上札之后不久，兹亦系于光绪十二年。

---

①　谢冬荣等整理：《袁昶友朋书札》，南京：凤凰出版社，2021年，第2册，第18页。
②　《丛书集成续编》，上海：上海书店出版社，1994年，第44册，第641页。
③　孙之梅整理：《袁昶日记》，中册，第700页。
④　孙之梅整理：《袁昶日记》，中册，第795、798页。
⑤　李文杰整理：《杨宜治日记》，上海：上海人民出版社，2020年，第210页。
⑥　缪荃孙：《艺风老人日记》，光绪十四年四月二十四日、六月十九日，北京：北京大学出版社，1986年，第1册，第21、39页。

八

　　爽秋先生阁下：昨承惠示《筹洋刍议》，中有极精之处。惟撰于前七八年，距今又隔岁月，间有移步换形者矣。时事如此，可太息也。其中心得，甚祛未寤。昨缘读未终卷，裁复稍迟，耑启鸣谢，并请升安。愚弟文田顿首。

　　按：《筹洋刍议》为薛福成撰，包括《约章》《边防》《邻交》《利器》《敌情》《藩邦》《商政》《船政》《矿政》《利权》《变法》诸篇，涵盖政治、军事、经济、外交、交通各方面，集中体现了薛氏的洋务思想。光绪五年成书后呈阅北洋大臣李鸿章，李氏交总理衙门以备采择。后来薛请曾纪泽用泰西糖印法印得十数册分贻同好，正式刊刻则迟至光绪十一年①。信中言"撰于前七八年"，则本札当作于光绪十三年，该年中法战争之后的中越勘界结束，之前光绪十年又有"甲申易枢"之变，洋务派势力受挫，故李氏感慨"距今又隔岁月，间有移步换形者矣"。

九

　　昨承示试文及传集序，惟有倒地自拜而已。多暇尚幸为弟撰《元秘史注序》何如？宠之于敝集之首，则此书必传矣。敬祈示复。切祷切祷。重黎先生吾师阁下。弟田顿首。此书如未暇校，则刻下有两学生在寓，可代为精校也。彼皆会试用功人，决不滑口读过耳。

　　会典馆新开画图之处，又奏派十数人。弟复得从诸公后论舆地之学，足以启鄙人之未寤，为幸多矣。顺及。

　　按：札中请袁昶为《元秘史注》作序，袁昶在光绪十五年十二月日记中亦记录此事："芍师手札存问，督作《元秘史注叙》，以元事非所夙习辞。"②故此札作于光绪十五年十二月。该月日记又言及"代某侍郎作《武会试录》前序"③，应即此札所言"试文"。

---

　　①　《丛书集成续编》，上海：上海书店出版社，1994年，第73册，第1077页。
　　②　孙之梅整理：《袁昶日记》，中册，第846页。
　　③　孙之梅整理：《袁昶日记》，中册，第843页。

　　《元秘史注》十五卷乃李文田代表作之一,所据《元朝秘史》底本为道光末年连筠簃丛书本(该本是据钱大昕所藏《永乐大典》辑本刻成),校本为张敦仁藏顾广圻校钞本①(李文田延续顾广圻的看法,认为该本乃从元刻足本抄出,但近人认为实抄自明洪武间刻本②)。此外,李文田可能还用到了蒙文本《元朝秘史》。该本于嘉道间归于著名史地学者张穆(1805—1849),至光绪间为盛昱所藏。光绪十一年,文廷式于从盛昱处借得,与李文田各抄一部,"于是海内始有三部"③。袁昶亦闻知该蒙古文本④。李氏《元秘史注》的核心贡献是在译名校勘方面采用对音之法,由此贯通其他相关传世文献的地理和人事内容,其弟子缪荃孙通读后即举例称赞道:"夫子广搜中文,旁采西学,一译再译,合音对音。天兴为合不罕之纪年,爱曼为乃蛮歹之异字。薛灵歌水,即《唐书》之仙娥;阿勒台山,此地志之杭爱。兀笼格赤,证亦心二字为分书;曲雕阿阑,知库铁一山非两地。寻源等于蛛丝马迹,校错类于风叶几尘。"⑤

　　前文有札提到,《元秘史注》甫一脱稿,李文田即致信告知袁昶,时在光绪十二年。此札请序,说明书稿历经三年修改。袁昶虽然未能为该书作序,但光绪二十年以后刊行的袁氏《渐西村舍汇刊》收入了李文田此书,该丛书本的天头部分还刻入不少文廷式批注,表明李文田在成书后曾请文廷式评阅。

　　本札又与袁昶谈及会典馆新开画图处之事,是因为袁昶在光绪十二年会典馆开馆不久即任纂修,十五年十二月又任画图处纂修⑥。今核《光绪会典》,卷首职名不载李文田,但光绪十三年十月袁昶日记提道:"二十日卯刻开馆,怀铅椠者毕集,李仲约先生最早到,老辈作事勤敬,可效法也。"大约编纂过程中总裁总纂等人曾临时征集人手到馆襄助。据翁同龢光绪十四年日记:"二月初六日,与李若农谈,以王颂蔚所拟《会典凡例》交之。"⑦则李文田之参预应与时任总裁官翁同龢有关⑧,而王颂蔚同样不列名于《光绪会典》卷首职官,却总拟凡例,盖亦受翁同龢之托。

　　① 《续修四库全书》第 312 册,第 310 页。
　　② 《续修四库全书》第 312 册,第 310 页;张元济:《涵芬楼烬余书录》,《张元济全集》,北京:商务印书馆,2009 年,第 8 卷,第 312 页。
　　③ 《文廷式集》(上),北京:中华书局,1993 年,第 706 页。
　　④ 孙之梅整理:《袁昶日记》:"陆学士来,云蒙古文《元秘史》六册近六百页,与连筠簃本不同,匄师有。"中册,第 868 页。
　　⑤ 缪荃孙:《艺风堂文集外编·顺德李夫子六艳寿序》,《续修四库全书》第 1574 册,第 158 页。
　　⑥ 《清代官员履历档案全编》,第 5 册,第 446—447 页。
　　⑦ 翁万戈编,翁以钧校订:《翁同龢日记》,第 5 卷,第 2220 页。
　　⑧ 《清德宗实录》光绪十二年十月辛酉条:"以大学士额勒和布、阎敬铭、恩承、协办大学士张之万,为会典馆总裁官,吏部尚书锡珍、户部尚书翁同龢、礼部尚书延煦、兵部尚书乌拉喜崇阿、刑部尚书麟书、工部尚书潘祖荫为副总裁官。"

会典馆的画图处（时人又称绘图处、舆图馆）开办于光绪十五年，今《光绪会典图》卷首职名亦不载李文田，而本札言"复得从诸公后论舆地之学"，则李文田似亦有机会与参纂诸人集中谋面。画图处参纂诸人多为李文田学友，如沈曾植为总纂，黄绍箕为帮提调①，王懿荣于十六年七月任纂修官、十七年八月任帮总纂官②。

十

　　爽秋先生阁下：前日蒙宠招，饱德靡既。昨夕承惠《倭国地理兵要》，方腹痛，遂未即复，为罪。今日方得略读一过。彼中留心防守，故中土使人遂能钩稽得之，诚规画边防之助。先生不以田为不可教而惠示之，其厚贶多矣。肃复，敬鸣谢忱，并请升安。诸惟爱照未尽。愚弟文田顿首。三月十九。

按：此札原纸见《知旧往还手札》册壬，该册书衣题"光绪辛卯（十七年，1892）整理"。札中言袁昶寄示《日本地理兵要》，该书是姚文栋根据日本陆军省读物《兵要日本地理小志》翻译而成，光绪十年由总理衙门同文馆铅印出版，则此札当作于光绪十年至十七年间。

姚文栋（1853—1929），字子梁，上海人，早年肄业于上海龙门书院、杭州诂经精舍，五赴乡试不中，遂捐纳为通判。光绪七年以随员身份随黎庶昌出使日本；光绪十年徐承祖继任驻日公使，姚文栋留任随员；光绪十三年，作为洪钧随员出使欧洲。姚氏锐意经世之学，编译《琉球地理小志》《日本国志》《安南小志》等，撰《军机故事》《云南勘界筹边记》《筹边论》《侦探记》等。袁昶因本身在总理衙门任职，接触边防外纪类新出文献较多，而李文田亦始终忧心时局，故袁氏随时有所寄示。

十一

　　新会橙子十枚奉馈，聊佐清馔。《权载之集》，年前在宝石买得一部，以为至宝，今得此反成重复耳，故敢奉璧。异日有他集或洋务书，则教领也。重黎先生台座。田弟顿首。

① 《大清五朝会典》，北京：线装书局，2006年，第18册，第12页。
② 《清代官员履历档案全编》，第5册，第653页。

按：此札未能确定作于何时。李文田为广东顺德人，札中所言新会橙子盖为家人寄赠至京。《权载之集》作者权德舆，在唐代既为枢臣，亦为文宗，作诗以五言为主，颇有初唐之法。此处李文田以为至宝之本，未知是明嘉靖刻本《权文公文集》十卷，抑或清嘉庆刻本《权载之文集》五十卷。李氏特别提到"他集或洋务书"，表明二人平时交流书籍的重点类型在别集和洋务新书。

十二

　　重黎先生执事：日前自请沐后，日读大著，自樊榭以后一人而已，笔力学问尤过之也。钦佩曷记。樵野初一入城，属奉闻也。肃布，敬承勋候，不尽。愚弟田顿首。

按：札中称赞袁昶之诗乃厉鹗之后所仅见，学问水准则有过之。厉鹗（1692—1752），字太鸿，号樊榭，康熙五十九年（1720）举人，乾隆元年（1736）举博学鸿词科，不中。康乾间以诗文词名家，著《辽史拾遗》《南宋院画录》《樊榭山房集》《续集》《绝妙好词笺》等，影响深远。其"十诗九山水"，但所涉宋代史事颇多，又辑《宋诗纪事》一百卷，对发扬宋人诗风起到了重要作用。袁昶虽浸润宋诗多年，但就创作水准、影响以及著述规模而言，自是难与厉鹗匹敌。

　　前札与此札皆言及与张荫桓交往，可以窥见李、袁、张三人私谊颇深。就现存史料来看，三人重要交集在对涉外事务的关注方面。如同治八年，越南来华使员阮思僴在京期间就曾至李文田斋中，与李、张作诗唱和①。光绪十三年，李文田致信于张，"论小吕宋设领事仰给华商之弊，又虑领事权利有限，威令不行"，张谓之"见道之言"②。张与袁通信常多达十数纸，详述出使见闻和内外交涉事态。

　　综上可知，诸札中李文田多次提到新译《柬埔寨以北探路记》的刊刻和分发，分赠学友包括盛昱、沈曾植、黄绍箕、朱一新等人。又论及《龙沙纪略》《朔方备乘》《黑龙江外纪》《东北边防辑要》等北部边疆要籍。袁昶还向李文田寄示薛福成著《筹洋刍议》、姚文栋译《日本地理兵要》等时务书籍，李文田亦谓"异日有他集或洋务书，则教领也"。可见在西南、东北陆路边疆和海防方面，李、袁二人均有长期而全面的文献搜览和研讨，其间

---

① 马忠文整理：《张荫桓日记》，北京：中华书局，2015 年，下册，第 482 页。
② 马忠文整理：《张荫桓日记》，上册，第 199 页。

还涉及翁同龢、沈曾植、曹廷杰、张荫桓、缪荃孙等同道学人的互动,展现出边疆史地学人圈的研学细节。在自著方面,李在信中提及自身撰述《元秘史注》的进度,并请袁作序,见出对袁氏学问的看重和肯定;袁则将自撰诗文寄予李评阅,李的回复涉及清代宋诗派的诗风流传问题。札中论学诸友牵涉总理衙门、会典馆等机构以及吉林中俄勘界、两广中越勘界等政务,可以管窥晚清学人学术共同体的论学著述动态与时代背景间的密切联系。

(作者黄政,华中师范大学历史文献学研究所副教授,武汉 430079)

【版本学】

复旦大学图书馆藏沈炳巽《杜诗集解》未刊稿本考论[*]

张其秀　杨宇辰

摘　要：清代中期以后，杜诗学界涌现出大量的集注集评本，沈炳巽《杜诗集解》即其中之一。该书是罕见的未刊稿本文献，现藏于复旦大学图书馆。山东大学《杜甫全集》校注组另藏一稿本复印件，比复旦藏本多出三分之二。通过对比两种藏本的异同，结合其著录和收藏流传情况发现，全书应为三卷。该书主要取材于仇兆鳌《杜诗详注》，惟增录少量赵次公注、朱鹤龄注及邵长蘅、查慎行评语；从集录倾向来看，侧重分段解意、艺术风格和章法脉络。作为清代杜诗学大背景下的产物，沈炳巽《杜诗集解》以及与它同类的杜集共同展现出清中期杜诗学由盛转衰的趋势，反映出仇兆鳌《杜诗详注》对清代杜诗学的巨大影响，其杜诗学史价值不容忽视。

关键词：沈炳巽　《杜诗集解》　《杜诗详注》　清中期杜诗学　稿本

竹墩沈氏是明末清初浙西望族、"书诗世族"①，全祖望称为"浙西阀阅世家第一"②。可惜至炳巽辈科名衰落，唯以学术显闻。沈炳巽（1681—1765），字绎旃，号权斋，别号雪渔，归安（今浙江湖州）人。诸生。师事柯煜。能诗善文，尤喜辑录唐宋诗话文献，精通水经学。其《水经注集释订讹》四十卷入《四库全书》。此外尚有《续唐诗话》一百卷、《全宋诗话》一百卷、《杜诗集解》三卷、《权斋文稿》一卷、《权斋老人笔记》四卷、《雪渔文存》不知卷数、《雪渔诗略》八卷、自撰《年谱》一册。后三种失传，其他均存世。关于其著述

---

* 本文系国家社会科学基金项目"宋代杜诗注辑考与研究"（21BZW091）、山东省社科规划研究项目"明末清初杜诗阐释与接受研究"（23CZWJ06）、中华诗歌研究院一般项目"宋代分体本杜集编次源流研究"（2023ZHSGYJY—YB10）的阶段性成果。

① 沈炳巽辑：《续唐诗话》王修跋，杨家骆主编：《历代诗史长编》第 6 种第 1 册，台北：鼎文书局，1971 年，第 27 页。
② 李桓辑：《国朝耆献类征初编》卷 418，周骏富辑：《清代传记丛刊》综录类 7，台北：明文书局，1986 年，第 27 页。

情况,参见叶仲经《沈权斋著述考》一文①。生平事迹见《清史列传》卷七一、《国朝耆献类征初编》卷四一八、《碑传集》卷一三三、《两浙輶轩录》卷二五及《湖州府志》卷七六等。

　　沈炳巽《杜诗集解》是珍稀的未刊稿本,除了古籍目录、杜集目录著录外②,曾绍皇《杜诗未刊评点的整理与研究》(2010 年复旦大学博士学位论文)、《稀见清代杜诗手批稿钞本提要试稿十种》(《中国文学研究》2018 年第 4 期)亦有简要介绍。此外未见专门研究。今有幸阅览沈炳巽《杜诗集解》复旦大学图书馆藏稿本、山东大学《杜甫全集》校注组藏稿本复印本,遂不揣谫陋,对比两种藏本的异同,分析其收藏流传情况及卷数,对其取材来源及内在倾向等予以考察,进而揭示其在清代杜诗学史上的地位与价值,希请方家指正。

一、沈炳巽《杜诗集解》两种藏本的异同、收藏流传情况及卷数

(一) 复旦藏本和山大复印本的异同

　　根据目力所及,除了复旦大学图书馆藏沈炳巽《杜诗集解》稿本一卷外,山东大学《杜甫全集》校注组另藏一稿本复印件③。以下对比两种藏本的异同。

　　首先,两种藏本的相同之处十分明显,可以确认为同一个稿本。第一,二者行款、字体及封面题字相同,均为半叶十一行,楷书二十五字,夹注小字双行同;封面题:“沈绎旃《杜诗集解》,稿本二册。吾暇堂著录写本之一,戊午居杭所得。”第二,两种藏本均无“曾经民国二十五年浙江省文献展览会陈列”印记,均有“吴兴刘氏嘉业堂藏书印记”“吴兴刘氏嘉业堂藏”印章。由此推测,复旦藏本和山大藏本应该是从嘉业堂流出的同一个稿本。

　　其次,两种藏本颇有差异。第一,在内容上山大藏本比复旦藏本多出三分之二强。复旦藏本收五言古诗 50 题 68 首。山大藏本在 68 首五古之外多出 145 首,包括五言排

---

　　①　参见《中央时事周报》1935 年第 8 期,第 43—45 页。不过,叶氏此文只字未提《杜诗集解》,可能是该书不易得见,未经寓目。

　　②　参见中国古籍善本书目编辑委员会编:《中国古籍善本书目·集部》上,上海:上海古籍出版社,1998 年,第 91 页;周采泉:《杜集书录》,上海:上海古籍出版社,1986 年,第 407—408 页;郑庆笃等编:《杜集书目提要》,济南:齐鲁书社,1986 年,第 224 页;张忠纲等编:《杜集叙录》,济南:齐鲁书社,2008 年,第 376—377 页;孙微:《清代杜诗学文献考(增订本)》,上海:上海古籍出版社,2019 年,第 100 页。

　　③　此外,《浙学未刊稿丛编》亦收录此书,据复旦藏本影印,其体量和面貌等与复旦藏本完全相同。参见徐晓军、李圣华主编:《浙学未刊稿丛编》第一辑第 47 册,北京:国家图书馆出版社,2018 年,第 39—114 页。

律、五七言律绝及七言古诗,几乎涵盖了所有体式。第二,山大藏本多出的三分之二(145首)在集解面貌上与两本均有的前三分之一(68首)稍有差别。前三分之一主要是转录仇兆鳌《杜诗详注》的分段解意,后三分之二则加入了邵长蘅、查慎行及不明作者的评语,不再重视分段解意。第三,山大藏本与复旦藏本的钤印稍有不同。复旦藏本有"复旦大学图书馆藏"印记和王欣夫私记"大隆审定",山大藏本在两种印记处漫漶不清,若有若无。第四,复旦藏本有朱笔圈点,山大藏本无。鉴于藏书印和圈点笔迹可能复印不清,故而后两点在论证中处于次要位置。

(二)沈炳巽《杜诗集解》的收藏流传情况

根据封面题字可知,该书旧藏于诸宗元吾暇堂,1918年(戊午)售予刘承幹嘉业堂。诸宗元(1875—1932),字贞长、贞壮,号大至,浙江绍兴人,南社发起人之一,著有《吾暇堂类稿》等。刘承幹日记1919年3月23日云:"下午阅报。吴昌硕、诸贞壮来谈良久。贞壮去年十一月廿四日曾以竹墩沈氏各诗稿售与予,计洋四百元,当面未便与之计较,如数与之,论价值甚贵,不过情分而已。"①上查1918年11月24日记云:"午后诸贞壮来,以所得湖人各诗稿见让,价极昂贵,又系诗集,不可付刊,惟重以昌硕介绍,碍难情面,只好应酬,计洋四百元,小谈而去。"②两处记载与《杜诗集解》封面题字之时间、人物、书名吻合,因此嘉业堂藏沈炳巽《杜诗集解》稿本二册确乃1918年诸宗元售予刘承幹的"竹敦沈氏各诗稿"中的一种。

后来此书由王欣夫私藏,王氏身后入藏复旦大学图书馆。王欣夫《蛾术轩箧存善本书录》著录该书③,复旦藏本首尾处各有一枚王氏私记"大隆审定"。鉴于王欣夫与刘承幹交好,此书或直接从嘉业堂流入的蛾术轩。王氏生前是复旦大学中国古典文献学教授,1966年去世后其书大部分归藏复旦大学图书馆④,沈炳巽《杜诗集解》应该是其中一种,复旦藏本中的两枚"大隆审定"印记是有力的证明。

山大藏本可能是二十世纪八九十年代筹备《杜甫全集校注》时从复旦大学图书馆复印。1978年,萧涤非先生在《关于〈杜甫全集校注〉编写工作的笔记》中提到复旦大学图

---

① 刘承幹:《求恕斋日记》第6册,北京:国家图书馆出版社,2016年,第10页。
② 刘承幹:《求恕斋日记》第5册,第447页。
③ 王欣夫撰,鲍正鹄、徐鹏标点整理:《蛾术轩箧存善本书录》庚辛稿卷4,上海:上海古籍出版社,2002年,第222页。
④ 王欣夫撰,鲍正鹄、徐鹏标点整理:《蛾术轩箧存善本书录》前言,第13页。

书馆有"清·沈炳巽《杜诗集解》一卷,手稿本"①,推测山大《杜甫全集》校注组藏本大概是筹备《杜甫全集校注》时从复旦大学图书馆复印,作为校注杜甫全集的参考资料。笔者就山大藏沈炳巽《杜诗集解》的来源问题,请教过山东大学教授、《杜甫全集校注》全书终审统稿人张忠纲先生。据张先生答复,此书确实乃筹备《杜甫全集校注》时从复旦大学图书馆复印。那么山大藏本比复旦藏本多出的三分之二极有可能是复旦大学图书馆在收藏过程中遗失。关于山大藏本后三分之二不再重视分段解意,而是加入评语一点,其实比较容易解释:长篇古诗历来重视分段,后三分之二主要是近体诗,尤其是篇幅短小的律、绝,因此不再重视分段解意,而是侧重艺术技巧和起承转合的章法分析。

（三）沈炳巽《杜诗集解》的卷数

前人著录沈炳巽《杜诗集解》稿本的卷数多有含混。《嘉业堂钞校本目录》卷四载:

> 《杜诗集解》一卷,清沈炳巽著,残稿本,二册。②

《浙江省文献展览会专号》载:

> 《杜诗集解》,二册,原稿本。（清）归安沈炳巽注。嘉业楼藏。……此未刊稿,无（吾）暇堂旧藏。③

《蛾术轩箧存善本书录》曰:

> 《杜诗集解》存一卷,二册,清归安沈炳巽撰,手稿本……有"吴兴刘氏嘉业堂藏书印（记）"朱文长方印,"曾经民国二十五年浙江省文献展览会陈列"朱文大方印。④

《中国古籍善本书目》著录:

---

① 萧光乾整理:《萧涤非杜甫研究全集》上编,哈尔滨:黑龙江教育出版社,2006年,第435页。
② 周子美编:《嘉业堂钞校本目录》,上海:华东师范大学出版社,2000年,第64页。
③ 浙江图书馆编印:《文澜学报》1937年第2卷第3、4期合刊,第162页。
④ 王欣夫撰,鲍正鹄、徐鹏标点整理:《蛾术轩箧存善本书录》庚辛稿卷4,第222页。

杜诗集解□卷,清沈炳巽辑,稿本,刘承幹跋。存一卷。①

在以上著录信息中,稿本、二册,较为一致。关于其卷数,或阙如,或言残存一卷,全书总卷数不明。

周采泉曰沈炳巽《杜诗集解》三卷②。首次指出该书三卷,然而并未说明依据。周氏为浙江人,很可能曾目验原书或听乡贤谈论此书之情况,其言可信性较高。《杜集叙录》《清代杜诗学文献考》亦作三卷③,或承袭周氏。该书原本卷数几何,颇为含混。

通过核验两种藏本,结合其著录、流传情况可知,沈炳巽《杜诗集解》复旦藏本收五言古诗68首,山大藏本在此基础上多出三分之二(145首)强,且基本涵盖了五七言古、近体等所有体式,恰好与周氏著录作三卷的观点吻合,从体量、体式方面来讲全书三卷的结论较为符合实际情况。但是两种藏本均不见刘承幹跋④和"曾经民国二十五年浙江省文献展览会陈列"印记,因此山大藏本虽然较为接近三卷,但很可能亦非全本。

二、沈炳巽《杜诗集解》的取材来源及内在倾向

(一)取材来源:以仇兆鳌《杜诗详注》为主体

顾名思义,沈炳巽《杜诗集解》,乃汇集众家而成,集成性质鲜明。以下具体分析所集注、评的来源。

首先,全书213首诗几乎所有的段意串讲、引他人注及字词注释均转录自仇注,但多数情况下不标仇氏姓名。王欣夫指出:"(炳巽)此书所集前人之解,自王洙、黄鹤、蔡梦弼至张綖、黄生、钱谦益、朱鹤龄、王嗣奭、卢元昌等十馀家,均摘其精英而自为释,则肌分理擘,钩稽阐发,多得少陵微恉。"⑤对此书不无溢美之辞。然而《浙学未刊稿丛编》本提要则指出该书乃钞撮仇注而成⑥。通过细致检核发现,该本所集注、评接近四十家,

　　① 中国古籍善本书目编辑委员会编:《中国古籍善本书目·集部》上,第91页。
　　② 周采泉:《杜集书录》,第407页。
　　③ 参见张忠纲等编:《杜集叙录》,第377页;孙微:《清代杜诗学文献考(增订本)》,第100页。
　　④ 从封面题字的时间(戊午)和语气来看,很像是刘承幹在1918年购得此书后所写,故而《中国古籍善本书目》所谓"刘承幹跋"也有可能是指封面题字。但是考虑到"跋"这种文体大多缀于文末或书末,因此封面题字即刘承幹跋,只是一种猜测。
　　⑤ 王欣夫撰,鲍正鹄、徐鹏标点整理:《蛾术轩箧存善本书录》庚辛稿卷4,第222页。
　　⑥ 徐晓军、李圣华主编:《浙学未刊稿丛编》第一辑第47册杜诗集解提要,第2页。

具体有宋代王洙、师古、杜修可、赵次公、鲁訔、蔡梦弼、黄希、黄鹤及洪迈、罗大经，元代俞浙、张性、赵汸，明代邵宝、张綖、王维桢、周甸、赵大纲、颜廷榘、胡夏客、周珽、王嗣奭及杨慎，清代卢世㴶、钱谦益、顾炎武、朱鹤龄、卢元昌、张远、顾宸、吴见思、黄生、朱瀚、陈廷敬、申涵光、邵长蘅、俞场、查慎行等。看似征引宏博，荟辑众说。然而经对比发现，除了赵次公注、朱鹤龄注及邵长蘅、查慎行评语外，其他均转录自仇兆鳌《杜诗详注》，仇注占全书注解总量的七八成。该书实乃以仇注为主体的集注集评本。如卷一《赠李白》引卢元昌注曰：

> 天宝三载，诏李白供奉翰林，旋被高力士谮，帝赐金放还。白托鹦鹉以赋曰"落羽辞金殿"，是"脱身"也。是年，白从高天师授箓，是"事幽讨"也。同时事华盖君，隐王屋山艮岑，梁宋之游必访此君，杜集有《昔游》诗可证。①

与仇兆鳌所引卢注完全相同②。而卢元昌原注曰：

> 天宝三载，诏李白供奉翰林，旋被高力士谮，帝赐金放还。白托鹦鹉以赋曰"落羽辞金殿"，是"脱身"也。是年，白从高天师授箓，是"事幽讨"也。同时有华盖君，隐王屋山艮岑、伊洛间，梁宋之游必访此君，后公《昔游》诗可证。③

沈炳巽所引卢注与卢氏原注略有出入，却与仇注所引卢注完全相同，可知沈引卢注乃从仇注转引，并未覆核原书。另外段意串讲、字词注释等亦与仇注一字不爽。又如《同诸公登慈恩寺塔》《前出塞九首》《后出塞五首》等等，全书每首诗歌的注释均同上例。在现存213首诗歌中，8首白文无注，205首诗歌有注；在有注的205首诗歌中，其中117首的注解完全照搬仇注，88首的注解在仇注基础上有少许增删。

其次，在仇注之外增引少量前人注、评。其一，增引赵次公注4条。分别为《重赠郑炼绝句》"裘马谁为感激人"、《送韩十四江东省觐》"白马江寒树影稀"、《小寒食舟中作》"隐几萧条戴鹖冠"、《和裴迪登蜀州东亭送客逢早梅相忆见寄》"东阁官梅动诗兴，还如

---

① 沈炳巽辑：《杜诗集解》卷1，复旦大学图书馆藏稿本。以下所引该书原文均据此本，仅在正文标明卷次及诗题，不再逐一出注。

② 仇兆鳌注：《杜诗详注》卷1，北京：中华书局，2015年，第29—30页。

③ 卢元昌：《杜诗阐》卷1，黄永武主编《杜诗丛刊》第3辑第10种，据清康熙二十五年（1686）书林刊本影印，台北：大通书局，1974年，第37页。

何逊在扬州"句后注。赵注宋本已佚,今存明钞本和清康熙钞本残帙。沈引4条赵注仅《小寒食舟中作》位于残钞本,其他三首残钞本均已不存,见林继中辑校本。将沈引赵注与明钞本残卷及林辑校本对照发现,文字略有出入[①],推测炳巽可能是意引或转引自他书。然而也存在另一种可能:沈氏乃从赵注别本中转引。清代朱鹤龄注、仇注、史炳《杜诗琐议》等书中都有不见于赵注明、清钞本残帙及九家注中的赵注[②],因此康熙以至道光间或有赵注别本流传[③]。乾隆朝的沈炳巽见到此本是可以理解的,从中辑录赵注也完全能讲得通。钱曾《述古堂藏书目》卷二著录:"赵次公注《杜甫集》三十六卷,三十本,宋版。"[④]此三十六卷宋版赵注与五十九卷原书及明、清二十六卷钞本残帙均不同,或为清代流传的另一种版本。可惜的是,钱曾著录的宋版赵注已佚,无从验证。其二,有朱鹤龄注50条左右不见于仇注,乃炳巽从朱鹤龄《杜工部诗集辑注》转引。其三,增引清初邵长蘅评语26条、查慎行评语28条。仇注之外的注解和评语,体现出沈炳巽《杜诗集解》以仇注为主体,汇集诸家的成书方式。

再次,有43题109条不明出处的夹批,遍检何焯《义门读书记·杜工部集》、沈德潜《杜诗偶评》、江浩然《杜诗集说》、刘濬《杜诗集评》以及袁康辑《诸名家评定本钱牧斋笺注杜诗》等名家评本,均不见征引,推测这些评语可能属于沈氏本人。此部分批语大致分为两类:或点明诗歌的起结承转,或凝练诗句大意及情感。比如点明诗歌起结承转的批语。《送韩十四江东省觐》"我已无家寻弟妹,君今何处访庭闱"句后批曰:"'我'字、'君'字伏末句意。"又如凝练诗句大意及情感的批语。《阁夜》"五更鼓角声悲壮"后批曰:"所闻。""三峡星河影动摇"后批曰:"所见。""野哭千家闻战伐"后批曰:"悲。""夷歌几处起渔樵"后批曰:"乐。"两类批语大都三言两语,比较简短,像是在指授初学者作诗门径,可能是炳巽集解杜诗时所加。

(二)集录注评的内在倾向

沈炳巽《杜诗集解》以仇注为主体集录多家注评,分析其对诸家注评的取舍,可以管

① 分别参见赵次公注:《新定杜工部古诗近体诗先后并解》已帙卷4,国家图书馆藏明钞本;赵次公注,林继中辑校:《杜诗赵次公先后解辑校(修订本)》丙帙卷5、丙帙卷4、丙帙卷2,上海:上海古籍出版社,2012年,第490、481、434页。

② 参见韩成武、周金标:《赵次公注在清初的流传及其辑佚——以朱鹤龄〈杜工部诗集辑注〉为例》,《图书馆杂志》2008年第8期;莫砺锋:《论宋代杜诗注释的特点与成就》,《中华文史论丛》2006年第1期;张寅彭:《史炳〈杜诗琐议〉中征引与驳议的赵次公注文》,《杜甫研究学刊》1996年第3期。

③ 孙微:《赵次公〈杜诗先后解〉辑佚综述》,《杜甫研究学刊》2011年第1期,第82页。

④ 钱曾:《述古堂藏书目》,北京:中华书局,1985年,第19页。

窥其集解杜诗的内在倾向和治学理念。

首先,强调诗歌的章法脉络和起结承转。沈氏照搬仇注的分段解意,主要目的是疏通章法脉络。如卷一《北征》末段,沈氏撮述仇注大意并加入己意曰:

> 少陵长篇古诗,人但称其开合变化,不可以辙迹寻,不知大篇之中部伍分明,纪律严整,有毫发不可参错者。如此章八节,经营段落如大匠构厦,上下左右都有一定位置,初学先宜讲明次第匀称之法脉,求其变化出没可也。

沈氏认为分段所体现的章法脉络极为重要,尤其是对初学者而言。又如《述怀》三段后分别曰:"此受职行在,而回念室家也。""此寄书至家,恐其遭乱难保也。""末伤家信杳然,又恐存亡莫必也。……此章前二段各十二句,末段八句收。"分段概括诗意,勾连起整首诗的意脉。再如《奉赠韦左丞丈二十二韵》注曰:"此章首段四句,中二段各十二句,末段十二句收。"引录仇注的段意串讲,疏通章法结构。

夹批及所引查慎行评语侧重诗歌的起结承转。例如《秋日夔府咏怀奉寄郑监李宾客一百韵》是杜甫排律的代表作,沈氏所集录无名氏批语点明起承转合的章法艺术。具体来看,"侧听中兴主,长吟不世贤"批曰:"接入郑、李。从'中兴主'带出'不世贤',转入郑、李,笔法妙绝。""阴何尚清省,沈宋歘联翩"批曰:"此一段专言郑、李。""淡交随聚散,泽国绕回旋"批曰:"带入郑、李。""金篦空刮眼,镜象未离铨"批曰:"结飘零□□之思,归之空白也。"各批语分析何处扣题和承转到郑审、李之芳,何处专写郑、李,何处收束作结,使得此百韵排律的章法简洁明了。又如《有客》"老病人扶再拜难""岂有文章惊海内""漫劳车马助江干""竟日淹留佳客坐"后,分别批曰:"反起。""开。""合笔。""正转。"只字片语点出起承转合所在,是明清文学批点的常见形式。又如《恨别》"兵戈阻绝老江边""闻道河阳近乘胜"句后,分别有夹批曰:"承第二句。""应三句"。再如《野人送朱樱》引查评曰:"首句与后半首呼应。"指出首句("西蜀樱桃也自红,野人相赠满筠笼")写在西蜀获得农夫赠送的满笼红润樱桃,与后两联("忆昨赐沾门下省,退朝擎出大明宫。金盘玉箸无消息,此日尝新任转蓬")追忆任左拾遗时得受皇帝赐樱,而今似飞蓬漂泊不定相呼应。再如《寄杜位》引查云:"中两联句句转之,今言之。"大都以精简的语言点明起结承转的关键。

其次,关注诗歌的艺术风格。所录邵长蘅评语大都是有关艺术风格的。如《夜》"露下天高秋水清"录邵评:"清丽。"指出此句写夜景清丽。《题郑县亭子》"郑县亭子涧之滨"引邵评:"老境。"点评此句达到老成境界。《曲江二首》其一"细推物理须行乐"引邵评:"便逼宋派。"该批语指出"细推物理须行乐"蕴含的说理意味逼近宋诗的风格。这是对某一句艺术风格或艺术境界的点评,写景、叙事、议论性质的诗句兼而有之。又如《玉台观》(中天积翠玉台遥)引邵评:"全首奇警。"《咏怀古迹五首》其四录邵评:"婉丽,别是风调。"《黄草》引邵评:"气格苍老。"《城西陂泛舟》引邵评曰:"全首流丽,情致又别。"《野人送朱樱》引邵云:"婉转低徊,情致圆足。"此乃针对整首诗风格、情调的批语,简短精辟。"奇警""婉丽""流丽""苍老""婉转低徊""情致圆足"等都是对全诗气格或情韵的生动概括。邵长蘅杜诗评语主要揭示杜诗的艺术风格,炳巽引录邵评正是看重此点。

再次,特别关注地理沿革及历史掌故,反映出个人治学经历及家学传统、地方学术风尚的内在影响。沈炳巽是一位地理学家,早年秉承兄长志愿研究《水经注》,积九年之功成《水经注集释订讹》四十卷,被采入《四库全书》,学术水准可见一斑。四库馆臣称其"钩索考证之功,实未可没也"[①],沈德潜赞曰"是不独还郦氏之旧物,并可为桑氏之功臣也夫"[②],可知他于水经学确实取得过公认的成就。这段学术经历对他产生了不小的影响,在集解杜诗时,凡是涉及山水地名的考证基本见录不遗。如《游龙门奉先寺》转录仇注所引前人对"龙门"的地理辨析。又如《送李校书二十六韵》,集录对"代北""楚山""荒泽"的考证。又如《同李太守登历下古城员外新亭》引录前人对鹊湖、遗堞的地理注解。再如《野望》,集录对"金华""涪水""越嶲""三蜀""巴渝""五溪"的考证。

清初浙派诗学极重史学内涵,蒋寅指出:"浙派诗学的史学色彩,显得更为浓重一些,因为以黄宗羲和朱彝尊为首的史学大师范围了浙派诗学的传统。"[③]炳巽长兄炳震是清初浙西史学名家,精研两《唐书》,撰《新旧唐书合钞》二百六十卷,折衷二史异同,考定精审,精粹被采入《唐书考证》。炳巽辑录《续唐诗话》《全宋诗话》《杜诗集解》的一个重要作用就是保存史料。在分段解意之外,《杜诗集解》中最多的是典故训释和时事背景,其中两《唐书》等史籍出现频率最高,重史的地方学术风尚和家学渊源无疑引导着沈氏的治学路径。有论者指出,"延续家学"是明清杜诗手批本的主要价值之一[④],沈炳巽《杜诗集解》对重史家学传统的延续是这一观点的侧面体现。

---

① 沈炳巽辑:《水经注集释订讹》提要,《文渊阁四库全书》第574册,台北:台湾商务印书馆,1986年,第2叶B面。
② 沈炳巽辑:《水经注集释订讹》原序,《文渊阁四库全书》第574册,第2叶B面。
③ 蒋寅:《清代诗学史(第一卷)》,北京:中国社会科学出版社,2012年,第492页。
④ 曾绍皇:《明清杜诗手批本的得与失》,《光明日报·文学遗产》2019年12月23日第13版。

三、沈炳巽《杜诗集解》在清代杜诗学史上的价值

沈炳巽《杜诗集解》大约成书于乾隆朝,是清中期①以仇注为主体的集注集评本。实际上,与沈本相似的杜诗学著述在清中期极为常见,以下将其放置于清中期杜诗学的大背景下进行考察,更清晰地凸显其杜诗学史地位与价值。

经统计,有记载的清中期杜诗文献 160 馀种,现存约 80 种,与沈本类似的集注集评本或节钞本近三十种,约占三分之一②,体量较为可观。现制成表格以便更直观的分析其特征与共性。

表 1　今见清中期杜诗集注集评本或删节本统计表

成书方式	编刻者及书名	地域	所集注、评	所删注、评
以仇注为主的集注集评本	张甄陶《杜诗详注集成》	福清(今属福建)	仇注;李光地、何焯、王士禄、王士禛批语	仇注繁复的语典考证
	江浩然《杜诗集说》	嘉兴(今属浙江)	仇注;王士禄、查慎行、邵长蘅批语	仇注的解意串讲及语典考证
	齐翀《杜诗本义》	婺源(今属江西)	仇注	仇注的语典考证
	周作渊《杜诗约选五律串解》	商城(今属河南)	仇注的诗意串讲、典故注释及所引黄生等明清注	仇注繁复的语典考证
	钱镐《六宜楼杜诗选》	海盐(今属浙江)	仇注的解意串讲	仇注的语典考证及所引大量元明清注解
	沈炳巽《杜诗集解》	归安(今属浙江)	仇注及少量宋元旧注、朱注;查慎行、邵长蘅批语	仇注繁复的语典考证及所引一部分元明清注解
仇注的删节本	何化南、朱煜《杜诗选读》	建城(今属江西)	仇注;沈德潜批语	仇注繁复的语典考证
	佚名《杜诗正宗》	不明	仇注	仇注繁复的语典考证及一部分元明清注解

---

① 此处清中期,主要指乾隆、嘉庆、道光朝,即 1736—1850 的一百多年。
② 此数据综合以下八种杜集书目统计:马同俨、姜炳炘《杜诗版本目录》(《杜甫研究论文集》三辑,北京:中华书局,1963 年,第 350—394 页),万曼《杜集叙录》(收入《唐集叙录》,郑州:河南大学出版社,2008 年),梁一成编辑、梁容若校订《杜工部关系书目》(《图书馆学报》1967 年第 8 期)、叶绮莲《杜工部集关系书存佚考(下)》(《书目季刊》1970 年第 5 卷第 2 期)、周采泉《杜集书录》、郑庆笃等编《杜集书目提要》、张忠纲等编《杜集叙录》、孙微《清代杜诗学文献考(增订本)》。

续表

成书方式	编刻者及书名	地域	所集注、评	所删注、评
集评本	刘濬《杜诗集评》	海宁（今属浙江）	王士禛、李因笃、查慎行等十五家批语	
	托名朱彝尊《朱竹垞先生杜诗评本》	秀水（今属浙江）	李因笃、邵长蘅批语	
	卢坤"五家评本"《杜工部集》	涿州（今属河北）	王世贞、王慎中、王士禛、邵长蘅、宋荦批语	
顾宸《辟疆园杜诗注解》节钞本	纪容舒《杜律详解》	献县（今属河北）	顾宸对诗意的阐释	解题、字词典故注释、引宋元明清注
边连宝《杜律启蒙》删节本	和宁《杜律精华》	顺天府（今属北京）	边氏的诗意串讲	字词典故注释和一部分诗意注解
张溍《读书堂杜工部诗文集注解》删节本	范荽云《岁寒堂读杜》	嘉兴（今属浙江）	张溍注；许昂霄等批语	张引许自昌本"原注"及少量张注
刘濬《杜诗集评》删节本	顾廷纶《少陵诗钞》	会稽（今属浙江）	主要录刘濬集李因笃、吴农祥、查慎行三家批语	刘濬集其他十二家批语
何焯批点的摘抄本	孙人龙《杜工部诗选初学读本》	乌程（今属浙江）	何焯关于章法和诗意的批语	一部分何氏的诗意和技法批语
以顾宸《辟疆园杜诗注解》、钱陆灿杜诗批本为主	吴峻《杜律启蒙》	无锡（今属江苏）	顾宸注、钱陆灿批语	语典和地理名物考证
以张远《杜诗会粹》、浦起龙《读杜心解》为主	许宝善《杜诗注释》	青浦（今属上海）	浦起龙注、张远注	多数语典和地理名物考证
钱笺及前人注释	刘肇虞《杜工部五言排律诗句解》	宜黄（今属江西）	钱笺及前人注	一部分地理名物及语典考证
仇注、浦起龙《读杜心解》	宁锜《杜诗注解摘参》	会稽（今属浙江）	仇注、浦起龙注	语典、地理名物注释；二家所引部分前人注
邵长蘅评本之过录本	朱琦《杜诗精华》	历城（今属山东）	邵长蘅批语	一部分邵评
集注集解集评本	杨伦《杜诗镜铨》	阳湖（今属江苏）	酌采众家注评	繁复的语典考证

由上表可得出以下几点认识。

首先，这些集注集评本和删节本杜集在地域上以南方为主，北方相对较少。其中尤以仇兆鳌的家乡浙江最多，江西、江苏、上海、福建次之，而河北、河南、山东等北方地区较少。由此可见，在仇注问世后的一百年间，浙江地区流传下来的以仇注和清初重要杜集为主的集成性注评本和删节本涌现（现存 9 种）；而山东、河南等北方地区虽也出现过类似杜集，但只有较为零星的一两种，而且仇注不再是遥遥领先的集录删节对象。如山东朱琦的《杜诗精华》，主要是邵长蘅评语的过录本；又如籍贯蒙古但主要生活在北京的和宁《杜律精华》，主要是边连宝《杜律启蒙》的删节本。可见仇兆鳌《杜诗详注》对江浙地区杜诗学的影响力，及对清中期杜诗学热衷于集注集评和删节风气的导向作用。

其次，在注解和评语的取舍上，保留诗意串讲和艺术分析性注解，摘录名家批语，删除对语典的繁复考证。具体来说：

其一，主要转引仇注的段意串讲和仇注所引元明清注解中对诗意和技法的剖析。比如江浩然《杜诗集说》凡例曰：“杜诗笺解注释，宋元以来代有成书，详略各殊，醇疵错出。或自矜创获，无当指归；或聚颂纷纭，互相诘驳。兹编合众论以参稽，期去非而存是。”江曛识语曰：“兹集则博采宋元以来各家论说，参伍错综。”①似乎折衷宋元以来诸家论说。然而检核原书发现，江本实际上是以仇注为主体的集注集解集评本，字词注释以及征引宋元明旧注均转录自仇注，惟增引朱鹤龄注、邵长蘅、查慎行等评语，及不明出处的夹批，全书七八成内容来自仇注，其成书方式与沈炳巽《杜诗集解》如出一辙。又如钱镐《六宜楼杜诗选》，诗末全文转录仇注的段意串讲，书眉节略仇注之字词典故注释②，实乃仇注的节略本。又如张甄陶《杜诗详注集成》，删略仇注，汇录王士禄、王士禛、何焯、李光地等评语，也是以仇注为基础的集注集评本。再如佚名《杜诗正宗》亦复如是，书中注评全部节略仇注，实为仇注之节钞本③。

其二，集评本以王士禛、邵长蘅、查慎行等名家批语为主要集录对象。如卢坤五家评本《杜工部集》，集录明清时期王世贞、王慎中及王士禛、邵长蘅、宋荦五家名气较大的杜诗批语；又如刘濬《杜诗集评》，则汇录明清时期十五家批语，分别为王士禄、王士禛、钱灿、朱彝尊、李因笃、潘耒、查慎行、何焯、宋荦、陆嘉淑、申涵光、俞玚、吴农祥、许昂霄、

　　①　江浩然纂辑：《杜诗集说》凡例、识语，李森主编：《中国古籍珍本丛刊·西南大学图书馆卷》第 31 册，北京：国家图书馆出版社，2015 年，第 369 页。
　　②　钱镐辑：《六宜楼杜诗选》不分卷，上海图书馆藏稿本。
　　③　孙微：《清代杜诗学文献考（增订本）》，第 89 页。

许灿,虽然存在托名或混淆姓氏的情况,但是较好的保存了名家批点;再如托名朱彝尊的《朱竹垞先生杜诗评本》,主要集录李因笃、邵长蘅两家批点。

其三,集注本和删节本大都剔除仇注繁复的语典考证及所引前人注,只取符合语境的解释,力求简洁易读。如周作渊《杜诗约选五律串解》书眉处转录仇注的字词典故注释,内容却比仇注简约得多。以《画鹰》"素练""风霜"二词的注释为例,周作渊仅转录仇注中"素练,画绢也""孙楚《鹰赋》:'风霜激厉。'"①两处最符合语境的注释,舍弃仇注所引沈约《恩倖传论》和《西京杂记》对两词出处的注释,更显明净。又如范罃云《岁寒堂读杜》乃张溍《读书堂杜工部诗文集注解》的删节本。以《望岳》诗的注解来看,范本除了删除张溍所引"原注"(郑卬、赵次公等前人注释)外,其他全引张注,一字不差②。再如许宝善《杜诗注释》,主要节取浦起龙的编年、诗意解读及张远的分段解意,删除浦注和张注中大部分语典和地理名物考释。

再次,编刻者多为底层文人或官员,看不出明显的学派背景,编刻目的主要是课读授徒或学诗自娱,学术研究著作较少,反映出清中期杜诗学的通俗化面向和思想旨趣。

清中期以后,杜诗学巅峰状态已过,亟需寻求新的突破却又无法实现,仇兆鳌《杜诗详注》正是摆在学者们眼前的集大成之作,又因进呈御览获得独尊地位,故而注家们蜂拥而上,纷纷效仿其集成性质,删削剪裁,转录前人成果③,于是产生了一大批以仇注为主体的集成性注评本或删节本,在江浙地区尤为流行。在此风气影响下,集录和删节的对象不再局限于仇注,逐渐扩展到清初名家注评本,像浦起龙、张溍、顾宸等高质量注释,及查慎行、李因笃等名家批点本均成为集录和删节的重点。然而这些本子却未能突破仇注和浦注等的范围,叠床架屋,缝补增添,始终难成气候,在效仿的同时丧失个体特色,千篇一律。沈炳巽《杜诗集解》是这些集注集评本中并不起眼的一种,但是将沈本与同类杜集作为群体关照,则可看出清中期杜诗学的趋势和学术思想风貌。

清中期集成性注评本或删节本是杜诗学由盛转衰的过渡时期的产物,是当时杜诗学共性的体现,以其本身的创获甚微和难以为继展示着清中期杜诗学的真实样貌和存续状态,同时也反映出仇注对清中期以来杜诗学的巨大影响。总之,虽然沈炳巽《杜诗

---

① 周作渊:《杜诗约选五律串解》上卷,乾隆五十五年(1790)文鸟堂刻本,第4叶A面。

② 参见张溍著,聂巧平点校《读书堂杜工部诗文集注解》卷一,济南:齐鲁书社,2014年,第3—4页;范罃云辑:《岁寒堂读杜》卷一,黄永武主编:《杜诗丛刊》第4辑第9种,台北:大通书局,1974年,第26页。

③ 据研究,即便是清初浦起龙《读杜心解》这样并非集注而成,而且个人特色突出的注本,其中所引的宋元明人旧注也大多是从仇注转录,并加以裁择删节。可见仇注对清代杜诗学的影响之大。参见张家壮:《痛切的自觉:明末清初杜诗学考论》,南京:凤凰出版社,2019年,第233—264页。

集解》本身的个性并不突出，但是作为清代杜诗学走向衰落的大潮流和大背景下的一个组成部分，其杜诗学史地位和价值不容忽视。

结　　语

清代是继宋代以后杜诗学的第二个高潮，整个清代的杜诗学也呈现出较为明显的变迁过程。重要成果主要集中在清初，清中期以后渐趋衰落，像清初钱谦益《笺注杜诗》、朱鹤龄《杜工部诗集辑注》那样水平高、学术性强、个人色彩浓烈的著述已成绝响，许多学者转而整理清初学者遗留的注释和评点，于是集成性注本或删节本盛行。这些本子的主要目的不在于学术研究和创新，而在于普及，因此大多数都是初学读本或书塾讲稿。沈炳巽《杜诗集解》即其中之一。该本是以仇注为主体的集注集评本，主要转引仇注和清初评语，即便可能是本人的批语也平淡无奇、新意匮乏，体现出清代中期以后机械追求"集成"的杜诗注本所普遍存在的问题。

虽然沈炳巽《杜诗集解》本身的水平并不高，但是其成书方式和面貌具体而微地体现出清中期杜诗学寻求转变的艰难过程和衰落趋势。将其放置于清代杜诗学的大背景下来看，沈炳巽《杜诗集解》以及跟它同类的集成性注本或删节本共同拉开了晚清杜诗学衰落的序幕，是杜诗学史链条中不可或缺的一环，加之又是极为珍稀的未刊稿本，因而具备一定的杜诗学史价值。

（作者张其秀，复旦大学中文系博士后，上海 200433；
杨宇辰，山东大学儒学高等研究院硕士研究生，济南 250100）

毛上珍局与近代苏州刻字业

郑　幸

摘　要：苏州是明清时期江南地区的出版中心之一，但在十九世纪中叶以后却因受到新印刷技术的巨大冲击而日渐没落。毛上珍局作为苏州近代一家历史悠久的传统刻字铺，在面对时局变幻与新技术的猛烈冲击时，通过承接报刊刻印、发展活字业务、谋求官方合作等方式，积极发展壮大，始终求变求新，最终成为苏州传统刻书业中少数经营长达百馀年的成功者之一。对这家百年老店漫长经营历程的考察，有助于揭示并深入了解苏州刻书业在新旧交替之际所面临的曲折与困境，并进一步探讨江南地区刻书业在近代的发展历程。

关键词：苏州　出版业　刻字店　毛上珍局

十九世纪中叶以来，随着西方铅、石印技术的传入，以雕版印刷技术为主流的中国传统印刷业经历了巨大的冲击。从"传统书业"到"现代出版"，书籍在生产、销售、传播、阅读等各个领域都发生了深层次的变革，这些变革也被视为"中国图书出版史上的第二次典范转移"[①]。在这一背景下，以苏州为代表的传统出版中心日渐没落，毗邻的上海则迅速崛起，成为江南地区新兴的出版中心。与之相应的，学界对近代印刷业的关注重心也自然而然地转向了上海等城市[②]。然而在聚焦新技术、新中心的同时，我们也不应忽视苏州作为昔日的出版重镇，其传统印刷业在新技术冲击之下的反应与变化。特别是其中与传统版刻技术关系更为单纯和密切的刻字业，其努力生存与积极求变的历史轨迹尤其值得我们关注。

本文拟从毛上珍局这一苏州近代小有名气却又罕有研究的刻字店入手，通过对其

---

① 邹振环：《中国图书出版的"典范转移"》，见苏精《铸以代刻：十九世纪中文印刷变局》卷首，北京：中华书局，2018年，第14页。

② 比较有代表性的，如苏精《铸以代刻：十九世纪中文印刷变局》（北京：中华书局，2018年）、杨丽莹《清末民初的石印术与石印本研究——以上海地区为中心》（上海：上海古籍出版社，2018年）等。

百馀年经营历史的回顾与梳理,来考察其在面对时局的变幻以及西方印刷技术的猛烈冲击时,如何创建并发展壮大,又如何在困境中积极求变、寻找出路的完整过程,从而为我们了解这一时期苏州刻字业的基本面貌提供一个生动而翔实的研究案例。

一、创办与重整:毛上珍局早期经营概况

毛上珍局创办于清代中叶,并一直经营至中华人民共和国成立以后,可以说是一家历史悠久的老牌刻字店。同时,它还是苏州乃至整个江南地区为数不多的从传统木刻发展至现代铅印的刻字店之一,故其经营历史与发展轨迹尤其值得我关注。

作为毛上珍局的创办者,毛上珍本人大约生活于清嘉庆、道光年间,但相关事迹知之甚少。目前已知最早出现毛上珍署名的作品是一件石刻,即嘉庆十九年(1814)所刻《云东韩氏续捐世守义祭田亩给帖碑》,末署"毛上珍",现藏于苏州碑刻博物馆。不过石刻应该并非毛上珍局的主业。就其现存作品来看,石刻只有 6 种,而书籍则多达 94 种(包括木刻 53 种、铅印 41 种)。书籍中最早的是嘉庆二十一年前后刻成的《周易通义》与《听雨楼诗稿》。其中后者在刊记中首次使用了"吴门毛上珍局"的署名。这一署名沿袭了清中叶以来刻字店命名的惯例,即在店主姓名后加一后缀"局"字。这说明嘉庆时毛上珍很可能已经是一位刻字店主,拥有自己的店铺。自此以后,"毛上珍局"这一店铺名称被一直沿用到清末。而随着经营状况的改变,还曾先后使用过"传书斋"①、"毛上珍丽记"、"毛上珍酉记"、"毛上珍印刷所"、"毛上珍印书局"等名称,但最广为人知的还是"毛上珍局"。因此本文在作一般性陈述时,均统称之为"毛上珍局"。

在嘉庆、道光年间,苏州的传统刻字业仍然颇为兴盛,知名刻字店很多。如穆大展局这样的老牌店铺仍在经营,此外如王凤仪有耀斋、吴学圃局、甘朝士铺等也占据了较多的刻书业务。因此总体上看,毛上珍局在嘉庆、道光年间并不引人瞩目,刻印的书籍数量也相对较少。特别是在道光二年(1822)之后,毛上珍局出现了一段将近三十年的沉寂时期,期间出现毛上珍局署名的书籍寥寥可数。反而在石刻方面,先后有道光十五年刻《重建至和塘乙未亭记》碑,署名"吴门毛上珍";以及道光二十三年、二十四年刻碑,署名均作"苏城毛上珍子友三"。这说明至道光后期,毛上珍的一位子嗣毛友三也开始

---

① "传书斋"之名见于道光元年(1821)所刻《皖省志略》,其刊记作"金阊传书斋毛上珍刊刻"。但此名仅见于此书,可知后来并未沿用。

从事刻字业务,且与毛上珍一样也能刻石。

到了同治年间,毛上珍局的刻书业务量突然有了显著提高。同治朝短短 13 年间,可以找到有毛上珍局署名的书籍多达 11 种,而此前嘉庆、道光、咸丰三朝加起来只有 8 种。这种突如其来的兴旺,除了两代店主在经营能力上的差异外,也可能与当时苏州刻字业的整体状况有关。咸丰十年(1860)因遭太平天国之乱,苏州刻字业大受冲击,几家知名刻字铺都纷纷倒闭或外迁。如曾为黄丕烈刻书的吴学圃局(一名吴青霞斋)最晚的刻书活动只持续到咸丰初年,后不知所终,可能在乱中倒闭。又甘朝士、朱南山两家则在遭乱之后将店铺迁移到了南通①,汤晋苑局则很可能迁回安徽②。苏州刻字业在咸丰末至同治初年可谓凋零殆尽,却也为幸存下来的刻字铺提供了相对宽松的市场。

面对同治时期的新市场,毛上珍局的经营状况也发生了一些改变。在当时所刻书籍的刊记中,出现了两种类型署名并存的现象:一种署"毛上珍丽记",或曰"毛上珍丽记刻字铺";还有一种则署"毛上珍子酉山刻字店"。其中"丽记"应该是继承了毛上珍局的旧铺面,故同治五年(1866)所刻《种福编》有"苏州毛上珍丽记刻字老店"的提法。对此,叶瑞宝、张晞《苏州古籍印刷史略(续)》也曾有一些简单的分析:

> 书肆毛上珍传书斋疑在嘉庆时设于金阊,约光绪三十四年时一分为二。称老毛上珍者搬至观前街东醋库坊桥、临顿路肖家巷口,又称丽记刻字铺。存古学堂铅印清邹福保《读书灯》、刘熙载《艺概》,皆有"苏城临顿路老毛上珍活字版代印"牌记。民国时期,建立"毛上珍印刷行",具备了现代印刷厂的功能。③

这段文字对毛上珍局的经营历史作了简单的勾勒,殊为难能,但其中也有一些明显的错误。首先是将毛上珍局定位为"书肆",显然并不准确。由始至终,这都是一家以代刻代印为主营业务的刻字店,并不涉及书籍销售。其次,所谓"约光绪三十四年时一分为二"的表述也并不准确。根据各书刊记,我们可以很明确"丽记"出现于咸丰、同治年间,至

---

① 南通市地方志编纂委员会编《南通市志》第十八章第一节"刻字":"清咸丰年间,有甘华卿、朱南山两家从江南迁来南通,开设刻字店,行业中称为姑苏派。"上海:上海社会科学院出版社,2000 年,中册,第 912 页。

② 郝懿行《尔雅郭注义疏》十九卷沈宝谦跋:"陆刻本亦汤晋苑所刻。晋苑者,汤漱芳斋刻字店主人也……庚申之变,苏城失,余家书籍亦与俱失,无一存者。闻晋苑陷于城,出城寓毘陵之荡口。家故皖中,欲归故乡,未知今已得归去否?"见王欣夫《蛾术轩箧存善本书录·癸卯稿》卷一"《尔雅郭注义疏》十九卷"条,上海:上海古籍出版社,2002 年,第 808—809 页。

③ 叶瑞宝、张晞:《苏州古籍印刷史略(续)》,收入苏州市传统文化研究会编《传统文化研究》第 18 辑,北京:群言出版社,2011 年,第 455 页。

光绪时反而不再有此种提法。又"丽记"之名,可能是得自店铺二代主人毛丽川。咸丰元年(1851)所刻《听蕉雨楼外集》一书有刊记云"姑苏临顿路毛丽川刊",虽然没有出现毛上珍局或者"丽记"的字样,但根据后来的诸多刊记可知,"临顿路"正是毛上珍"丽记"店铺所在地(详后),因此毛丽川即"丽记"主人的可能性非常大。而从时间上推算,毛丽川应该是毛上珍的子辈。

至于"酉记",从"毛上珍子酉山"的署名来看,可明确其主人是毛上珍之子,名酉山。前文曾经提到,早在道光二十三年、二十四年所刻的两块碑上,已出现了"毛上珍子友三"的署名。"友三"与"酉山"音近,且均自称为"毛上珍子",故很可能是指同一人。如果此说成立的话,那么毛酉山早在道光后期就已开始承揽刻字业务,至同治年间则正式开店,与毛丽川经营的丽记分头经营。只不过二者究竟是本店、分店的关系,还是各自独立经营(即进行了家产析分),则已无法确知。

此外,关于"临顿路"这一店铺地址,叶文云是"丽记""搬至"的。既谓"搬",自然有一个原址,但叶文未提及,或系针对"设于金阊"而言。但"金阊"本是苏州别称,因此也无法确证此店曾搬迁。惟"临顿路"这一地址,倒确实与"丽记"密切相关。从毛丽川自署临顿路开始,到同治七年所刻《阴隲文图注》云"板存苏城临顿里毛上珍丽记刻字铺",又同治至光绪初所刻《字类标韵》云"江苏省城临顿路毛上珍丽记新镌",都特意标举出"临顿路"这一地址。这是此前仅署"毛上珍局"时所没有的现象。除了店铺可能确曾搬迁外,更大的可能性是因为出现了"丽记"、"酉记"之分,为了表示区别,才特别在刊记中强调"丽记"的地址。

不过光绪以后,毛上珍局的刊记就不再有"丽记""酉记"之分,而是径署"毛上珍"或"临顿路毛上珍"。由于这一地址对应的是"丽记",故疑此时"酉记"分店已然歇业,所以刊记中无需再作区分。倒是留下店铺地址的做法仍然被保留了下来,且这个地址渐趋详细。如光绪三十三年(1907)刻《药言》署"苏城临顿路萧家巷口毛上珍",民国十年(1921)刻《(洞庭明月湾)吴氏世谱》署"苏州临顿路醋坊桥南首毛上珍印刷所",将其地址进一步精确至萧家巷口、醋坊桥南首。这应该也是叶文所载"观前街东醋库坊桥、临顿路肖家巷口"的文献依据。这些地名至今尚存,故能很容易地定位出毛上珍局位于观前街与临顿路交界之处。这里距离玄妙观非常近,是清代苏州书坊、刻字店云集之处。值得一提的是,在萧家巷南面就是潘世恩故居,而毛上珍局在开创之初,主要业务即来自于潘世荣、潘世恩兄弟,可知也是占了地利之便。

二、拓展与尝试：毛上珍局的报刊与木活字业务

在经历了同治年间的短暂兴旺后，毛上珍局很快又感受到了竞争压力。一方面，苏州的刻字业开始渐渐恢复元气，一些幸存的旧刻字铺如徐元圃局都开始重新营业，同时又出现了一批新的刻字店，如陶升甫店、谢文翰斋、许浩源店、李鈊芳斋等；另一方面，铅石印技术在上海等地发展得如火如荼，也在很大程度上抢占了苏州的印刷业市场。在这样的背景下，毛上珍局要想生存并发展壮大，就需要作出一些改变。

首先是业务范围的拓展。除了传统的四部书籍外，晚清印刷业的一个重要变化就是新式报刊的出现与印行。苏州的新式报刊大概出现在光绪二十六年至二十七年(1900—1901)前后①，而毛上珍局应该是苏州本地较早承揽新式报刊出版业务的刻字店②。包天笑在《钏影楼回忆录》中，曾忆及与诸同人在苏州出版《励学译编》与《苏州白话报》的经过，对当时的苏州刻字业及毛上珍局颇有一些具体而生动的描写：

> 但是出月刊（按：指《励学译编》）第一件就发生麻烦的事，因为苏州没有铅字的印刷所，除非编好了拿到上海去排印，这有多么不便呀！这时候，杭州倒已经有印刷所了，而苏州还是没有……后来我们异想天开，提倡用木刻的方法，来出版一种杂志……于是我们和苏州一家最大的刻字店毛上珍接洽了。毛上珍老板觉得这是一笔很大的长生意，也愿意接受。我们所出的那种杂志，名为《励学译编》，大半是译自日本文的……当时，稿子是要一个月前交给他们的，可以让他们马上刻起来……我们和毛上珍订了一个合同，他们也很努力，刻字和排字一样的迅速，这三十页木板书，尽一个月内刻成……刻版是毛上珍经手，印刷当然也是毛上珍包办了。可是木刻比了铅印、石印，有一样便利，便是你要印多少就印多少，反正木版是现成的哪……最初几期，居然能销到七八百份，除了苏州本地以及附近各县外，也有内地写信来购取的……当时虽然也曾轰动吴门文学界，至今思之，实在觉得幼稚而可笑呢。③

---

① 参见胡觉民《苏州报刊六十年简史》(《苏州文史资料1—5辑》，政协苏州市委员会文史资料委员会，1990年)、庞红舟《苏州报业与近代社会(1900—1937)》(苏州大学2011年中国近现代史硕士论文)。

② 根据庞红舟《苏州报业与近代社会(1900—1937)》的梳理，苏州最早的报刊《经济报》《独立报》以及稍晚的《雁来红丛报》，均委托玄妙观东殷元顺刻字店印行，稍早于毛上珍局。惟此殷元顺刻字店刻书甚少，有文献记载其实为纸号，亦可备一说。

③ 包天笑：《钏影楼回忆录·木刻杂志》，香港：大华出版社，1971年，第166—167页。

但我却跃跃欲试，还想过一过这个白话报之瘾（按：指《苏州白话报》）。只是还不能与《杭州白话报》比，因为杭州已有印刷所，而苏州实到如今还没有呢。偶与毛上珍刻字店老板谈一谈，他极力赞成。自然，他为了生意之道，怎么不赞成呢？①

包天笑谋划出版《励学译编》、《苏州白话报》都是在光绪二十七年②，也就是苏州刚刚开始出现新式报刊的时候。然而根据文中的记载，苏州直至是年都没有出现新式的印刷所，如果要铅印报纸，只能拿到上海或者杭州去排印。以至于最后包天笑只能采用雕版印刷的方式来出版新式报刊。文中称毛上珍局为当时苏州"最大的刻字店"，应该是比较可信的。同治、光绪年间陆续兴起且能与毛上珍局竞争的陶升甫店、谢文翰斋、李钮芳斋等，到了光绪末年均已销声匿迹；徐稚圃虽继承并维持着其父徐元圃的店铺，规模却完全不能与毛上珍局相媲美。而从"偶与毛上珍刻字店老板谈一谈，他极力赞成"、"他们也很努力，刻字和排字一样的迅速"等描述中，不难看出当时毛上珍局的店主思想开明，对承接刊印这种新式报刊态度积极，配合得也很努力，因此刻字效率似乎也还在可接受的范围之内。

但即便是包天笑本人，对这种木刻报刊的前景，显然也并不乐观，云"只能暂济一时，岂能行诸久远。文化工具，日渐进化……我们也不能尽量开倒车"③。事实证明，雕版印刷确实不适合报刊杂志这种时效较短的新式文本。"不及三年，所有《励学译编》和《苏州白话报》的木版，堆满了东来书庄楼上一个房间了。及至东来书庄关店，这些木版又无送出，有人说：'劈了当柴烧。'有人还觉得可惜。结果，暂时寄存在毛上珍那里，后来不知所终。"④木刻雕版可以反复重印的特点，在新式报刊杂志那里简直毫无用武之地，最终被视为鸡肋也是必然的结局。因此包天笑与毛上珍局的这番尝试，似乎从一开始就注定了失败的结局。

其次则是业务类别的拓展，亦即在雕版印刷之外又承接木活字业务。木活字刻书虽然由来已久，但一方面雕版印刷历来处于主流地位，另一方面木活字也不利于展现版刻灵活多样之美，无法发挥刻工的技术优势，因此清代出自知名刻工或刻字店之手的木活字排印本数量极少，且多半是家谱类书籍。但毛上珍局在光绪至民国间排印了至少8

① 包天笑：《钏影楼回忆录·木刻杂志》，第169页。
② 按胡天觉《苏州报业六十年简史》称苏州第一种报纸是光绪二十七年发行的《苏州白话报》，但主持人是张一麐，且用"四号铅字排版"，此不确。
③ 包天笑：《钏影楼回忆录·木刻杂志》，第164—165页。
④ 包天笑：《钏影楼回忆录·木刻杂志》，第170页。

种木活字本,在同类型刻字店中显得颇为与众不同。

毛上珍局最早排印的一部木活字书籍,应该是光绪二十一年孙诒让的《墨子间诂》十五卷附录一卷后语二卷,内封牌记作"光绪乙未冬苏州毛上珍聚珍版印成"。孙诒让在光绪三十三年重定此书时,曾作跋云:"此书写定于壬辰、癸巳间。逮甲午夏,属吴门梓人毛翼庭,以聚珍版印成三百部。质之通学,颇以为不谬。"这里的"甲午夏"是指光绪二十年夏,可知此书从谋刻到正式印成,前后经历了一年,印刷数量则为三百部。至于"毛翼庭",则应该是当时毛上珍局的主人①,算起来应该是毛上珍的孙辈甚至重孙辈。作为墨学研究史上极其重要的著作,《墨子间诂》甫一面世就产生了比较大的影响。如梁启超就曾经提及:"此书初用活字版印成,承仲容先生寄我一部,我才二十三岁耳。我生平治墨子学及读周秦诸子书之兴味,皆自此书导之。"②不仅强调了此书的价值,还特别提到了"活字版"的出版方式。事实上,孙诒让使用木活字排印此书,本身应该就有未成定稿③,故先少量印行以"质之通学"的考虑。换句话说,此番木活字排印的尝试,可能主要还是缘于委托者孙诒让个人的意愿。

从光绪末年到民国年间,毛上珍局又先后排印了至少 7 种木活字本,包括《古今经世策论举隅》、《补学斋诗》、《程氏支谱》、《张相国保存国粹疏》、《教案简明要览》、《归震川四书论》、《(洞庭明月湾)吴氏世谱》等。尽管绝对数量并不算很多,且采用何种形式刊印也与出版者的预算、想法有关,但放到清代刻字店的发展历程中来看,如此集中地刻印一批木活字本,多少也算是一种打破常规之举。

至于采用木活字刻书的原因,可能是为了降低成本,以减少新式印刷技术带来的价格压力。据潘建国《铅石印刷术与明清通俗小说的近代传播——以上海(1874—1911)为考察中心》一文考察,光绪初年不算抄写的费用,石印一部三万字的书籍二百本,只需洋 37.5 元,折合每万字单册成本为洋 0.062 5 元,铅印则更低至 0.012 5 元。但如刻木板,每万字约需洋 15 元,同样印二百册,单册成本为洋 0.075 元,这还没有算上写样、刷印与纸张的费用④。由此可知,新技术的成本优势可谓相当明显。孙诒让曾在光绪二十

---

① 谢作拳《冒广生致孙诒让信札三通考释》引温州博物馆藏冒广生致孙诒让信札云:"梓人毛上珍,昨以尊著《墨子间诂》两部寄到,伏诵卒业。"据辑者考订,此札撰于光绪二十三年(1897),这里的"梓人毛上珍"显然也是代指毛上珍局中之人,或即此毛翼庭。见《收藏家》2015 年第 4 期。

② 梁启超:《中国近三百年学术史》,上海:上海古籍出版社,2013 年,第 228—229 页。

③ 据邱林《孙诒让的生平与学术》,《墨子间诂》曾三易其稿。聚珍版印成后,又先后于光绪三十年(1904)、光绪三十三年两次校正,始成定本。定本最后则是以刻本的形式出版的。华东师范大学 2018 年博士学位论文,第 119 页。

④ 潘建国:《铅石印刷术与明清通俗小说的近代传播——以上海(1874—1911)为考察中心》,《文学遗产》2006 年第 6 期。

五年致信汪康年,提及"《礼疏》稿通共八十六卷,前令吴中刻匠估之,云刻木板须四千圆,卒未能办,故此未及付刊"①。这里的"吴中刻匠"很可能正是指为其排印《墨子间诂》的毛上珍局。由于此书内容多至八十六卷,因此开出了"四千圆"的高价,难怪"卒未能办"。最后孙诒让选择用更加廉价的铅字印了这部"礼疏"②,也很明显地反映出他对刻书成本的在意。

相比雕版印刷,如果书籍印量有限,用木活字排印确实能够减少一些成本。笔者在民国十年排印的木活字本《(洞庭明月湾)吴氏世谱》卷末,发现一份刻书账目,其中详列付给毛上珍局的项目及金额,可以一窥当时木活字排印的具体花费,颇为难得,故予引录如下:

> 一付毛上珍订定谱七十部,每部四百五十页为限,加新添排印一百五十页为限,工纸料一应在内,计洋四百十元。
>
> 一付添排印除一百五十页外多加一百八十七页(每页四角五分),计洋八十四元一角五分。
>
> 一付全部谱除四百五十页外多加五十八页(每页七十张,工料八角五分),计洋四十九元三角。
>
> 一付修刻嵌补挂线图字四十八个(每字八厘双算),计洋七角六分八厘。
>
> 一付修刻嵌补卷一原系表三块,计字一百七十二个(每字八厘双算),计洋二元七角六分。
>
> 一付刻序跋板十块,共计字二千一百八十四个(每字二分连图章),计洋四十三元七角六分。
>
> 一付添宗谱五部照算印工纸料一应在内(每部洋七元七角六分),计洋三十八元八角。
>
> 共付毛上珍谱柒拾伍部,计洋陆百念玖元五角三分八厘(内除抹尾洋一元五角三分八厘)。

上述所列为民国十年初排 75 部家谱的账目,抹尾后共计 628 元。次年校勘增补,又"共付毛上珍重加添刻刷印装订,计洋柒拾贰元陆角玖分"。两者相加,总共花费 700 元有

---

① 张宪文辑《孙诒让遗文辑存》之"与汪穰卿书十一通"其十,杭州:浙江人民出版社,1989 年,第 99 页。
② 按《礼疏》即孙诒让所疏之《周礼正义》,后于光绪二十九年以铅活字的形式排印出版。

零,折合每部约需洋9元3角。从单部成本的角度来看,似乎并不低,但其中大头实为印工纸料费(每部洋7元7角6分)。至于排印费用,一页为4角5分(按:从书籍实物看,这里的一页应该指一叶,即整个版匡叶)。该书行款为半叶8行,行20字,一叶以满格320字计,则每字折合洋1.4厘,每万字约14元。考虑到活字没有写样的费用,因此其成本确实略低于当时的雕版印刷①。从这一点看,毛上珍局在木刻雕版之外,同时提供木活字这一选择,恐怕正是为了挽留那些对成本较为敏感、但同时又对刻印质量有所要求的顾客,以抗衡日渐兴起且价格更为低廉的铅石印技术。

值得注意的是,在毛上珍局承刊《励学译编》和《苏州白话报》时,理论上讲该店已经有了木活字排印的经验,且活字排印显然更适合报刊这一载体,但包天笑却并没有选择使用木活字,这未免有些蹊跷。或许是《墨子间诂》排印时间较早,当时所用活字已转让或遗失;又或许是包天笑本人排斥使用木活字,亦未可知。事实上,当时文人对待活字的态度,似乎总有一些迟疑。例如光绪后期,祝秉纲曾在与汪康年的几通信函中,反复就是否雇佣毛上珍局用活字版刻书一事进行商议,并表达了其对活字摆印的顾虑:

毛上珍帐略开呈,须看样本方可议价,大约相去不远。字大而少,则可略减;有双行而多,须略加。订工约七、八文一本,非彼言,乃约略拟之辞。纸照市价自买,或彼代买。(其十九)

毛上珍事,昨函已详复。今奉示嘱同至申,亦无不可。惟校对须一人往作场经理,因字样无多,印好一板拆去再摆之故。如印件多,彼亦愿移字样来申,若少则只可交书样在苏摆。此事尚乞酌示知,再订其同至申。(其二十)

毛上珍价,须看件方可定见。据曾摆者云,多误字,缘彼所请校对皆外行,且不细心,若摆者要好,须亲往该处作场督理,方能无误。但其地湫隘,人不耐坐耳。苏地刻白板一字一文,刷工较摆印廉,请酌。(其二十一)

毛上珍如志在必成,可带件同来(否则带一人看样),以免多一次往返。须位置一二间作场,须供饭食。印不拘多少,摆价一样。如多生字及古体字彼须添刻者,拟略加。(其二十二)②

① 根据笔者的相关统计,民国初年江南地区雕版刻字费用,算上版片成本,每字约在2.6厘,即每万字26元左右,可谓相当昂贵。不过湖南、广东等地的刻字费用可能又低至每万字10元左右。参见拙著《清代刻工与版刻字体》,北京:中华书局,2022年,第111—112页。
② 上海图书馆编:《汪康年师友书札》,上海:上海书店出版社,2017年,第2册,第1399—1403页。

考上述四通信札,当作于光绪二十三年至二十四年之间(1897—1898)①,所谋刻之书或即《振绮堂丛书》②。时毛上珍局尚未引进铅活字,故此处活版当指木活字。从"据曾摆者云,多误字,缘彼所请校对皆外行,且不细心"等语来看,祝秉纲对毛上珍局木活字版的质量显然并不放心,甚至提议改为雕版印刷。其云"苏地刻白板一字一文",或有刻意低说之嫌③,以说服汪康年放弃木活字排印。不过从函二十二的语气推测,汪康年在毛上珍局"志在必成"的坚持下,似乎也还是倾向于木活字摆印。只是这桩生意最终还是没有谈成。《振绮堂丛书》初集后来于宣统二年(1910)印行于北京,且采用的是铅活字排印。联系汪康年对铅印的态度④,以及此前孙诒让印行"礼疏"一事,不难发现在成本面前,多数人最终还是会选择价格低廉的新印刷技术。传统木刻业在当时所面临的竞争确实是超乎寻常的。不过,仅就毛上珍局能在光绪年间把木活字生意做到上海,并表现出"志在必成"的十足诚意这一点看,其在经营上显然还是非常努力的。

此外还可顺带一提的是,祝秉纲最初对毛上珍局显然抱持一种颇不信任的态度,但数年后却有了很大转变。光绪二十六年前后,祝氏主动延请毛上珍局为好友章太炎刊行了《訄书》的初刻本。此事见于张仲仁《纪念太炎先生》一文中:

> 祝(秉纲)君寓沪《昌言报》馆,与太炎朝夕晤。一日祝君持《訄书》稿示余,余将抄录一通,未及半而君(按:指章太炎)自沪至⋯⋯《訄书》由祝君倩毛上珍刊印出版。⑤

---

① 按其前第十八通有"《湘学新报》尚未出,报用木板究嫌迟滞"之语,考《湘学新报》创刊于光绪二十三年四月,同年十一月改名《湘学报》,又于光绪二十四年八月停刊;又其后第二十三通提及"缩板《时务报》"及其销量。《时务报》发行于光绪二十二年八月至二十四年八月间。如果这些信札大致按时间先后为序,则此四通应该也是作于光绪二十三年至二十四年间。

② 按第二十通信札中,祝秉纲有"请寄《振绮丛书》写样格纸数十张,即可交写手"等语,即指《振绮堂丛书》。汪诒年《汪穰卿先生年谱》云:"晚年乃议用活字版次第排印,以六册为一集,名曰《振绮堂丛书》。惜初集甫竣,先生即逝世矣。"但此初集后于宣统二年在北京铅印出版,系由铅字排印,亦非出自毛上珍。此外,《振绮堂丛书》二集为汪诒年续刻于汪康年身后(即宣统三年以后),但牌记却署"光绪廿年泉唐汪氏振绮堂刊",且前有陈三立光绪二十年序,可知《振绮堂丛书》(包括初集、二集)谋刻应该是在光绪二十年前后,只是因为种种原因而耽误下来,且最终并未与毛上珍局实现合作。

③ 根据上文点石斋的估算,万字 15 元,大致可折合为每字 1.5 文。又据丁丙记载,光绪二十二年宁波刻工工价为"每百字一百二十六文弱",杭州则更高,均非"一字一文"之价格。参见石祥《杭州丁氏八千卷楼书事新考》,上海:上海古籍出版社,2011 年,第 282—283 页。

④ 见汪康年《汪穰卿笔记》卷七云:"近自石印、铅印大行,且多出之书贾,但求能售,而于书之内容均置不理。且石印或将原本剪裁,铅印尤不可恃,非特错字而已,甚至落行、错行随在皆是。"又其下列诸铅、石印错误之例云:"余见石印《经籍籑诂》有前后倒置之字,石印《说文通训定声》有彼此互易之字,虽近来之著名印书局亦复不免。又如同文书局之石印殿本《二十四史》,照原本印,亦无错误,不意所据殿本本非初印,字多模糊,所延校对之人多非通品,辄以意描改,遂致错误累累。至竹简斋以同文本并两行为一行,则更舛脱不可究诘。"上海:上海书店出版社,1997 年,第 172 页。

⑤ 此文最早发表于 1936 年 9 月《制言》半月刊第 25 期,今收入陈平原、杜玲玲编《追忆章太炎》,上海:三联书店,2009 年,第 23—24 页。

关于《訄书》初刻本的出版过程,朱维铮已有相当清晰的阐述①。当时章太炎处境艰难,《訄书》又充满"反动"言论,谋求出版殊为不易。祝秉纲之请毛上珍局出版,一方面当正缘于此前因汪康年刻书之事而有来往,另一方面也可能是因为毛上珍局敢于承担这样的刻印工作。不过,《訄书》初刻本上终究还是没有留下毛上珍局的刊记,可见多少还是有些忌惮的。若非张仲仁的回忆,我们也就无从了解毛上珍局在此种动荡时局中艰难谋求生存的点滴痕迹。

三、困境与突破:官方合作背景下的铅印业务

在光绪中叶以后,开局上海的诸多书坊已经逐渐接受了石印、铅印等新兴的印刷技术。据杨丽莹调查,"光绪十二年(1886)之后,上海原有从事雕版印刷业的书坊开始陆续加入石印的行列,或发售石印书籍,或改用石印出版书籍";"光绪二十二年(1896),上海书业公会制定了《石印书籍草议》,可见此时上海书业中已经普遍采用石印技术出版书籍"②。而铅印在十九世纪初经传教士引入后,很快在宁波、广州、上海等地广泛应用,并在晚清民国之际逐渐取代木刻,成为中文印刷的主要办法③。

而同一时期的苏州刻字业,却几乎仍然停滞不前。正如前引《钏影楼回忆录》所述,迟至光绪二十七年,苏州都没有出现拥有铅印技术的新式印刷所④。而苏州有明确记载的较早的新式印刷所,可能是创办于光绪三十三年名为"苏省刷印局"的官方机构。关于此局,《申报》光绪三十三年正月廿七日(1907 年 3 月 11 日)"苏省官事"记载:"苏省刷印局设在葑门内醋库巷,业已部署定当,由总办陆、会办陈禀知抚宪,于廿五日开局办事。"可知开办于是年正月二十五日。可资对照的是,早在同治四年(1865),时任上海道台的丁日昌就向美华书馆、英华书院购买了几批活字,以用于建设新式印刷所⑤。随后在同治十二年,京师同文馆也购置了一批活字,并开设"西法印书馆"以印刷新式书籍⑥。苏州的官方印刷所,滞后了至少三四十年。不过值得注意的是,苏精曾提到在同治八年

---

① 见《章太炎全集·訄书》卷首朱维铮前言,上海:上海人民出版社,2014 年,第 8 页。
② 参见杨丽莹《清末民初的石印术与石印本研究》,第 53—54 页。
③ 关于铅印在中国近代的发展史,可参见张秀民著、韩琦增订《中国印刷史》(杭州:浙江古籍出版社,2006 年)以及苏精《铸以代刻:十九世纪中文印刷变局》相关部分的叙述。
④ 据陈正宏主编《苏州刻书史》,包天笑在光绪二十八年(1902)曾在苏州用铅印刷印了为母所撰《哀启》一文,并称"苏州最初有用铅字印刷的印刷所",但未详其具体机构。南京:凤凰出版社,2023 年,第 345 页。
⑤ 参见苏精《铸以代刻:十九世纪中文印刷变局》,第 521—522 页。
⑥ 参见《申报》1873 年 6 月 20 日所载《京师设西法印书馆》。

向美华书馆购买铅活字的顾客中,包括"在苏州地方开办活字印刷所的官府"①,未详与后来的"苏省刷印局"有何关联。如果有关,又何以迟至光绪三十三年才开办?这些疑问,都还有待于进一步考察。惟因此"苏省刷印局"所购置的印刷设备与毛上珍局有关,故此处还是要略微梳理一下这家官方印刷局的发展脉络。

在大大落后于上海、北京等地的情况下,"苏省刷印局"甫一成立,就在光绪三十三年出版了好几种铅、石印本,包括铅印本《抚郡农产考略》二卷、《京津救济善会图说》一卷《救济文牍》六卷《救济日记》一卷,石印本《曲园篆书五种》不分卷、《春在堂尺牍》不分卷等。但很快,同年九月初三日(10月9日)又发布了"刷印局暂缓开办"的通告,称:"去年苏抚陈筱帅委陆纯伯观察在省城西笑桥设立苏省刷印局,专印本省粮串及一切公牍。各州县覆禀到省参差不一,开办颇难着手。现苏抚饬藩臬两司与该局总办陆观察会议详复,闻现已议定,禀请暂缓开办云。"这里进一步明确了创办者为江苏巡抚陈夔龙和江苏候补道陆树藩,且至同年九月,该刷印局即告终止。惟今所见刷印局所印诸书,牌记尚有作"光绪丁未(三十三年)季秋苏省刷印局印"(如石印本俞樾诸书)甚至"光绪戊申(三十四年)季春苏省刷印局印"(如铅印本《大清刑律草案》二卷)者。则即使在停办以后,此局仍有刷印书籍之举,只不过数量应该不多。

随后第二年,在《申报》光绪三十四年五月初八日(1908年6月6日)的版面上,刊载了一则"官书局归并存古学堂"的新闻:

> 苏省前有官书局,专印各项书籍,兼刻各衙门章程、公牍等项。嗣因裁并局所,改名官书坊,归善后局节制。未几,陆观察创办机器印刷局,所有书籍文册均归印刷局办理,该坊如同虚设。现经善后总局司道以该官书坊所存书籍板片及印刷器□(按:原文不清,当为"具")等项,日久不用,必多朽坏。现在苏城设立存古学堂,开办伊始,一切书籍尚未备齐,自应即将该坊所存□(按:原文不清,当为"一")应书籍及印刷器具等项,全行归存古学堂管理,以便在堂诸生阅看。即印刷器具,亦可为印刷课本等项之用。业已详明抚宪,饬遵矣。

这里提到的"陆观察创办机器印刷局",显然即指陆树藩负责的苏省刷印局。据此可知,首先苏省刷印局在光绪三十三年前后确实采购了新式的印刷器具,且据留存的印刷实

---

① 苏精:《铸以代刻:十九世纪中文印刷变局》,第525—526页。因所据档案无法获见,故只能存疑俟考。

物看,可能包括了铅印、石印两种设备。其次,在该局停办之次年,这些购置不久的新式机器又转归苏州存古学堂所有。

而在叶瑞宝、张晞《苏州古籍印刷史略(续)》一文中,提到了存古学堂与毛上珍局之间的关联:"存古学堂铅印清邹福保《读书灯》、刘熙载《艺概》,皆有'苏城临顿路老毛上珍活字版代印'牌记。"①今检此二书,《读书灯》确有此刊记,《艺概》刊记则作"江山刘毓家校/苏城毛上珍印"。二书版心均有"江苏存古学堂刷(重)印"字样,可知确系存古学堂委托毛上珍局所印。类似情况还有宣统元年(1909)的《文钥》二卷、清末民国间的《诗谱讲义》不分卷,同样都有"江苏存古学堂刷印"、"苏城临顿路毛上珍排印"、"江山刘毓家校/毛上珍排印"这样的信息。据此可知,毛上珍局与苏州存古学堂有非常密切的联系。我们或许可以大胆猜测,那些转归存古学堂所有的新式印刷器具,很可能委托给了毛上珍局来进行实际的印刷操作。不过毛上珍局并未涉及石印,未详那些曾在苏省刷印局中使用过的石印设备后来去向何处。

苏州存古学堂很快在宣统三年因为经费等问题而裁撤②,而随后的辛亥革命也彻底终结了大清王朝,但毛上珍局与官方的合作却并未终止。胡觉民在《苏州报刊六十年简史》一文中,曾提及民国元年前后张昭汉主编《江苏大汉报》时的情形云:"当时苏州印刷所中,能承印四开以上报纸的只有毛上珍一家,但所有印刷工人,已大部分调派军政府公报处工作,非等上海招请印刷工人来就不能印报。"③这里的军政府公报处,当指辛亥革命以后江苏军政府专门负责发行政府公报的机构。《苏州报刊六十年简史》在介绍"江苏省公报"时,提及其"由军政府公报处编纂与印刷,而公报处的印刷部,是'江苏官书局'的铅印部分移过去的"④。这里所说的"江苏官书局"的铅印部分,显然就是曾归存古学堂的那些机器设备。曾任江苏省立第二图书馆(即今苏州图书馆)主管员的蒋吟秋曾回忆说:

> 民国三年九月,苏州……设立江苏省立第二图书馆。除接收前学古堂、存古学堂
> 所有藏书、编辑目录公开供览外,同时接收江苏官书局,改名官书印行所,为图书馆的
> 附属机构。地址仍在杨家园官书局原处。除了铅字印刷机和所有铅字模早在民国初

---

① 叶瑞宝、张晞《苏州古籍印刷史略(续)》,第 455 页。
② 关于晚清存古学堂的兴衰历史,参见朱贞《晚清变局中的存古困境》,《学术研究》2018 年第 5 期。
③ 胡觉民:《苏州报刊六十年简史》,第 31 页。
④ 胡觉民:《苏州报刊六十年简史》,第 32 页。

年军政府成立时为了急需印刷江苏省公报调出外,原有官书局全部木刻书板,统由图书馆接管使用。①

这也进一步印证了江苏军政府公报处铅印设备的由来。由此看来,尽管当时的国家和政权发生了翻天覆地的变化,但毛上珍局却始终跟随那批印刷设备,经营着自己的印刷业务。

事实上,除了铅印业务外,蒋吟秋提到的"原有官书局全部木刻书板",也交给了毛上珍局。在 2024 年苏州图书馆 110 年馆史展上,展出了两份与毛上珍局有关的文书档案,其中一份云:

> 具保管书板切结。毛上珍。前于上年九月接收官书印行所书板片壹百捌拾玖种计陆万玖千贰百捌拾壹片,均如数点存无误。日后照册点片数,如有缺少,由敝号担任负责。合具切结是实。
>
> 　　　　　　　　　　　　　　　　　　　　中华民国肆年柒月拾柒日。毛上珍具。

据落款可知,所谓"上年九月"即民国三年九月,正是江苏省立第二图书馆成立的时间。档案明确交代了官书印行所(即原江苏官书局)的全部雕版共计 6 万馀片,都交给了毛上珍局保存。当然,除了保存之外,毛上珍局应该还负责书板的刷印。在民国间出版的《江苏省立第二图书馆官书印行所各种书籍核实价目》《江苏省立苏州图书馆印行所发售木刻图书目录》等书中,均记录了利用这些旧雕版所印行书籍的发售情况。

此外,另一份档案则云:

> 具保管书板切结。汪世生。官书印行所旧存书板壹百捌拾玖种,计陆万玖仟贰百捌拾壹片,向由毛上珍出具切结,担任保管。兹因工头毛侍庭于民国八年一月二十四日病故,所中一应板片由世生逐部检点,并无缺少。即于是月二十五日起归世生暂行接管,负完全责任。日后如有缺少等情,惟世生是问。合具保结是实。
>
> 　　　　　　　　　　　　　　　　　　　民国八年一月□日具保结。汪世生。

---

① 蒋吟秋:《江苏官书局及其书板》,见《苏州文史资料 1—5 辑》,政协苏州市委员会文史资料委员会,1990 年,第 328—329 页。另可参见苏州图书馆编《中央大学区立苏州图书馆一览》之"本馆史略",民国十七年利苏印书社出版。

据档案可知,当时毛上珍局的实际负责人应该正是毛侍庭。对此,光绪三十一年增修木活字本《程氏支谱》有陈增瑞跋,云:"动支经费钱二百八十串,倩苏城临顿路毛上珍侍庭摆板刷印,装成一百部。"亦可作为印证。联系此前孙诒让提到过的光绪二十年曾为其刻书的毛翼庭,则二人很可能是兄弟辈,曾先后掌管毛上珍局。这位毛侍庭于民国八年(1919)去世,其后板片改归汪世生接管,然未详其与毛上珍局的关联。蒋吟秋《江苏官书局及其书板》云其任主管员期间,"负责印刷方面的技工以毛侍庭、汪水生的服务时间为最久"①,这里的汪水生应该就是汪世生,"水"、"世"音近而讹。如此,则毛、汪二家可能都是为官方服务的私人刻字铺。

通过上述材料,可知毛上珍局借助与官方的合作,不仅顺利开启了铅印业务,而且还代官书局保管木刻雕版,并进行刷印工作。事实上,从现存书籍实物看,民国以后一直到民国十五年,都很少见到有毛上珍局刊记的书籍,这也正说明当时毛上珍局的业务主要面向官方,而较少承接私人刻书业务。与此同时,苏州也开始陆续出现其他的新式印刷所,并抢占了不少市场。例如胡觉民在《苏州报刊六十年简史》中,提及民国初年新开设的就有新明社印刷所、铸新印刷公司、启新印刷公司等②,并称新明社和启新是"当时苏州最大规模的印刷工场"③,已然撼动了毛上珍局昔日在苏州印刷业中的地位。不过在民国十四年九月十八日(1925 年 11 月 4 日)的《新闻报》上,并排刊载了两条信息,分别为"苏州养育巷新华鑫记印刷所推盘启事"与"苏城临顿路毛上珍印刷所受盘新华鑫记启事",其中后者云:"养育巷新华鑫记印刷所刻由敝所受盘,定于阴历九月二十日接收,改为毛上珍分号,先行交易,择吉开幕。"可知毛上珍局曾在民国十四年盘下了位于养育巷的新华鑫记印刷所,作为其分号,可知业务发展良好④。且从民国十五年开始,有毛上珍局刊记的书籍又开始频频出现,这可能也与开设分号之举有关。

一直到建国以后,毛上珍局仍然坚持经营,曾出版《新编针灸治验集》、《针灸医学》等多种书籍、杂志,名称也改成了"毛上珍印书馆"。不过很快在 1956 年,包括毛上珍印

① 蒋吟秋:《江苏官书局及其书板》,第 329 页。
② 此外在民国二十年(1931),毛上珍印刷所曾与利苏印书社、萃盛祥印刷所、文新印刷公司、大苏印刷公司、江苏印务局共六家现代印刷所联合刊登"增价启事",可知民国时期的苏州,也已经是新式印刷所的天下。
③ 胡觉民:《苏州报刊六十年简史》,第 32—33 页。
④ 又次年正月初十日(1926 年 2 月 11 日)的《新闻报》上,又登载了"苏州毛上珍分号启事",云"近闻有人在外假借分号名义,使行诈欺情事",并指明总号开设于临顿路南,分号开设于养育巷南,以及分号股东为毛蓉全、陈君寅、马子恒、王兰生、石子贤诸人,有助于我们进一步了解分号的相关信息。

书馆在内的"22家私营印刷所并入苏州印刷厂,实行公私合营"①。至此,毛上珍局结束了其长达一百四十年的经营历程,正式退出了历史的舞台。

四、结语:传统与现代之间的苏州刻字业

从创办到停业,毛上珍局走过了整整一百四十多年的历史,也见证了近代以来苏州乃至整个江南地区刻字业的巨大变化。对苏州的刻字业而言,咸丰、同治之交无疑是一个重要的时间节点。一方面,咸丰十年(1860)苏州城陷,导致一批老牌书坊、刻字店纷纷倒闭和外迁,不少优秀工匠也随之流失,行业几近凋零。不过时局的动荡不安与出版中心的迁移,也在一定程度上打破了苏州城内刻书业旧有的经营格局,催生出新的经营空间与机会。特别是同治初年,战乱之后急需填补的书荒和印刷业空缺,甚至推动了传统刻书业的短暂繁荣。毛上珍局业务量在同治年间的迅速上升,以及谢文翰斋等新刻字店的开设,就多少说明了这一点。

另一方面,随着西方思想、技术的传入,知识与信息呈现出爆炸式的增长态势,因而在成本与时效性上更能与之相匹配的新式印刷技术也逐渐得到大众认可。领得风气之先的上海遂迅速成为江南地区新兴的出版中心,不仅涌现出许多运用新技术的印刷机构,也吸引了大量周边城市的刻书需求,并导致苏州等传统刻书中心地位的下降。这其中当然有客观因素的影响,例如上海开埠以后得天独厚的地理与政策优势,都是苏州难以企及的。包天笑曾分析说:"苏州的所以没有新式印刷所者,却是为的离上海太近,人家印书印报,都到上海去了,因此也无人来开印刷所。"②较近的距离无法同时容纳两个出版中心,这无疑是显而易见的。但除了客观因素外,苏州在主观上恐怕也显得不太积极。苏州向为人文渊薮,拥有极其悠久深厚的思想文化传统,这就意味着其接纳新式事物的速度会相对谨慎且缓慢。而长达数百年的印刷行业优势地位,又使其即便经历了咸丰之乱,也能凭借惯性继续保持一定的运作。因此,相比如同一张白纸的上海,苏州往日的辉煌反而成为一种阻碍。包天笑在苏州考察书店时,发现书架上"都是旧书,木版线装,满架是经史子集,新书不大欢迎。最近也点缀其间,除非是畅销的书,至于什么

---

① 苏州市平江区地方志编纂委员会编:《平江区志》第八卷"工业"第二章"轻工、工艺美术工业",上海:上海社会科学院出版社,2006年,第522页。

② 包天笑:《钏影楼回忆录·木刻杂志》,第170页。

杂志之类,一概不售的。其他有什么绿荫书屋、扫叶山房,连石印书也不问讯"①。此语的真实性或有待确证,毕竟扫叶山房作为清末民初重要的石印书局之一,其苏州分号没有石印书籍恐怕不太可信。但说传统木刻书籍在光绪末年仍然是苏州印刷行业的主流业务,应该是符合事实的。

而在印刷行业之中,刻字业相比书坊业,对求新求变的积极性似乎又更加低一些。对于书坊业而言,因为涉及书籍的销售,其对市场以及交通条件会更加依赖,故面对新形势往往需要更及时地作出反应。正如包天笑所说:"倘要印书,现在全国只有上海较为便利。并且出版以后,就要求销路,求销路必须到上海。上海四通八达,各处的购书者,都到上海来选取,各处的书商,都到上海来批发。"②因此扫叶山房等苏州书坊,在同治元年(1862)前后均将主店以及核心业务陆续迁至上海,并很快在光绪中叶以后接受了新式技术,开始出版铅、石印书籍,以满足不断变化更新的市场需求。③ 而以"承刻承印"为主要经营模式的刻字业,由于基本不存在书籍销售的压力,且服务对象以青睐传统文化的旧式文人为主,所以在新技术的洪流中,总还是能保有一席之地。正如包天笑在谈到清末苏州的刻字店时,曾云:

> 可是苏州的刻字店,却是在国内有名的。有许多所谓线装书,都是在苏州刻的。在前清,每一位苏籍的名公巨卿,告老还乡后,有所著作,总要刻一部文集,或是诗集,遗传后世,所以那些刻字店的生涯颇为不恶,而且很有几位名手。④

可见,正是由于苏州存在这样一批遵循甚至维护着传统思维模式的"像样的绅士阶层"⑤,使得苏州的刻字业在传统与现代交替的重要关口,表现得有些保守与滞后。

然而新兴的印刷技术,终究成为了无法阻挡的时代洪流。近人卢前在民国三十七年所作的《书林别话》中,曾感慨云:

> 铅椠盛而雕版术日衰,世多不知刊刻为何事。三四十年来舍南、北二京,惟武昌、开封、长沙、成都尚有刻手,然所刻书屈指可数。而雕版之技艺,能谭者已尠。不出二

---

① 包天笑:《钏影楼回忆录·东来书庄》,第 162 页。
② 包天笑:《钏影楼回忆录·金粟斋译书处》,第 220 页。
③ 具体可参见杨丽莹《扫叶山房史研究》第三章"同光时期扫叶山房之拓展",上海:复旦大学出版社,2013 年。
④ 包天笑:《钏影楼回忆录·木刻杂志》,第 166 页。
⑤ 熊月之:《上海租界与文化融合》,《学术月刊》2002 年第 5 期。

十年,斯道必中绝。①

所谓"不出二十年,斯道必中绝"的预测,显然是符合事实的。从这个角度来看,毛上珍局之由雕版而改木活字并最终变为铅印的这段历史,几乎完整再现了传统雕版印刷业在面对西方新技术冲击时所能够作出的全部努力,或可视为苏州乃至整个近代印刷业在新旧交替之际的一个缩影。

（作者郑幸,上海大学文学院教授,上海 200444）

---

① 卢前:《书林别话》,收入《中国现代出版史料》丁编,北京:中华书局,1959 年,第 627 页。

征 稿 启 事

　　《中国文献学研究》是由华中师范大学历史文献学研究所主办的学术刊物,每年两辑,定期由上海古籍出版社出版。本刊旨在弘扬中华优秀传统文化,推进中国文献学研究的交流与发展。

　　一、本刊常设主题包括:

　　1. 中国文献学理论与文献学史;

　　2. 文献文化史研究(兼及书籍史、知识社会史等);

　　3. 四部典籍专题研究(含出土文献);

　　4. 经学与经学史研究;

　　5. 古代文史专论;

　　6. 明清学术研究;

　　7. 书评、书讯、会议信息。

　　二、投稿须知

　　1. 本刊投稿邮箱为:zgwxxyj@163.com。敬请在来稿中注明作者姓名、单位、职称(或学历)、邮箱、联系电话、通讯地址。

　　2. 来稿以 10000～30000 字为宜,特优稿件不在此限。

　　3. 来稿请使用简体字,具体版式和引文格式请参考《历史研究》。

　　4. 本刊实行匿名审稿制。自收到稿件起三个月内,编辑部以电子邮件方式告知作者稿件录用与否。

　　5. 本刊文章可收录到中国知网,并在华中师范大学历史文献研究所公众号"华师文献"进行推送。是否授权,将在稿件录用时与作者确认。

　　6. 一经刊用,即奉薄酬及样刊两册。

　　本刊常年征稿,热忱欢迎各位研究者惠赐大作!

《中国文献学研究》编辑部

2024 年 6 月

图书在版编目（CIP）数据

中国文献学研究. 第三辑 / 华中师范大学历史文献
学研究所主办. -- 上海 : 上海古籍出版社, 2025. 6.
ISBN 978-7-5732-1700-4

Ⅰ. G256

中国国家版本馆CIP数据核字第2025UE6055号

中国文献学研究

第三辑

华中师范大学历史文献学研究所　主办

上海古籍出版社出版发行

（上海市闵行区号景路 159 弄 1-5 号 A 座 5F　邮政编码 201101）

（1）网址：www.guji.com.cn

（2）E-mail：guji1@guji.com.cn

（3）易文网网址：www.ewen.co

上海颛辉印刷厂有限公司印刷

开本 787×1092　1/16　印张 14.75　插页 2　字数 261,000

2025 年 6 月第 1 版　2025 年 6 月第 1 次印刷

ISBN 978 - 7 - 5732 - 1700 - 4

Z. 493　定价：78.00 元

如有质量问题，请与承印公司联系